Huub Buijssen

Jetzt verstehe ich dich

Huub Buijssen

Jetzt verstehe ich dich

Verborgene Wünsche in Paarbeziehungen

Aus dem Niederländischen
von Severine Buijssen

BELTZ

Für meine Freunde und ihre Partnerinnen:
Jan und Jeanne Geurts
Toon und Nel Maes
Piet und Marian van Rens
Frits und Mariet Zanders

Für fast fünfzig Jahre Freundschaft.

Dieses Buch ist auch als E-Book erhältlich:
ISBN 978-3-407-22349-4

www.beltz.de

Umschlaggestaltung: www.anjagrimmgestaltung.de, Stephan Engelke (Beratung)
Umschlagabbildung: © Malena und Phillip K – Fotolia.com
Illustrationen Innenteil: © Cathy Thorne, www.everydaypeoplecartoons.com
Satz und Herstellung: Lelia Rehm
Druck und Bindung: Beltz Bad Langensalza GmbH, Bad Langensalza
Printed in Germany

ISBN 978-3-407-85929-7
1 2 3 4 5 17 16 15 14 13

Ein Wunderbares ist um die Ehe. Sie ist möglich, sobald man nichts Unmögliches von ihr fordert (…).

– *Max Frisch*

Inhalt

Teil 2

Die sieben Geheimnisse gelingender Kommunikation

Vorwort

»Jetzt reicht es aber! Wie oft habe ich dir das schon gesagt. Du machst mich wahnsinnig. Was ist nur mit dir los?«

Partner können füreinander nicht nur eine Quelle des Glücks sein, sondern auch eine Quelle für Irritation und Ärger. Wenn Menschen ineinander verliebt sind, dann necken sie sich noch: *Was sich liebt, das neckt sich.* Aber später zeigen sie einander alle Seiten ihrer Persönlichkeit, auch die weniger angenehmen. Eine feste Beziehung ist daher keine konfliktfreie Zone. Wenn Sie schon einmal mit Freunden ein Zelt aufgebaut oder in einem Gebiet mit vielen Stechmücken gezeltet haben, dann haben Sie bereits einen kleinen Vorgeschmack darauf bekommen, wie es in einer festen Beziehung zugehen kann. Mit einem Partner zusammenzuleben, sich buchstäblich auf der Pelle zu sitzen sorgt unvermeidlich für Spannungen und Reibungen.

Dieses Buch thematisiert Auseinandersetzungen und Streitereien in festen Beziehungen. *Der erste Teil* soll Ihnen dabei helfen, Auseinandersetzungen mit Ihrem Partner besser zu verstehen. Ein Wassertropfen ist nur ein Wassertropfen, aber wenn Sie ihn unter dem Mikroskop betrachten, entdecken Sie ein ganz neues Universum. Genauso verhält es sich mit Beziehungskonflikten. Im ersten Teil werden Sie entdecken, dass unter der Oberfläche jedes Streits, so banal dieser auch erscheinen mag, ein ganzes Universum von Gedanken, Gefühlen, Erwartungen und Wünschen verborgen liegt, dessen Existenz Sie wahrscheinlich nicht vermutet hätten. Nach dem Lesen dieses Teils werden Sie Streitereien mit Ihrem Partner in Zukunft wahrscheinlich aus einem anderen Blickwinkel betrachten. Hoffentlich werden sowohl Sie als auch Ihr Partner Ihren jeweiligen Anteil an einer Auseinandersetzung besser verstehen.

Im zweiten Teil lernen Sie die »sieben Geheimnisse gelingender Kommunikation« kennen: Es handelt sich dabei um Kommunikationstechniken, die Ihnen helfen können, eine fruchtbarere und vor allen Dingen respektvollere Art zu finden, mit unvermeidlichen Konflikten umzugehen. Wenn Sie diese Techniken anwenden, werden Sie feststellen, dass Auseinandersetzungen und Konflikte mehr Nähe schaffen und Ihre Beziehung vertiefen können.

»Warum hast du dieses Buch geschrieben?« Das ist die erste Frage, die fast jedem Autor nach der Veröffentlichung eines neuen Buchs gestellt wird. Als ich Freunden vor Kurzem erzählte, dass ich ein Buch über Beziehungskonflikte schrieb, wurde die Frage jedoch nicht einmal gestellt, sondern auch gleich schon beantwortet: »Weißt du über das Eheleben mit deiner Frau Anja denn mittlerweile so gut Bescheid, dass du auch anderen deine gesammelten Erkenntnisse mitteilen willst? Hör zu, ich selbst könnte da auch einiges erzählen! Nicht so von dem, was in den letzten Jahren passiert ist, aber am Anfang unserer Ehe. Damals habe ich meinem Mann manchmal sogar Dinge nachgeworfen.« – »Was für Dinge?« – »Na ja, was gerade so in Reichweite war.«

Wenn derlei Erfahrungswissen ausreichen würde, könnte wohl *jeder,* der eine feste Beziehung hat, ein Buch zum Thema »Beziehungskonflikte« schreiben. Mit anderen Worten: Die Beweggründe für mich, dieses Buch zu schreiben, sind nicht ganz so persönlich gewesen.

Vor zwei Jahren habe ich ein Buch für Menschen in Pflegeberufen verfasst, die mit Kritik von Familienangehörigen umgehen müssen (*Mijn moeder lag om 11 uur nog in bed* – Meine Mutter lag um 11 Uhr noch im Bett). Als ich meinem deutschen Verleger vom Beltz Verlag von diesem Buch erzählte und beiläufig erwähnte, dass der Inhalt dieses Buchs mehrheitlich auch auf Beziehungskonflikte zutrifft, sagte er sofort: »Wenn du solch ein Buch über Beziehungen und Partnerschaftskonflikte schreibst, würde ich es gerne mit dir machen.« So also ist dieses Buch entstanden.

Die theoretischen Teile in diesem Buch habe ich mit Beispielen aus der Praxis illustriert und lebendiger gestaltet. Einige davon sind – jawohl – eigene Erfahrungen. Nach meinem Psychologiestudium habe ich ein paar Jahre in einer psychologischen Praxis gearbeitet und dort auch eine Reihe von Ehepaaren behandelt. Im Rahmen meiner Ausbildung zum klinischen Psychologen musste ich die Behandlungen ausführlich dokumentieren. Auch aus diesem Grund kann ich mich an diese Sitzungen noch sehr gut erinnern. Einige der Ehepaare, die ich damals – vor mittlerweile gut dreißig Jahren – behandelte, kommen auch in diesem Buch vor.

Seit Anfang des Jahrtausends leite ich ein eigenes Schulungsinstitut, in dem ich oft mit den persönlichen Erfahrungen der Schulungsteilnehmer arbeite. Im Zuge dieser Tätigkeit habe ich auch viel über Beziehungsprobleme gelernt. Eine Reihe davon habe ich, natürlich anonymisiert, in diesem Buch verwendet. Ich schöpfe auch aus dem, was mir Freunde und Familienangehörige über ihre Beziehungen erzählen. Diese Berichte habe ich so umgeschrieben, dass die Quellen sich nicht mehr herleiten lassen. Darüber hinaus habe ich auch Fallbeispiele aus Büchern, Zeitungen, Wochenzeitschriften sowie Funk und Fernsehen verwendet.*

»In neun von zehn Fällen fängt die Frau den Streit an«, behauptet die bekannte niederländische Psychologin Martine Delfos (2008). In den Beispielen in diesem Buch ist es auch meistens die Frau, die Kritik an ihrem Mann äußert. In diesem Buch erfahren Sie, was dahintersteckt.

Tilburg, 11. August 2013

* Ich verwende in diesem Buch, wenn ich von einem Partner, Geliebten oder Lebensgefährten spreche, die männliche Form. Sofern nicht aus dem Kontext hervorgeht, dass es sich tatsächlich um einen Mann handelt, lässt sich die männliche durch die weibliche Form ersetzen. Im Hinblick auf das Thema dieses Buchs scheint es mir durchaus angebracht, dies im Voraus zu erwähnen.

1 Warum Partner streiten

1

Wie Beziehungskonflikte entstehen

Mann:	»Du hast mich gestern gefragt, was ich mir zum Geburtstag wünsche. Ich weiß es jetzt.«
Frau:	»Sag schon.«
Mann:	»Dass du mir einmal recht gibst, wenn wir nicht einer Meinung sind.«
Frau:	»Das ist ungerecht.«
Mann:	»Warum denn?«
Frau:	»Das wollte ich mir von dir zu meinem Geburtstag wünschen!«

In einer Partnerbeziehung ist die Art und Weise, wie man mit Meinungsverschiedenheiten und unterschiedlichen Bedürfnissen umgeht, genauso wichtig wie die Art und Weise, wie man einander liebt. Harte Worte können länger im Gedächtnis bleiben als liebevolle Worte, vor allen Dingen, wenn die geliebte Person sie ausspricht. Die Art und Weise, wie Sie und Ihr Partner streiten und wie Sie Streitigkeiten bereinigen, bestimmt in entscheidendem Maße, wie glücklich Ihre Beziehung ist. Sie kann sogar darüber entscheiden, ob Sie zusammenbleiben oder sich trennen.

Dieses Buch soll Ihnen dabei helfen, besser mit Meinungsverschiedenheiten umzugehen. Wie? In erster Linie durch einen besseren Einblick in das Entstehen von Partnerschaftskonflikten und ihre Gründe. Mit diesem Wissen können Sie begreifen, wie Konflikte entstehen und warum sie eskalieren. Außerdem können Sie auf diese

Weise unnötige Konflikte vermeiden und kleinere Schwelbrände in Ihrer Beziehung schon frühzeitig löschen. Schlussendlich hilft Ihnen dieses Wissen auch dabei, sich und einander besser kennenzulernen und mehr zu schätzen.

Feste Muster

Ich werde nun anhand von drei Beispielen zeigen, wie es zu Meinungsverschiedenheiten zwischen einem Mann und einer Frau kommen kann. Ich hoffe, Sie mögen Puzzlespiele und denken gerne mit. Dann wird es Ihnen Spaß machen, anhand dieser Beispiele selbst das universelle Muster zu entdecken, das den meisten Beziehungskonflikten zugrunde liegt. Das erste Beispiel handelt von Sandra (32) und Lukas (34); es beschreibt eine Situation, die sich irgendwo in unserem Land täglich mehrfach abspielt.

> Sandra kommt jeden Tag gegen Viertel nach fünf von der Arbeit nach Hause. Da ihr Mann Lukas immer gegen sechs Uhr von der Arbeit nach Hause kommt, haben sie vereinbart, dass Sandra unter der Woche kocht und Lukas am Wochenende. Eines Tages kommt Sandra wegen einer langen Besprechung erst um halb sieben nach Hause. Ausgerechnet an diesem Abend haben sie um sieben Uhr ein kurzes Gespräch in der Schule ihres ältesten Kindes. Als Sandra um halb sieben nach Hause kommt und Lukas mit der Fernbedienung in der Hand auf dem Sofa antrifft, fährt sie ihn sofort an: »Warum hast du nicht schon angefangen zu kochen? Du weißt doch, dass wir um sieben in der Schule sein müssen?!«

Können Sie Sandras Reaktion nachvollziehen? Wie hätten Sie an ihrer Stelle reagiert? Wie hat Lukas auf Sandra reagiert? Warum hat er nicht schon mit dem Kochen angefangen? Merken Sie sich die Antworten auf diese Fragen kurz; ich komme gleich darauf zurück.

Nun zum zweiten Beispiel. Ein Mann und eine Frau verbringen den Urlaub mit ihren Kindern in einem italienischen Badeort.

Mann:	»Wir müssen noch schnell ein Foto machen.«
Frau:	»Jetzt? Wir packen doch gerade unsere Sachen ein.«
Mann:	»Es ist unser letzter Strandtag.«
Frau:	»Die Mädchen sind müde und haben Hunger.«
Mann:	»Ein schnelles Foto. Es geht doch nur um ein einziges Foto. Jetzt stellt euch doch kurz an diesen Platz.«
Frau:	»Ganz da hinten? Warum denn nicht hier?«
Mann:	»Hier sind so viele andere Leute.«
Frau:	»Du hattest den ganzen Tag Zeit, ein Foto zu machen.«
Mann:	»Aber jetzt sind wir so schön braun.«
Frau:	»Du bist ein Kontrollfreak, weißt du das? Ein Kontrollfreak.«

Die beiden haben sich an diesem Tag nicht mehr vertragen. Das dritte Beispiel ist die Anfangsszene des *Chick-Lit*-Buchs *Alles so weit im Griff* von Fiona Neill (2008):

> Ich lasse meine Kontaktlinsen über Nacht zum Einweichen in einer Kaffeetasse, und als ich am Morgen aufwache, stelle ich fest, dass der Ehemann mit der kurzen Zündschnur sie in der Nacht getrunken hat. Zum zweiten Mal in weniger als einem Jahr.
> »Aber ich habe dir doch gesagt, dass sie da drin sind«, protestiere ich. »Man kann nicht von mir erwarten, dass ich mir solche Details merke«, sagt er. »Und diesmal werde ich nicht versuchen, mich zu übergeben. Trag deine Brille. (...) Ich verstehe einfach nicht, wieso du sie überhaupt in eine Kaffeetasse legst. Landauf, landab gibt es Millionen von Menschen, die dieses Ritual tagtäglich vollziehen, und sie greifen nie auf einen Becher zurück, um einen solch wesentlichen Bestandteil ihrer Alltagsroutine darin aufzubewahren. Das ist eine Form von Sabotage, Lucy, denn du weißt, dass die Gefahr besteht, dass ich in der Nacht etwas trinken will.« »Aber willst du denn nicht manchmal ein bisschen gefährlich leben?«, frage ich. »Das Schicksal ein klein wenig herausfordern, ohne dabei jemandem, den du liebst, zu schaden?«

Noch mal, was haben all diese (drohenden) Konflikte miteinander gemeinsam? Vielleicht haben Sie es schon entdeckt: In all diesen Beispielen erwarten Mann und Frau etwas voneinander. Im letzten Beispiel fällt sogar der Begriff »erwarten«. Aber Erwartungen *an sich* reichen noch nicht aus, um einen Konflikt entstehen zu lassen. Das geschieht erst, wenn mindestens einer von beiden davon ausgeht, dass der andere seine Erwartung(en) kennt. Wenn einer oder beide der Meinung sind, dass ihre Erwartungen so naheliegend sind, dass sie diese gar nicht erst aussprechen müssen: »Das weiß der andere doch?« *Aber der andere weiß es nicht.* In Wirklichkeit geht der andere oft von etwas ganz anderem aus und hat andere, möglicherweise entgegengesetzte Erwartungen.

Auch wenn es später zu einem Gespräch kommt, spricht keiner von beiden seine Erwartungen offen aus. Beide gehen immer noch davon aus, dass ihr Ausgangspunkt derselbe ist. Oft sprechen sie ihre Erwartungen auch nicht aus, weil sie ihnen selbst nicht bewusst sind. Eine Erwartung kann einem auch so geläufig sein, sie kann so der eigenen Persönlichkeit entsprechen, dass die betreffende Person die Erwartung selbst nicht einmal benennen kann. Manchmal sprechen die Partner ihre Erwartungen aus, sind dann aber oft schon so wütend, dass ein vernünftiges Gespräch nicht mehr möglich ist.

Ich habe dieses Kapitel mit drei beispielhaften Konflikten eingeleitet. Nun möchte ich, um meine Theorie zu verdeutlichen, die Erwartungen umreißen, die dabei im Spiel waren.

Zum ersten Beispiel. Warum ist Sandra explodiert, als ihr Partner zappend auf dem Sofa saß, als sie von der Arbeit nach Hause kam? Sie ging davon aus, dass ihr Partner genau wusste, dass zum Abend gekocht werden musste und er damit hätte schon anfangen können, bzw. das Essen hätte schon auf dem Tisch stehen können. Aber warum war das für Lukas nicht so logisch wie für Sandra? Womöglich dachte er – genauso zu Recht: »Wenn sie Überstunden machen musste oder im Stau gestanden hat, hat sie unterwegs bestimmt etwas zum Mitnehmen geholt.« Oder: »Wenn ich mit dem Kochen hätte anfangen sollen, hätte sie bestimmt angerufen oder eine SMS geschickt.« Aber Sandra, die vielleicht keinen Strafzettel wegen Telefonierens am Steuer riskieren wollte oder deren Handy vielleicht einen leeren Akku hatte, hätte dem wahrscheinlich entgegengesetzt: »Du wirst ja wohl selbst darauf kommen, dass du mit dem Kochen anfangen musst, weil wir es eilig haben. Ich muss dir doch nicht alles vorbeten!«

Zum zweiten Beispiel. Der Mann »hat eine Aufgabe zu erfüllen« und denkt, dass er seiner Frau mit einem Foto von ihr und den Kindern eine Freude macht. Er denkt wahrscheinlich: »Warum ist meine Frau denn nicht begeistert von meiner Idee? Ich tu es doch auch für sie – eigentlich sogar nur für sie!« Die Frau denkt aber schon an die Rückreise und an die Ferienwohnung, die sie noch putzen muss. Sie ist in Gedanken beim Kofferpacken und bei ihrer Familie. »Ich verstehe das nicht. Dass er jetzt in aller Ruhe ein Foto machen kann.«

Zum dritten Beispiel. Lucy denkt: »Wenn ich meinem Mann von vornherein sage, dass ich meine Kontaktlinsen in einer Kaffeetasse neben dem Bett aufbewahre, dann kann ich doch davon ausgehen, dass er das Wasser nicht trinkt. Und schon gar nicht, wenn er das vor ein paar Monaten schon einmal getan hat und er sich damals sogar übergeben hat, um die Kontaktlinsen wieder zurückzubekommen. So etwas passiert einem doch nur einmal, sollte man denken.« Ihr Mann hält das aus drei Gründen für unfair: »Kontaktlinsen legt man nicht in eine Kaffeetasse. Und wenn man das doch tut, dann stellt man die Tasse nicht neben das Bett. Und es ist überhaupt nicht selbstverständlich, dass ich schlaftrunken daran denke, dass du deine Kontaktlinsen in einer Kaffeetasse aufbewahrst.«

Ich sagte bereits, dass es sich hier um ein universelles Muster handelt, das nahezu allen Beziehungskonflikten zugrunde liegt. Dieses Muster findet sich sogar bei Streitereien unter Kindern. Ein Beispiel zur Verdeutlichung. Als unsere beiden Kinder, Huib und Ilana, noch klein waren, gingen wir jeden Sonntag ein paar Stunden spazieren. Um den Spaziergang zu verschönern, spielten unsere Kinder beim Laufen oft Spiele. Eines Tages holte unsere Tochter Ilana, die damals sechs war, auf dem Parkplatz einen Ball aus dem Kofferraum des

Wagens und kickte diesen während des Spaziergangs vor sich her. Unser Sohn Huib war damals neun und ganz verrückt nach Fußball. Er bat sie, den Ball zu ihm zu spielen, damit sie zusammen spielen konnten. Ilana aber stellte sich taub und reagierte nicht. Huib beschwerte sich daraufhin bei uns: »Ilana will nicht mit mir spielen.«

Welche Erwartungen trafen hier aufeinander? Huib sagte, Ilana wolle nicht mit ihm spielen. Auf unsere Frage, warum sie den Ball nicht zu Huib spielen wolle, sagte sie: »Als wir zu Hause weggefahren sind, habe ich den Ball in den Kofferraum gelegt.« Für sie war es daher nur logisch, dass sie selbst bestimmen konnte, ob sie mit ihrem Bruder spielen wollte oder nicht. »Dann hätte Huib den Ball selbst mitnehmen müssen«, fügte sie noch hinzu, um ihren Standpunkt deutlich zu machen. Huib war natürlich ganz anderer Meinung: »Es ist *mein* Ball, sie hat selbst auch einen. Und wenn wir zu Hause sind, frage ich sie auch immer, ob sie mitspielen möchte. Fußball ist doch ein Teamsport! Ilana ist ungerecht.« Beide waren der Meinung, dass sie vollkommen im Recht waren. Und aus ihren eigenen Blickwinkeln betrachtet waren sie das auch! Diese eigene Sichtweise bestimmte auch ihre Erwartungen: »Lass mich alleine spielen« versus »Lass uns zusammen spielen«.

Kinder streiten sich also aus den gleichen Gründen wie Erwachsene. Wenn diese Kinder aufwachsen und erwachsen werden, haben sie – wenn es ums Streiten geht – meistens nicht viel dazugelernt.

Warum aus Kleinigkeiten große Konflikte werden können: Die fünf Ebenen der Kommunikation

Sie kennen aus Ihrem Umfeld bestimmt Fälle von Nachbarschaftsstreitigkeiten oder haben sich zumindest schon einmal darüber gewundert, wie erbittert sich Nachbarn über unbedeutende Angelegenheiten streiten können. Der Auslöser für den Streit kann ein Baum sein, der zu nah an der Grundstücksgrenze steht und dessen Blätter auf das Grundstück des Nachbarn fallen, oder ein Schuppen, der nicht genau auf der Grundstücksgrenze steht. Aber können wir uns nicht alle recht gut in solche Kontrahenten hineinversetzen, weil wir in ihnen unsere eigenen Schattenseiten wiedererkennen? Seien Sie ehrlich: Haben Sie nicht auch schon erlebt, dass Sie mit jemandem Streit hatten und sich im Nachhinein gefragt haben: Worum ging es eigentlich und wie konnte ich mich nur so gehen lassen? Die Person, mit der Sie Streit hatten, war wahrscheinlich nicht Ihr Nachbar, sondern ... Ihr Partner.

Wie ist es möglich, dass wir wegen Kleinigkeiten Streit bekommen? Um zu verstehen, wie Konflikte entstehen und warum sie derart eskalieren können, muss man wissen, dass sich jede Meinungsverschiedenheit auf fünf Ebenen abspielt.

Die erste Ebene ist die der *Fakten*. Was ist passiert oder was hätte gerade nicht passieren dürfen? Wer hat recht? Wer hätte was tun oder lassen müssen? Ein Konflikt beginnt immer mit einer Meinungsverschiedenheit über die eigentliche Sachlage. Wenn Sie nach Hause kommen und Ihren Partner zappend vor dem Fernseher antreffen, obwohl Sie eigentlich schon längst beim Abendessen sitzen müssten, reagieren Sie möglicherweise wie Sandra und lassen Ihren Partner spüren, dass er sich falsch verhält. Und genau wie für Sandra ist das für Sie so offensichtlich, dass Sie darüber keinerlei Diskussion zulassen. Aber Ihr Partner wird nicht Ihrer Meinung sein, sondern dagegenhalten, dass er zu hundert Prozent im Recht ist, weil Sie sich von unterwegs hätten melden müssen.

Die zweite Ebene ist die der *Gefühle*. Hinter jeder Meinungsverschiedenheit verbergen sich Gefühle: Wut, Angst, Eifersucht, Enttäuschung, Frustration, Verzweiflung usw. Diese Gefühle rufen andere, ähnliche Erfahrungen in Erinnerung, die die Gefühle wiederum verstärken. »Im Haushalt bleibt immer alles an mir hängen. Ich habe auch einen Job. Heute Morgen musste ich die Kinder wieder zur Schule bringen, obwohl wir eigentlich vereinbart hatten, dass du das dienstags übernimmst. Ich spiele da nicht mehr mit.« Allein durch den Anblick Ihres Partners auf dem Sofa kann Ihnen bereits das Blut in den Kopf schießen. Und wenn das in diesem Moment noch nicht passiert, dann spätestens, wenn Ihr Partner sagt, dass er Ihre Reaktion nicht versteht. Bei einer Meinungsverschiedenheit stellt man sich oft die Frage, ob man seine Gefühle aussprechen sollte. Außerdem fragt man sich, was der Partner wohl denken wird, wenn man sie ausspricht. Aber ob Sie Ihre Gefühle nun aussprechen oder nicht, an Ihren Reaktionen lassen sie sich meist ohnehin ablesen. Ihr Partner wiederum reagiert auf Ihre nonverbale Kommunikation, und so führt eines zum anderen. Ihr Partner wird beispielsweise wütend, wenn er sieht, dass Sie große Augen bekommen und rot werden, oder wenn er merkt, dass Sie Ihre Stimme erheben. Mit anderen Worten: Ihr Partner reagiert dann nicht mehr in erster Linie darauf, was Sie sagen, sondern darauf, *wie* Sie es sagen. Umgekehrt reagieren auch Sie selbst auf die Art und Weise, in der Ihr Partner »zurückkommuniziert«.

Je unsicherer ich bin, desto mehr gehe ich in die Defensive.

Die dritte Ebene ist die der *eigenen Identität*. Bei jeder Meinungsverschiedenheit mit Ihrem Partner und bei jedem schwierigen Gespräch spielt es auch eine Rolle, welche Bedeutung die Angelegenheit – und insbesondere die Einstellung des anderen dazu – für Ihr Selbstverständnis und Ihr Selbstwertgefühl hat. Innerlich stellen Sie sich Fragen wie: Achtet mein Partner meine Würde, behandelt er mich mit Respekt oder hält er mich für nachlässig, schlecht, dumm, naiv, unehrlich usw.? Wenn Sie Ihren Mann zu Hause zappend auf dem Sofa antreffen und denken: »Er behandelt mich wie eine Haussklavin«, dann ist es nicht weiter verwunderlich, dass Sie explodieren. Aber ist es nicht genauso verständlich, dass Ihr Mann nicht versteht, warum Sie so heftig reagieren, und er sich in seiner Würde verletzt fühlt, wenn Sie ihn der vorsätzlichen Nachlässigkeit beschuldigen? Erst recht, wenn Sie typische Streitworte verwenden wie »immer«, »nie«, »aber« und »warum«.

Kurz gesagt, sobald bei einer Meinungsverschiedenheit einer von beiden durchblicken lässt, dass er dem anderen misstraut, ihm nicht glaubt oder ihm böse Absicht unterstellt, eskaliert der Konflikt. Und wenn Sie dann noch dazu übergehen, Wörter auszusprechen, mit denen Sie einander als Personen disqualifizieren – Wörter wie »unzuverlässig«, »Lügner« und »gleichgültig« – entsteht daraus ein regelrechter Krieg.

Wie in folgender Szene, aufgezeichnet vom großen Schriftsteller Leo Tolstoi, in seiner Novelle *Die Kreutzersonate* (erstmals veröffentlicht im Jahre 1890). Die Szene handelt von einem Ehestreit, von dem die Hauptperson einem Mitreisenden im Zug berichtet.

»(...) eines Tages jedoch begannen wir ein Gespräch über irgendeinen Hund, der bei einer Ausstellung eine Medaille bekommen hatte, wie ich sagte. ›Keine Medaille, sondern eine lobende Erwähnung‹, behauptet sie. Es beginnt ein Wortgefecht. Es beginnt das übliche Springen von Gegenstand zu Gegenstand, die gegenseitigen Vorhaltungen: ›Natürlich, das ist ja nichts Neues, so ist es immer: Du hast gesagt ...‹ – ›Das habe ich nicht gesagt.‹ – ›Soll das heißen, ich lüge?‹ Ich spüre, gleich beginnt jener furchtbare Streit, bei dem ich versucht sein werde, mich oder sie umzubringen. Ich weiß, dass er gleich beginnt; ich fürchte ihn wie das Feuer und versuche mich zu beherrschen, aber die Wut hat mein ganzes Wesen erfasst. Bei ihr ist es genauso oder noch schlimmer, sie dreht mir jedes meiner Worte im Mund um und gibt ihm einen falschen Sinn; jedes ihrer Worte aber trieft vor Gift; wo immer sie weiß, dass es mir am meisten wehtut, sticht sie zu. Je länger der Streit dauert, desto schlimmer wird er. Ich schreie etwas wie: ›Sei still!‹ – sie springt auf, rennt hinaus und ins Kinderzimmer. Ich will sie zurückhalten, um auszureden, um etwas zu beweisen, und fasse sie am Arm. Sie gibt vor, ich hätte ihr wehgetan, und schreit: ›Kinder, euer Vater schlägt mich!‹ Ich schreie: ›Lüg nicht!‹ Darauf sie: ›Und das ist nicht das erste Mal!‹, oder etwas in der Art. Die Kinder stürzen zu ihr. Sie beruhigt sie. Ich sage: ›Spiel kein Theater!‹ Sie sagt: ›Für dich ist alles Theater; du wärst imstande, einen Menschen umzubringen und dann zu sagen, er spielt nur Theater. Ja, jetzt begreife ich dich. Das ist genau, was du willst!‹ ›Verrecken sollst du!‹, schreie ich. Ich weiß noch, wie entsetzt ich war über diese furchtbaren Worte. Nie hätte ich gedacht, dass ich fähig wäre, etwas so Furchtbares, so Grobes zu sagen, ich war verblüfft, dass mir das über die Lippen kommen konnte.«

Die vierte Ebene ist die der *Intentionen*, der Absichten. Bei einer Auseinandersetzung zweifelt man meist jedes Mal aufs Neue an den guten Absichten des anderen. Manchmal wird das auch direkt geäußert: »Wenn du auf mich gehört hättest und dich beim Schminken beeilt hättest, dann hätten wir jetzt nicht den Zug verpasst. Ich habe dir gesagt, dass wir uns beeilen müssen, aber mir kam es fast so vor, als würdest du absichtlich noch langsamer machen. Jetzt kommen wir wieder eine Stunde zu spät zur Geburtstagsparty meines Bruders. Du hättest auch ehrlich sagen können, dass du lieber zu Hause bleiben willst.« Wenn jemand an den guten Absichten des anderen zweifelt, dann wird er wütend. Das gilt insbesondere für denjenigen, der kritisiert wird. Wir können vielleicht noch zugeben, dass wir einen Fehler begangen haben. »Denn niemand ist unfehlbar.« Aber wir ertragen es nicht, wenn ein anderer uns zu verstehen gibt, dass wir nicht unser Bestes geben und deswegen nicht den Erwartungen entsprechen. Wir hüten unsere guten Absichten wie einen kostbaren Schatz. Deswegen macht es uns zuweilen rasend, wenn andere an unseren guten Absichten und unserem Engagement zweifeln. »Unterstell mir keine bösen Absichten, das wäre eine Kriegserklärung!«

Das eben geschilderte Beispiel veranschaulicht, wie gering der Anlass für einen heftigen Ehestreit manchmal sein kann. Der Auslöser ist noch weniger als nichts: die Frage, ob der Hund bei der Ausstellung eine Medaille bekommen habe oder lediglich eine lobende Erwähnung. Aber schon bald geht es nicht mehr um die Frage, wer recht hat, sondern wer recht *bekommt*. Und damit gelangt man auf die Ebene der Gefühle. Wer hat hier das Sagen? Bei einem Ehestreit gelangen dann natürlich automatisch und oft unbewusst frühere Auseinandersetzungen an die Oberfläche, bei denen dieselbe, sich immer wiederholende, emotionsgeladene Frage eine Rolle spielte. Um recht zu bekommen, scheint jedes Mittel erlaubt zu sein. Es werden Worte verdreht oder man springt von einem Thema zum anderen. (Das eine Thema ist dann die aktuelle Frage, das andere eine alte Geschichte, die wieder aufgewärmt wird.) Das Feuer des Konflikts kann noch weiter angefacht werden, wenn die dritte Ebene ins Spiel kommt: die der eigenen Identität. »Soll das heißen, ich lüge?« (du hältst mich also für einen Lügner); »Kinder, euer Vater schlägt mich!« (du misshandelst deine eigene Frau); »Spiel kein Theater!« (du bist eine Schauspielerin). Der Streit erreicht schließlich seinen Höhepunkt, wenn die Partner einander zusätzlich noch auf der vierten Ebene zusetzen. Wie Tolstoi es in seiner Erzählung beschreibt: »Du wärst imstande, jemanden umzubringen« (du bist ein potenzieller Mörder); »Das ist genau, was du willst!« (du bist nicht nur ein potenzieller Mörder, sondern noch schlimmer).

Die fünfte Ebene ist das Bedürfnis nach *Verbundenheit*, und dies besonders häufig bei Familienmitgliedern und Partnern. Kurz gesagt geht es dabei um die Frage: »Liebst du mich (noch)?«

Der Ausruf »Er behandelt mich wie eine Haussklavin« kann auf der fünften Ebene bedeuten: »Lass mich bitte nicht im Stich, ich möchte, dass du mir hilfst, wenn ich Schwierigkeiten habe!« Die Wut, die in der Aussage mitschwingt, ist eigentlich Trennungsangst. Genau genommen ist das der Auslöser für viele Partnerschaftskonflikte: »Beweis mir, dass du mich liebst.« Aber weil streitende Paare in ihrer Wut gefangen sind, merken sie nicht, dass sie eigentlich um die Liebe des anderen kämpfen. Je mehr zwei Menschen sich lieben (oder geliebt haben), desto heftiger wird der Streit auf der fünften Ebene ausgetragen.

Andere Gründe, warum Konflikte zwischen Ehepartnern eskalieren können

Bei einem heftigen Streit geht es also niemals um die Angelegenheit, um die es auf den ersten Blick zu gehen scheint. Wir haben auch gesehen, dass die schärfsten Konflikte zwischen Menschen auftreten, die einander sehr nahestehen. Die Erwartungen sind hier am höchsten, die Sehnsüchte, die sich hinter den Erwartungen verbergen, am tiefsten. Darüber hinaus gehen Menschen, die einander lieben, auch davon aus, dass sie sich gut kennen und dass sie deswegen die Erwartungen des anderen kennen. Aus diesem Grund kann ein Streit zwischen ihnen so beginnen wie ein kleiner Schneeball, der langsam einen Berg hinabrollt, immer größer wird und letztendlich eine riesige Lawine verursacht.

Dass ein Streit zwischen Partnern so schnell eskalieren kann, hat auch mit dem Aufbau unseres Gehirns zu tun. Der Bereich des Gehirns, der auf Belohnungen (wie Verliebtheit) reagiert, ist eng mit dem Wutzentrum verbunden. Wenn die eine Hälfte des Paares nicht die Liebe gibt, nach der sich die andere Hälfte sehnt, dann wird diese Botschaft an das Wutzentrum übermittelt. Daher kommt es, dass es in der Liebe, wie es das Zitat von Tolstoi verdeutlicht, manchmal genauso heftig zugehen kann wie im Krieg.

Es gibt noch einen zweiten im Gehirn verankerten Grund dafür, dass ansonsten vollkommen normale Menschen ihre Vernunft und Selbstbeherrschung verlieren, wenn ihre Wut einen kritischen Punkt überschritten hat. Untersuchungen mit bildgebenden Verfahren haben gezeigt, dass die Hirnzentren für logisches Argumentieren so gut wie inaktiv werden, wenn wir in Wut geraten und mit Informationen konfrontiert werden, die unseren Ansichten widersprechen. Der Verstand setzt für eine Weile einfach aus. Und unsere Emotionen rechtfertigen dann geradezu selbstverständlich Dinge, die eigentlich nicht zu rechtfertigen sind. Wenn die Wut uns im Griff hat, nehmen wir Fahrt auf wie ein Auto, das einen steilen Abhang hinabrollt; ein Auto, dessen Bremsen defekt sind und dessen Gaspedal immer weiter durchgetreten wird.

Außerdem gießt eine psychologische Eigenschaft, die wir alle gemeinsam haben, noch weiteres Öl ins Feuer. Wenn wir selbst einen Fehler machen oder uns ein Versehen passiert, betrachten wir das als kleinen Zwischenfall. Wir haben ausreichend Entschuldigungen und mildernde Umstände parat. Wir sind außerdem der Meinung, dass der andere diese Entschuldigungen annehmen muss – ja, sie sogar kennen muss, ohne dass wir sie aussprechen. Wenn unser Partner (oder jemand anderes) einen Fehler macht, sind wir jedoch bei Weitem nicht so nachsichtig. Dann schieben wir es schnell auf den Charakter oder die Persönlichkeit des anderen: »Du bist einfach träge.«

Dazu kommt noch eine weitere menschliche Eigenschaft, nämlich, dass wir die Ursachen erfahren möchten, wenn andere Fehler machen; erfahren wir diese nicht, raten wir. Beim Raten gehen wir dann eher von negativen als von positiven Beweggründen und Absichten aus. Wenn wir selbst Fehler machen, gehen wir genau den umgekehrten Weg.

Das Traurige an Konflikten zwischen Mann und Frau ist, dass diese beiden Menschen selbst meistens die besten Absichten haben, die Absichten des anderen aber nicht kennen. Sie streiten sich aufgrund entgegengesetzter Erwartungen. Das ist die schlechte Nachricht. Das Gute daran ist, dass dieses Wissen den Schlüssel darstellt, mit dem sich viele Konflikte vermeiden lassen. Die meisten können wir verhindern, indem wir unseren Partner nach seinen Erwartungen fragen und indem wir unsere eigenen Erwartungen stets deutlich aussprechen. So können wir tückische Gewässer umschiffen, in denen wir die Identität des anderen angreifen und in denen Konflikte rasch eskalieren. Wie Sie das umsetzen, erfahren Sie im zweiten Teil dieses Buchs.

Ursachen für konträre Erwartungen

Woher rühren diese konträren Erwartungen? Wie kommen sie zustande? Kurz zusammengefasst liegt es wohl daran, dass wir Menschen nun mal unterschiedlich sind. Überall, wo diese Unterschiede auftreten, können sie Konflikte verursachen. Unterschiede können bereits dadurch entstehen, dass wir die Wirklichkeit unterschiedlich wahrnehmen. Jeder Fußballfan, der die Abseitsregel kennt, weiß jetzt genau, wovon ich spreche. Einer der bekanntesten Unterschiede hat mit dem menschlichen Charakter zu tun. Menschen können einander diametral entgegengesetzte Persönlichkeiten

haben. Auch unterschiedliche Auffassungen in Bezug auf Normen und Werte können zu Streitereien führen.
Im Folgenden möchte ich die drei eben genannten Konfliktquellen näher beschreiben: unterschiedliche Wahrnehmung der Wirklichkeit, Persönlichkeitsunterschiede, unterschiedliche Normen und Werte.

Sehr viele Streitigkeiten in Beziehungen entstehen aufgrund von geschlechtsspezifischen Unterschieden. Das zweite Kapitel dieses Buchs ist vollständig diesem Thema gewidmet. Noch mehr Konflikte entstehen wahrscheinlich durch Missverständnisse in der Kommunikation: Der eine übermittelt eine Botschaft und erwartet, dass der andere ihn versteht, aber der Empfänger interpretiert diese Botschaft anders, als sie gemeint war. Das dritte Kapitel beschreibt, wie Paare in Streit geraten, weil in ihrer Kommunikation etwas schiefläuft. In Kapitel vier wird aufgezeigt, wie Konflikte entstehen können, wenn ein Paar unterschiedlich mit Rückschlägen und Kummer umgeht. Dem größten Übeltäter für Beziehungskonflikte widme ich mich in Kapitel fünf: Erwartungen, die Partner an die Liebe und an ihre Beziehung haben.

Unterschiedliche Wahrnehmung der Wirklichkeit

Fünf blinde Männer hatten viele Geschichten über Elefanten gehört und waren sehr neugierig, was für Tiere das sein mochten. Als eines Tages ein Zirkus mit Elefanten in der Stadt gastierte, gingen sie alle zusammen dorthin. Sie baten den Pfleger darum, das Tier anfassen zu dürfen. Er war einverstanden.
Einer von ihnen berührte den Rüssel und sagte: »Das erinnert mich an eine Schlange!«
Ein anderer fasste den Schwanz an und sagte: »Also mich erinnert das mehr an ein Seil.«
Der Dritte berührte ein Ohr und sagte: »Aber es ist doch eher ein Fächer.«

»Nein, es ist eine Art Säule«, sagte der Vierte, der einen Fuß angefasst hatte.
Der Fünfte, der sich an den massigen Rücken des Elefanten gelehnt hatte, sagte: »Also mir scheint es eher eine Wand zu sein.«

Jeder der fünf blinden Männer hatte einen anderen Körperteil des Elefanten berührt, und so war jeder zu einem anderen Schluss gekommen. Jeder von ihnen dachte, recht zu haben, dabei kannte jeder nur einen Teil der Wahrheit.

Partner verhalten sich oft genauso wie die Blinden in dieser Parabel. Sie sind sich beileibe nicht immer darüber im Klaren, dass es mehrere Wahrheiten gibt und dass jeder – wie die fünf Blinden – seine eigene Wahrheit hat. Selbst wenn man das Gleiche erlebt wie ein anderer, so erzählt doch jeder eine andere Geschichte. Denken Sie an den von Tolstoi beschriebenen Ehestreit. Der Mann und die Frau waren beide bei der Hundeausstellung gewesen, aber sie waren sich nicht darüber einig, ob ein bestimmter Hund eine Medaille oder nur eine lobende Erwähnung erhalten hatte.

Haben Sie das selbst noch nie erlebt? Haben Sie sich noch nie darüber gezankt, ob eine Freundin auf einer Party ein blaues oder ein lilafarbenes Kleid getragen hat, ob das neue Auto Ihres Schwagers ein japanisches oder ein deutsches Fabrikat ist, wer die Bremsspuren auf der Toilette hinterlassen hat (Sie oder Ihr Partner), wer vergessen hat, die Tür abzuschließen, wer Geld abheben oder tanken wollte, ob Sie die Autobahnausfahrt verpasst haben oder diese noch kommt und wer eigentlich schuld daran ist, dass Sie die Ausfahrt verpasst haben: derjenige, der fährt, oder derjenige, der die Karte auf dem Schoß hat? Meistens fällt der Streit am heftigsten aus, wenn Sie oder Ihr Partner denken: »Der andere muss doch dasselbe gesehen oder gehört haben wie ich, das gibt's doch nicht? Verkauft mein Partner mich etwa für dumm?«

Persönlichkeitsunterschiede

In der niederländischen Zeitung *de Volkskrant* zeichnet der Journalist Aaf Brandt Corstius eine Charakterstudie von Kees van der Staaij, dem politischen Führer einer kleinen reformierten Partei in den Niederlanden:

> Wie sich herausgestellt hat, plant Kees van der Staaij sein Leben auf die Minute genau. Jeden Samstag um halb neun telefoniert er mit seinem Vater, er trinkt jeden Morgen mit seiner Frau Marlies einen Kaffee und sonntags kocht er Champignonsuppe.
> Sogar für solch erquickliche Dinge wie das Bibellesen hat Kees ein Schema: Er erfasst das bereits Gelesene in einer eigens dafür erstellen Tabelle. »Sonst könnte es passieren, dass ich auf gut Glück einfach irgendein Kapitel lese.«
> Am Champignonsuppentag spielt er mit seinen aus Kolumbien adoptierten Kindern, Michael und Camila. Auch das läuft bei Kees nach System. Zuerst spielt er eine Dreiviertelstunde mit dem einen Kind, dann eine Dreiviertelstunde mit dem anderen. Den Rest der Woche kümmert sich Marlies um die Kinderangelegenheiten.
> So gefällt Kees das Leben.

Stellen Sie sich vor, Ihr Partner hätte einen ähnlichen Charakter wie dieser Mann; würde das zu Reibereien oder Irritationen führen? Oder würden Sie sich damit im Gegenteil sehr wohlfühlen? Beide Antworten sind möglich.

Erwartungen haben zum Teil etwas mit dem eigenen Charakter zu tun. Ihre Persönlichkeit ist für Sie, was Wasser für einen Fisch ist: so selbstverständlich und natürlich, dass Sie sich nur schwer vorstellen können, dass es Menschen gibt, die anders sind als Sie. Natürlich *wissen* Sie, dass jeder Mensch einen anderen Charakter hat, aber im Alltag treffen wir fortwährend Annahmen über andere Menschen, die auf unserem eigenen Charakter beruhen: »So würde ich in dieser Situation handeln, also ist es nur logisch, dass mein Partner ebenfalls so handelt; darüber müssen wir gar nicht erst reden.« Wenn sich jemand dann anders verhält, als Sie es getan hätten, finden Sie das abnormal oder unaufmerksam (und Sie unterstellen ihm Absicht oder Nachlässigkeit). Wenn Sie wie der Politiker van der Staaij großen Wert legen auf Ordnung und Beständigkeit, werden Sie diese Eigenschaften auch von Ihrem Partner erwarten oder zumindest erwarten, dass er Ihr Bedürfnis nach Pünktlichkeit und Struktur in seinem Handeln berücksichtigt.

In der modernen Psychologie beschreibt man den Charakter einer Person anhand der folgenden fünf Persönlichkeitsmerkmale:

1. Extraversion/Introversion: offen, spontan, aufgeweckt, lebendig und personenorientiert versus distanziert, reserviert, zurückgezogen und lieber wenigen Reizen ausgesetzt

2. Emotionale Stabilität/Neurotizismus: schwierig aus dem Gleichgewicht zu bringen, ausgeglichen, ruhig, entspannt versus schnell frustriert, gestresst, reizbar und leicht aus dem Gleichgewicht zu bringen

3. Soziale Verträglichkeit/Unverträglichkeit: freundlich, altruistisch, kooperativ, bescheiden und hilfsbereit versus kompetitiv, selbstsicher, übernimmt gern die Führung und ist gern Herr der Lage

4. Hohe/geringe Gewissenhaftigkeit: diszipliniert, planend, zuverlässig, sorgfältig, gewissenhaft und organisiert versus flexibel, unüberlegt und hält sich ungern an äußere Regeln

5. Offenheit für Erfahrungen/Konservativismus: neugierig, abenteuerlustig, fantasievoll versus konservativ, sachlich, hält an Altem und Vertrautem fest und ist gern auf der sicheren Seite

Eine deutsche Studie, an der 7.000 Paare teilnahmen, hat ergeben, dass sich Paare in Bezug auf die ersten zwei Dimensionen unterscheiden können, ohne dass dadurch Probleme entstehen (Rammstedt & Schupp 2008). So können die Ruhe und Gelassenheit eines introvertierten Partners sogar beruhigend auf eine extrovertierte Person wirken. Wenn jemand einen hohen Grad an Neurotizismus aufweist und daher schnell angespannt und ängstlich ist, muss er nicht zwangsläufig einen Partner haben, der auch sehr sensibel ist.

Aber dieselbe Studie hat auch ergeben, dass große Unterschiede in den letzten drei Dimensionen schneller zu Spannungen und Irritationen und langfristig auch häufiger zu Scheidungen führen. Eine Person, die offen ist für neue Erfahrungen, sollte lieber keinen Partner heiraten, der die Sicherheit liebt und an Bewährtem festhält, ihren Gegenpol sozusagen. (Wie man als Paar beispielsweise den gemeinsamen Urlaub verbringt, kann alljährlich heftige Konflikte verursachen.) Eine Person, die die Ordnung liebt, sollte lieber keinen schludrigen Partner heiraten.

In den meisten Fällen sind die Unterschiede jedoch geringer, da Menschen sich nur selten an den äußeren Rändern der jeweiligen Dimensionen befinden. Die meisten Menschen sind beispielsweise unordentlich, aber nicht völlig chaotisch, beziehungsweise ordentlich, aber nicht zwanghaft ordentlich.

Aber selbst wenn die Partner nicht vollkommen gegensätzlich sind, können schon kleinere Unterschiede im Alltag zu Irritationen führen. Ein Beispiel zur Verdeutlichung: Meine Frau ist viel ordentlicher als ich. Sie kümmert sich um unseren Wochenplan und notiert die Einladungen zu Geburtstagen und Partys. Sie kompensiert meinen Mangel an Ordnung und verleiht so auch meinem Leben Struktur. Da meine Frau ein großes Bedürfnis nach Klarheit hat, möchte sie gerne im Voraus wissen, ob ich am Wochenende zu Hause bin. Seit meine Mutter vor fünf Jahren in die schemenhafte Welt der Demenz hinübergeglitten ist, wechseln wir Brüder und Schwestern uns beim Aufpassen und Übernachten ab, damit sie in ihrem großen Haus abends und nachts nicht alleine ist. Wir haben dazu einen festen Wochenplan erstellt. Jeden Samstagabend fahre ich etwa hundert Kilometer von Tilburg zu ihr nach Horst aan de Maas, einem kleinen Dorf bei Venlo, nahe der deutschen Grenze. Sonntagmittags fahre ich wieder nach Hause. Am ersten Wochenende im Monat habe ich immer frei und eines meiner Geschwister übernimmt meinen Dienst. Man könnte annehmen, alles sei ganz klar geregelt. Wir haben unter uns Geschwistern jedoch auch abgesprochen, dass wir untereinander tauschen können, wenn wir an einem bestimmten Tag verhindert sind. Und wir tauschen in der Tat regelmäßig. Meistens besprechen wir das schon Wochen oder Monate vorher, manchmal aber auch erst im letzten Moment, ein oder zwei Tage vorher. Zuweilen vergesse ich, meiner Frau Bescheid zu sagen, und muss dann vollkommen überraschend plötzlich weg oder habe (für sie) unerwartet ein Wochenende frei. Ich weiß, dass meine Frau sich wohler fühlt, wenn der Alltag strukturierter verläuft, aber ich bin manchmal etwas nachlässig darin, unseren Wochenplan auf dem neuesten Stand zu halten. Meine Frau wirft mir dann zu Recht vor, dass wir die wenigen Wochenenden, an denen wir zusammen frei haben, nicht richtig nutzen können. »Hätte ich vorher gewusst, dass du dieses Wochenende zu Hause bist, dann hätte ich mich nicht mit meinen Freundinnen verabredet und wir hätten zusammen etwas unternehmen können.«

Wenn man einen neuen Fernseher oder einen DVD-Player kauft, bekommt man eine Gebrauchsanweisung dazu. Ein Pilot wird jahrelang intensiv darin ausgebildet, ein Flugzeug zu fliegen und mit den vielen Schaltern und Lämpchen im Cockpit richtig umzugehen. Wenn man eine feste Beziehung eingeht, erhält man weder eine Gebrauchsanweisung für den Partner noch eine Ausbildung darin, wie man mit ihm umgehen sollte. Und das, obwohl der richtige Umgang mit dem Partner manchmal noch komplizierter ist als das Fliegen eines Düsenjets. Oft muss man durch Experimentieren herausfinden, welche Schalter man für einen harmonischen Umgang mit dem Partner betätigen muss und von welchen Schaltern man lieber die Finger lässt, wenn man keine Krise riskieren möchte. Es kann viel Zeit, Mühe und Streit kosten, die einzelnen Schalter zu entdecken und herauszufinden, welcher wozu dient und wie fest und wie lange man ihn betätigen muss.

Es gibt zum Beispiel Menschen, die sehr empfindlich gegen laute Geräusche und grelles Licht sind und die empfindlicher als andere auf Stress und Veränderungen reagieren. Wenn die Partner dieser Menschen nicht so empfindlich sind, ist es für sie manchmal schwierig, einzusehen, dass ihr Partner nicht wehleidig ist, sondern nichts für diese Eigenschaft kann. Für diese Partner ist es zuweilen auch schwierig, die Stressquellen des anderen zu erkennen und zu lernen, wie sie am besten Rücksicht darauf nehmen. Bis sie sich dieses Wissen und die entsprechenden Fähigkeiten angeeignet haben, drohen stets Unverständnis und Reibereien. Gleiches gilt für Paare, bei denen ein Partner von Natur aus weniger temperamentvoll oder lebenslustig ist. Diese Beziehungen gehen häufiger in die Brüche als solche, in denen die Partner sich in diesem Punkt ähnlicher sind.

Das hat auch der amerikanische Schriftsteller Michael Chabon erlebt. Er berichtet darüber in seinem autobiografischen Buch *Mann sein für Anfänger* (2010):

> Und was mir besonders wichtig war – sie hatte bestimmte Vorstellungen davon, wie ein Mann handeln, sprechen und seinen Verpflichtungen nachkommen sollte, und in den drei Jahren unserer Ehe lernte ich, wie man sich als Ehemann zu verhalten hatte.
> Aber sie fühlte sich oft miserabel – manchmal zu Recht, manchmal ohne jeglichen Grund – und innerhalb kürzester Zeit merkte ich, dass auch ich mich miserabel fühlte. Es gab melodramatische Streitereien, nächtelanges Wühlen in den Tiefen unserer Seele, Schimpftiraden unter Alkoholeinfluss, Migräne, Wutausbrüche, grimmige und graue Morgenstunden voller Verbitterung (…).
> Dann, an einem Morgen im Frühling, floh ich aus dem Haus, das wir in all unserer verzweifelten und falschen Hoffnung auf so etwas wie eine gemeinsame Zukunft gekauft hatten.

Unterschiedliche Werte und Normen

Bei der Partnerwahl achten Paare zwar häufig auf gemeinsame Werte und Normen, ihre spätere Lebensweise ist dann aber ein gemeinsam erschaffenes Modell. Beide Partner stammen aus Familien mit eigenen Normen und Werten. Durch Reden, Verhandeln und Streiten versucht man schließlich, auf einen gemeinsamen Nenner zu kommen. Ich habe bewusst das Wort »Streiten« gewählt. Ganz bewusst. Denn unterschiedliche Auffassungen in Bezug auf Normen und Werte führen oft zu Konflikten. Erst recht, wenn beide Partner ihre eigenen Normen und Werte für so selbstverständlich und logisch halten, dass sie manchmal eine ganze Weile streiten müssen, bevor sie merken, dass bei ihrem Streit unterschiedliche Normen und Werte eine Rolle gespielt haben. Ein Beispiel:

Frau: »Ich habe eben mit meiner Schwester telefoniert. Sie hat gesagt, dass sie heute Morgen auch schon angerufen hatte. Wir hatten doch abgesprochen, dass du es aufschreibst, wenn jemand für mich anruft?«

Mann: »Sie hat gesagt, dass sie noch mal anrufen würde.«

Frau: »Aber du hättest es trotzdem aufschreiben können.«

Mann: »Ich habe es einfach vergessen.«

Frau: »Wenn das mir passieren würde! Stell dir vor, ein Kunde ruft auf dem Geschäftstelefon an, und ich vergesse einfach, es aufzuschreiben. Dann wärst du auch sauer.«

Mann: »Na klar, mir könnte ja auch ein Auftrag entgehen.«

Frau: »Siehst du, deine Arbeit ist dir wichtiger als alles andere.«

Mann: »Also, du vergisst, dass meine Arbeit uns beide etwas angeht. Schließlich verdiene ich damit auch den Unterhalt für dich und die Kinder.«

Frau: »Mein Privatleben und meine Schwester sind für mich genauso wichtig wie Geld. Dass du das immer noch nicht begreifen willst!«

Natürlich ist die Frau in diesem Streit zunächst aufgebracht, weil ihr Mann sich nicht an eine Vereinbarung gehalten hat, aber später ist sie so wütend, weil ihr Mann ihr Privatleben anscheinend nicht so wichtig findet wie sie selbst. Als Leser werden Sie sicher den altbekannten Unterschied zwischen Männern und Frauen erkannt haben. Gleiches gilt selbstverständlich auch für diese Wertfrage: Was ist privat und was darf man Dritten erzählen, insbesondere den Eltern, Schwiegereltern, Kindern, Freunden und Freundinnen? Für Frauen ist es vollkommen normal und sie fühlen sich nahezu verpflichtet, ihren Freundinnen alles über ihr Privatleben zu erzählen. Es ist sozusagen das Fundament ihrer Freundschaft. Sie reden nicht nur über die Einzelheiten ihrer Schwangerschaft und die Schwierigkeiten bei der Erziehung ihrer Kinder, sondern erzählen sich auch, welche Kollegen oder Männer ihnen gefallen, welche schlechten Angewohnheiten ihre Partner haben, und viele verraten sogar, wie ihr Partner im Bett ist. Männer sind meist verschwiegener. Sie kämen so gut wie nie darauf, mit anderen über solche Dinge zu reden. Sogar wenn etwas sie beschäftigt, werden sie – sehr zum Erstaunen ihrer Frau – häufig nicht einmal mit ihren besten Freunden darüber sprechen. Wenn diese Männer entdecken, dass ihre Partnerin den für sie so selbstverständlichen Verhaltenskodex bricht, können sie wütend werden.

Wie Geert, als er zufällig ein Telefongespräch seiner Freundin Anne-Wil mithört, in dem diese ihrer erwachsenen (Stief-)Tochter Marije von den finanziellen Schwierigkeiten erzählt, in die er wegen der Krise geraten ist. Geert wird sogar so wütend, dass er ihr den Hörer aus der Hand reißt und in das Telefon schreit: »Marije? Ich weiß nicht, was Anne-Wil dir alles erzählt hat, aber du würdest mir einen großen Gefallen tun, wenn du mit ihr nicht über mich sprechen würdest.« Weiß vor Wut legt er anschließend auf und fährt seine Freundin an: »Was denkst du dir eigentlich dabei, meine Tochter in unsere Probleme mit einzubeziehen? Erst tratschst du mit deiner ehemaligen Nachbarin über mich und jetzt sogar mit Anne-Wil!«

In diesem Beispiel streiten sich die Partner, weil sie unterschiedliche Vorstellungen davon haben, was man der (Stief-)Tochter erzählen darf und was nicht. Die Frau, Anne-Wil, dachte wahrscheinlich: »Wenn ich mir über etwas Sorgen mache, dann darf ich mir doch bei anderen Unterstützung holen? Ich muss meine Sorgen doch mit anderen teilen können? Wenn ich nicht einmal mit meiner Stieftochter über meine Probleme sprechen darf, mit wem darf ich es dann?

Außerdem ist eine solche Geschichte bei meiner Stieftochter sicher. Sie wird das schon niemandem erzählen. Wir sind doch eine Familie, da muss man sich in schwierigen Zeiten doch aufeinander verlassen können?« Möglicherweise dachte sie außerdem: »Meine Stieftochter muss doch Bescheid wissen, dann kann sie auch besser nachvollziehen, warum ihr Vater in letzter Zeit so gereizt ist. Sie kann dann einfach besser mit ihm umgehen.« Der wichtigste Beweggrund war für sie wahrscheinlich folgender: »Meine Stieftochter ist erwachsen und wir sind Freundinnen geworden. Und Freundschaft bedeutet auch, dass man sich Geheimnisse erzählt.«

Ihr Freund Geert ist da ganz anderer Meinung. Er denkt wahrscheinlich: »Über meine finanziellen Probleme soll niemand Bescheid wissen. Auch nicht meine Tochter. Du hättest mich zumindest vorher fragen können, ob ich einverstanden bin. Du hast mich damit gewaltig blamiert. Was soll sie denn nun von mir denken?« Möglicherweise befürchtet er auch, dass seine Tochter das Geheimnis nicht für sich behalten wird. Und dann gilt die norwegische Redensart: »Wenn man einer Person etwas erzählt, hat man zusammen ein Geheimnis; sobald drei Personen davon wissen, weiß es die ganze Welt.«

Genau wie viele andere Männer, die erfahren, dass ihre Frau mit ihren Freundinnen über ihre Beziehung spricht, ärgert Geert sich über die Offenherzigkeit seiner Frau. Er ist wütend über diese Treulosigkeit und er betrachtet es als ein Zeichen von Schwäche, über solchen »Tratsch« seine Freundschaft beweisen zu müssen.

Frauen ärgern sich über andere Dinge. Sie sind häufig irritiert, wenn ihr Mann in Gesellschaft anderer (entfernter Bekannter) prahlt oder sein Wissen allzu sehr zur Schau stellt. Sie möchten ihre Gleichwertigkeit mit anderen betonen und betrachten Bescheidenheit als eine positive Eigenschaft. Für Männer ist das Zurschaustellen von Fähigkeiten überhaupt nichts Schlimmes, sondern im Gegenteil vollkommen normal.

Ich möchte diesen Unterschied zwischen Männern und Frauen anhand zweier Abschnitte aus dem Buch *Szenen einer Ehe* von Ingmar Bergman veranschaulichen. Ein Ehepaar, Johan und Marianne, wird von einer gewissen Frau Palm für eine Zeitschrift interviewt.

Eine der Interviewfragen lautet: »Wie würden sie sich selbst beschreiben?« Dies ist die Antwort von Johan:

»Es klingt vielleicht eingebildet, wenn ich mich selbst als äußerst intelligent, erfolgreich, jugendlich, ausgeglichen und sexy beschreibe. Ich bin ein Mann mit vielen Interessen, gebildet, belesen, beliebt und umgänglich. Lassen sie mich nachdenken, was fällt mir noch ein ... freundlich. Freundlich auf eine angenehme Art, sogar gegenüber Menschen, die schlechter dran sind.«

Und so lautet Mariannes Antwort:

»Hmm, was soll ich sagen ... Ich bin mit Johan verheiratet und habe zwei Töchter.«

Die amerikanische Sprachwissenschaftlerin Deborah Tannen hat eine Reihe von Büchern zu Kommunikationsunterschieden zwischen Männern und Frauen geschrieben. Laut Tannen ist es für Männer selbstverständlich, sich in der Öffentlichkeit gut zu verkaufen, erst recht bei der ersten Begegnung oder in der Gegenwart von Menschen, die einen höheren Status besitzen oder zu besitzen scheinen als sie selbst. Aber in den Augen vieler Frauen ist es nur im Privaten angemessen, Einzelheiten über sich selbst preiszugeben, mit denen man sich wichtigmachen könnte, weil man in solchen Gesprächen, also mit bekannten und vertrauten Menschen, dann nicht für hochnäsig gehalten werde. Das erklärt, warum sich Johan in dem Interview so sehr profiliert und warum sich Marianne so anstrengt, einen bescheidenen Eindruck zu hinterlassen.

Geschlechtsspezifische Unterschiede in Normen und Werten können in allen Lebensbereichen zutage treten, aber wahrscheinlich häufen sie sich in keinem Bereich so stark wie in der Erziehung. Als ich neulich einer meiner Schwägerinnen von der Arbeit an diesem Buch erzählte, sagte sie: »Lass mich raten, worüber Männer und Frauen sich am häufigsten streiten: über die Kindererziehung. Bei uns ist das jedenfalls das Thema Nummer eins.«

Ich weiß nicht, ob die Behauptung meiner Schwägerin stimmt, dass Ehepaare (die Kinder haben) sich am *meisten* über die Erziehung streiten. Die Untersuchungen zu Ehestreiten kommen zu keinem eindeutigen Ergebnis. Fest steht aber, dass unterschiedliche Ansichten zur Erziehung häufig Spannungen verursachen. Zur Verdeutlichung folgt an dieser Stelle eine kleine Auswahl an Erziehungsfragen: Welche Spielsachen bekommen unsere Kinder? (Geben wir dem Jungen das typische Jungenspielzeug oder nicht?) Wie spät gehen unsere Kinder ins Bett? Spielen wir als Eltern Spiele mit unseren Kindern? Und wenn ja, beide Eltern oder nur Mama oder Papa? Gehen wir mit den Kindern an den Strand oder ins Museum? Lesen wir ihnen abends eine Geschichte vor? Dürfen die Kinder mitentscheiden, was es zu essen gibt? Müssen die Kinder im Haushalt mithelfen oder nicht? Helfen wir den Kindern bei den Hausaufgaben? Wie bestrafen wir unsere Kinder, wenn sie nicht hören? Bestrafen wir unsere Kinder überhaupt? Wie sollen unsere Kinder uns als Eltern ansprechen: mit »Papa« und »Mama« oder mit unseren Vornamen? Bekommen unsere Kinder Taschengeld und Kleidergeld und wenn ja, wie viel? Wie viel Zeit dürfen unsere Kinder mit Computerspielen, Internet und Fernsehen verbringen? Dürfen sie sich bei Facebook anmelden? In welchem Alter bekommen sie ein Handy? Wer bezahlt den Handyvertrag? Müssen unsere Kinder Süßigkeiten und Spielsachen miteinander teilen? Wer hat in der Erziehung mehr zu sagen: Vater oder Mutter? Gehen wir dazwischen, wenn die Kinder sich streiten? Erzählen wir den Kindern von unseren eigenen Problemen? Muss unsere Jüngste die Süßigkeiten, die sie von Oma bekommen hat, mit ihrem Bruder teilen? Was sagen wir den Kindern, wenn wir bei der Erziehung nicht einer Meinung sind?

Wenn Eltern über Erziehung streiten, geht es dem Anschein nach meist um Fernsehen, Süßigkeiten, Essen oder das Zubettgehen. Aber im Grunde genommen streiten sie sich – ohne sich dessen bewusst zu sein – über Normen und Werte. Wie streng oder nachgiebig sollen wir sein? Zu was für Menschen möchten wir unsere Kinder erziehen? Welche Vorbildrolle möchten wir dabei selbst einnehmen? Und so weiter.

Wie sehr Erziehungsfragen die Gemüter erhitzen können, wurde im letzten Jahr deutlich, als das niederländische »Segelmädchen« Laura Dekker in die Schlagzeilen geriet. Jeder im Land hatte eine klare Meinung dazu, ob ein vierzehnjähriges Mädchen versuchen dürfe, einen Weltrekord aufzustellen und als jüngster Mensch der Geschichte die Welt zu umsegeln. In den Diskussionen, die in nahezu jedem Wohnzimmer, in jeder Kneipe und Kantine geführt wurden, ging es immer um dieselben Fragen: In welchem Alter lasse ich einem Kind seine Freiheit und darf eine Heranwachsende – auch wenn sie sich selbst dadurch in Gefahr bringt – ihre eigenen Entscheidungen treffen? Wer hat in Sachen Erziehung das letzte Wort: die Eltern oder der Staat? Im Hintergrund schwang auch immer die Frage mit: Darf man als Kind oder als Eltern für einen Weltrekord alles andere zurückstellen? Worin besteht der Wert eines solchen Unterfangens?

Werte und Normen spielen auch bei Streitereien über die Aufgabenverteilung im Haushalt eine Rolle. Ein Beispiel:

Frau: »Ich möchte den Haushalt nicht allein machen. Du musst auch deinen Beitrag leisten, ich schaffe das sonst nicht mehr. Ich habe meine Arbeitszeit wegen der Kinder von fünf auf drei Tage reduziert, jetzt bist du dran. Ich möchte, dass du pro Woche einen Tag weniger arbeitest und dich um die Kinder kümmerst.«

Mann: »Und wie sollen wir dann das Haus abbezahlen? Wir können es uns finanziell nicht leisten, dass ich einen Tag weniger arbeite.«

Frau: »Ja, bis ich nicht mehr kann. Wir könnten doch einfach etwas seltener in Urlaub fahren.«

Mann: »Aber wer hat denn die hohen Ansprüche und möchte immer die neueste Mode tragen, das schönste Badezimmer haben und alle fünf Jahre ein neues Sofa kaufen?«

Die Frau in diesem Beispiel geht davon aus, dass auch für ihren Mann eine gerechte Aufgabenverteilung und ihre Gesundheit wertvoller sind als finanzielle Unabhängigkeit und ein Leben im relativen Luxus. Ihr Mann hingegen erwartet von ihr, dass sie versteht, wie wichtig finanzielle Sicherheit für sie beide ist, zumal sie das Geld mit vollen Händen ausgibt. Im Hinterkopf hat er wahrscheinlich noch einen anderen Gedanken, den er nicht ausspricht, weil er ihm nur allzu logisch erscheint: »Wenn ich einen Tag weniger arbeite, kann ich meine Karrierechancen gleich vergessen. Das weiß meine Frau ganz genau. Ich finde es nicht fair, dass sie mir so ein Opfer abverlangt.« Möglicherweise denkt er außerdem: »Als wir uns damals für Kinder entschieden haben, hat sie das nie angesprochen. Wäre sie damals nur offen und ehrlich gewesen!«

Eine andere Wahrnehmung der Wirklichkeit, Persönlichkeitsunterschiede und unterschiedliche Normen und Werte können in einer Beziehung zu Konflikten führen. Diese drei möglichen Konfliktquellen beruhen oftmals auf geschlechtsspezifischen Unterschieden. Die genannten Beispiele haben das bereits verdeutlicht. Das folgende Kapitel behandelt daher genau diese geschlechtsspezifischen Unterschiede zwischen Männern und Frauen.

2

Männer sind (etwas) anders, Frauen auch

»Die Frau ist anders als der Mann,
daher rührt all der Ärger.«
– Marc van den Eynde (flämischer Nonsensdichter)

»Ist es ein Junge oder ein Mädchen?« Das ist unsere erste Frage, wenn wir erfahren, dass jemand ein Kind bekommen hat. Auch wenn wir jemanden kennenlernen, beachten wir zuerst das Geschlecht der Person. Männer und Frauen unterscheiden sich schließlich voneinander. Diese Unterschiede können ein Quell der Freude sein und uns anziehen, sie können aber gleichermaßen Anlass oder Ursache für Konflikte sein. Das geschieht überwiegend in Momenten, in denen Männer und Frauen davon ausgehen, dass der andere die Welt genauso wahrnimmt wie sie selbst. In diesen Momenten rechtfertigen beide ihre Erwartungen mit ihrer eigenen Sichtweise und sind enttäuscht voneinander, wenn diese Erwartungen nicht erfüllt werden. In diesem Kapitel möchte ich eine Reihe zentraler Unterschiede näher beleuchten. Ich erhebe dabei keinen Anspruch auf Vollständigkeit. Wie könnte ich auch bei einem Thema, über das Hunderte von Büchern und Tausende von Artikeln geschrieben worden sind und zu dem so viel geforscht wurde.

Ich möchte jedoch einen Hinweis vorwegschicken. Wenn ich im Folgenden über Unterschiede spreche, dann spreche ich vom durchschnittlichen Mann und der durchschnittlichen Frau. Die psychologischen Unterschiede zwischen Menschen desselben Geschlechts sind größer als die Unterschiede zwischen Männern und Frauen. Es gibt Männer, die in nahezu jeder Hinsicht dem stereotypen Bild vom Mann entsprechen: der Macho, der Frauenheld, der am ganzen Körper tätowierte Rockstar. Und es gibt auch das genaue Gegenteil, den Ballett tanzenden Homosexuellen. Die meisten Männer befinden sich irgendwo zwischen diesen beiden Extremen. Für Frauen gilt dasselbe. Auf der einen Seite gibt es die durch und durch weibliche Frau, die schon als Kind stundenlang mit Puppen spielte und später die liebe Krankenschwester wird, von der jeder Macho träumt. Auf der anderen Seite gibt es das »Mannweib«, sie ist in ihrem Verhalten noch männlicher als ihre männlichen Kollegen bei der Polizei oder beim Militär. Zur letzten Gruppe sei gesagt, dass etwa zehn Prozent der Frauen mehr männliche als typisch weibliche Züge haben. Umgekehrt weisen zwanzig Prozent der Männer mehr weibliche als männliche Eigenschaften auf. Darüber hinaus hat sogar ein Macho oftmals ein oder zwei typisch weibliche Züge. Genauso wie eine Vollblutfrau meistens auch ein paar männliche Züge hat. Ich kann daher im Folgenden lediglich Muster beschreiben und Verhaltensweisen grob skizzieren.

Ich möchte an meinem eigenen Beispiel verdeutlichen, was ich mit »groben Unterschieden« meine. Einer der klassischen Unterschiede zwischen Männern und Frauen besteht darin, dass Männer einen besseren Orientierungssinn haben. Das verdeutlicht auch der Titel eines bekannten Buchs (verfasst vom Ehepaar Barbara und Allan Pease), das von Unterschieden zwischen Männern und Frauen handelt: *Warum Männer nicht zuhören und Frauen schlecht einparken*. Andererseits haben Frauen im Schnitt ein besseres Einfühlungsvermögen und sind empathischer. Obwohl ich ein Mann bin, bin ich in meinem Leben nur wenigen Frauen begegnet, die einen schlechteren Orientierungssinn haben als ich. Es gibt nur einen einzigen Ort auf der ganzen Welt, an dem ich mich nicht verlaufe: Hegelsom – das kleine 1500-Seelen-Dorf im Süden der Niederlande, in dem ich geboren wurde und in dem ich insgesamt zwölf Jahre gelebt habe. Obwohl ich inzwischen schon länger in Nijmegen, Breda und Tilburg gewohnt habe, verlaufe ich mich in diesen Städten noch immer, wenn ich mich abseits der Hauptrouten bewege. Zum Glück gibt es heutzutage Navigationsgeräte, denn ich verlaufe mich sogar mit einem Stadtplan in der Hand. Ich kann einfach keine Karten lesen.

Und wie ist es um meine Empathie bestellt? Während meines Psychologiestudiums besuchte ich gemeinsam mit elf anderen Studenten ein Jahr lang jeden Mittwochmorgen ein sogenanntes Sensibilitätstraining, eine in den Siebzigerjahren sehr beliebte Art der Gruppentherapie, in der man lernte bzw. lernen sollte, über seine Gefühle zu sprechen. Am Ende des Trainings mussten wir jedem der Teilnehmer eine Empathienote geben, mit der wir bewerten sollten, wie gut wir uns verstanden fühlten. Obwohl neun Frauen in der Gruppe waren, bekam ich die beste Note. Und das sogar mit großem Abstand zur Nummer zwei. Die Psychologin Martine Delfos zeigt in ihrem hochgelobten Buch *Verschil mag er zijn* (Unterschiede sind erlaubt) (2008), dass Empathie und räumliches Vorstellungsvermögen eng zusammenhängen. Eine gute räumliche Orientierung geht zulasten der Empathie und umgekehrt. Um sich gut zu orientieren, muss man von einem festen Punkt ausgehen. Männer sind darin von Natur aus meistens besser: Sie betrachten die Welt von ihrem eigenen Standpunkt aus. Da Frauen meistens die Hauptverantwortung für ihre Kinder tragen, müssen sie eher in der Lage sein, ihren Standpunkt und Blickwinkel zu ändern. Im einen Moment müssen sie aus der Perspektive ihres Kindes dessen Bedürfnisse erkennen, im nächsten Moment wieder zur eigenen Perspektive wechseln, um dem Kind das Notwendige zu geben.

Vielleicht denken Sie jetzt, dass ich ein sehr weiblicher Mann sei. Die Person, die mich am besten kennt, meine Frau, ist jedoch nicht dieser Meinung. Sie kann beispielsweise überhaupt nicht nachvollziehen, dass ich stundenlang Sportsendungen schaue, dass ich mich sehr lange von der Außenwelt abschotte, wenn ich an einem Buch arbeite, und dass ich mich auch alleine sehr gut beschäftigen kann. Und es gibt noch viele andere Dinge, in denen wir uns sehr stark unterscheiden und die sie typisch männlich findet. Im Verlauf dieses Kapitels und an anderen Stellen in diesem Buch werde ich noch mehr Beispiele dafür nennen.

Wettbewerb versus Nähe

»Wie hast du deine Kindheit in Erinnerung?«, fragte ich vor Kurzem meine jüngste Schwester. Meine Schwester musste nicht lange nachdenken: »Es gab ständig Streit und Raufereien, das ist das Erste, woran ich denke, wenn ich mich an meine Kindheit erinnere.« Mit vielen Antworten hätte ich gerechnet, aber nicht mit dieser. Für mich war meine Kindheit eine ausgesprochen glückliche Zeit, vielleicht war es sogar die schönste Zeit meines Lebens. Ich hätte darum eine viel fröhlichere Antwort erwartet. Natürlich erinnere auch ich mich an Streitereien, aber anders als bei meiner Schwester stehen diese mit Sicherheit nicht auf der ersten Seite des Erinnerungstagebuchs meiner Kindheit. Sie sind auch sicher nicht in Großbuchstaben geschrieben. Wie ist es nur möglich, dass meine Kindheitserinnerungen sich so sehr von denen meiner jüngsten Schwester unterscheiden? Ich habe lange über diese Frage nachgedacht und bin zu dem Schluss gekommen, dass ein Unterschied zwischen Männern und Frauen dahintersteckt. Lassen Sie mich erklären, was ich meine.

Männer lieben den Wettbewerb, sie messen sich gern mit anderen. Das genießen sie regelrecht. Männer mögen Rivalität und persönliche Konflikte, sie sind ihnen sogar ein Ansporn. Ihr Testosteronspiegel, der um ein Vielfaches höher ist als der von Frauen, veranlasst sie dazu, zu prahlen und andere Männer auszustechen. Männer wollen »Action«. Wer schon einmal unterrichtet hat, weiß, dass Jungen nicht so gut still sitzen können wie Mädchen. Jungen balgen sich gern mit anderen, sie boxen, kämpfen und raufen sich. Wie junge Hunde. Wer ist der Stärkste? Wenn der Lehrer es zulässt, tun sie das sogar im Unterricht. Und wenn nicht, auf dem Schulflur oder auf dem Pausenhof. So bereiten Männer sich auf das Erwachsensein vor, in dem sie sich dem Kampf mit anderen erwachsenen Männern stellen müssen. Im späteren Leben geschieht das in der Regel nicht mehr mit körperlicher Kraft, sondern indem sie im Beruf, beim Sport oder in ihrer Familie Leistungen erbringen.

Die Primatologin Elizabeth Lonsdorf hat entdeckt, dass sich dieser Unterschied zwischen Jungen und Mädchen auch bei Affen erkennen lässt. Schimpansen fangen Termiten, indem sie die Blätter großer Pflanzen zusammenrollen und dieses selbst gemachte Werkzeug in ein Termitennest stecken. Wenn der »Stock« kurze Zeit später vor krabbelnden Insekten wimmelt, holen sie die Beute heraus. Sie streifen die Termiten mit einer schnellen Handbewegung von ihrem Werkzeug ab und stecken sich ihre Lieblingsmahlzeit in den Mund. Diese Fertigkeit lernen weibliche Schimpansen fast doppelt so schnell von ihrer Mutter wie ihre männlichen Artgenossen. Die Weibchen beobachten ihre Mütter genau und imitieren sie. Dadurch sind sie bereits mit knapp drei Jahren in der Lage, auf diese Weise Termiten zu fangen. Die Jungen haben in diesem Alter noch anderes im Sinn. Sie raufen lieber und schwingen sich von Ast zu Ast. Irgendwann lernen auch sie, wie man Termiten fängt, aber bei ihnen dauert es beinahe doppelt so lang.

Jungen können nicht den ganzen Tag raufen. Die heutigen Familien sind klein und bieten ihnen kaum Gelegenheit, sich auszutoben. Aber ihre Vorliebe für Wettbewerb bleibt, und Jungen suchen andauernd nach Möglichkeiten, doch zu ihrem Recht zu kommen. Unser fünfzehnjähriger Sohn ist, wie viele andere Jungen, schon seit dem Kindergarten verrückt nach Sport und kann stundenlang Fußball, Eisschnelllauf, Tennis oder andere Sportarten schauen; und wir müssen ihn immer noch täglich daran erinnern, wann die eine Stunde am Tag vorbei ist, die er mit Computerspielen verbringen darf. Wenn mein Sohn sich mit einem Freund trifft, spielen sie fast immer Dinge, die mit Wettbewerb zu tun haben: Fußball, Hockey, Schach, Kartenspiele oder Computerspiele. Abgesehen von dem Sport oder dem Spiel, mit dem sie gerade beschäftigt sind, sprechen sie kaum über andere Themen. Die Auswahl seiner Freunde trifft er ausgehend von ihren Vorlieben für Sport und Spiele. Jungen fühlen sich in der Regel am wohlsten, wenn sie mit Freunden etwas spielen oder über etwas sprechen können, das Wettbewerbscharakter hat.

Das ändert sich auch nicht, wenn sie größer werden, denn auch als Erwachsene spielen sie noch gerne. Das gilt auch für mich selbst. Ich feiere zum Beispiel jedes Jahr mit meinen Freunden den Wechsel in ein neues Jahr mit einem ganzen Abend Kartenspielen. Männliche

Freundschaften sind, erst recht aus weiblicher Sicht, eher flüchtig und oberflächlich. Die meisten Männer sehen ihre Freunde ab und an, aber es kommt nur selten vor, dass sie ein wirklich enges Verhältnis zueinander haben. Sogar ihren engsten Freunden gegenüber sind sie selten so offen, dass sie ihre Gefühle und Sorgen mit ihnen teilen. Männer sind zufrieden, wenn sie Zeit miteinander verbringen und zusammen lachen können. Das gilt auch für mich. Wir Männer möchten uns miteinander messen und andere ausstechen. Wenn wir unter uns sind, versuchen wir darum auch, uns gegenseitig zu übertreffen, zum Beispiel im Witzemachen.

Die evolutionäre Erklärung für diesen Trieb ist, dass Männer genau wie Affen an der Spitze der Hierarchie stehen wollen, weil sie dadurch ihre Chancen bei Frauen erhöhen und eine größere Nachkommenschaft zeugen können. So lässt sich auch erklären, warum Männer auf der ganzen Welt bei ihren Dates bei denselben Dingen lügen: Sie übertreiben im Hinblick auf ihr Einkommen, ihren Status und ihre geschäftlichen und sozialen Beziehungen. »Zu Hause in der Garage steht auch noch ein Maserati.«

Apropos Autos, viele Männer lassen ihrem Wettbewerbsdrang im Straßenverkehr freien Lauf. Dazu möchte ich eine Expertin auf dem Gebiet »Männer und Beziehungen« zu Wort kommen lassen, die niederländische Schriftstellerin Yvonne Kroonenberg (1991):

> »Männerehre gibt es, aber sie wird nicht mehr von tapferen Rittern verteidigt, die mit Schwertern kämpfen oder sich bei Sonnenaufgang duellieren. Ein wahrer Mann verteidigt seine Ehre im Straßenverkehr. Alle anderen Autofahrer sind Arschlöcher, die nicht fahren können, darum muss er sie überholen, sich durchsetzen, beschleunigen.«

Sie haben es bereits durchschaut, Mädchen und Frauen sind da anders. Um den Unterschied zwischen Männern und Frauen zu erklären, verwendet Martine Delfos in diesem Zusammenhang den Begriff »Präferenzverhalten«. Sie erläutert den Begriff folgendermaßen: »Das Gehirn ist wie eine Art Archivierungssystem organisiert. In einem Büroarchiv hängt das Ordnungsprinzip vom Zweck ab. Die

Sortierung kann alphabetisch (Archive für Straßennamen), nach Jahreszahlen (historische Archive) oder nach Geburtsdatum (medizinische Archive) erfolgen. Der Schlüssel zum ›Archiv‹ im Menschen ist das Präferenzverhalten. Das Präferenzverhalten prägt das Gehirn. Männer und Frauen unterscheiden sich in Bezug auf ihr Präferenzverhalten.«

Einer der größten Unterschiede zwischen Männern und Frauen besteht darin, dass das männliche Gehirn darauf ausgerichtet ist, sich mit anderen zu messen. Männer suchen, wie ich eben erläutert habe, den Wettbewerb und meiden dabei auch nicht die Gefahr. Sie haben daher ein dreimal höheres Risiko, im Straßenverkehr zu verunglücken oder Selbstmord zu begehen und ein vierfach erhöhtes Risiko, an einer durch Rauchen verursachten Krankheit zu sterben.

Frauen weisen ein völlig anderes Präferenzverhalten auf: Sie sind auf andere Menschen ausgerichtet, suchen Anschluss und sind daher daran interessiert, wie es anderen geht. Aufgrund dieser Ausrichtung auf andere, die durch die Hormone Oxytocin und Östrogen noch verstärkt wird, haben Frauen ein großes Bedürfnis nach Harmonie und Zusammengehörigkeit. Wenn sie, wie meine jüngste Schwester, andere miteinander balgen sehen, fürchten sie, dass es jeden Moment zu einem echten Streit kommen könnte. Ihr Gehirn reagiert sofort heftig auf einen drohenden zwischenmenschlichen Konflikt. Frauen verspüren dann negative Gefühle wie Stress, Ärger und Angst, die einen Höhepunkt erreichen, wenn aus der Balgerei Ernst wird und es – wie befürchtet – zur Rauferei kommt und womöglich sogar noch Blut fließt. (In einer Familie mit zwölf Kindern kommt es oft zu Streitereien. Das lässt sich anhand einer einfachen Rechenaufgabe verdeutlichen. Der Älteste kann Streit bekommen mit seinen elf jüngeren Geschwistern, der Zweitälteste wiederum mit den zehn jüngeren Brüdern und Schwestern usw. Daraus ergeben sich 66 Streitmöglichkeiten. Und bei dieser Berechnung habe ich die Streitereien ausgelassen, die durch Grüppchenbildung entstehen können – weil sich beispielsweise der Älteste und der Drittälteste gegen zwei andere Brüder verbünden – oder durch die mangelnde Privatsphäre und den ständigen Lärm und andere Reize.) Da sich das Gehirn am besten an stressbehaftete Momente erinnert, ist es nicht weiter verwunderlich, dass meine Schwester auf die Frage nach ihren Kindheitserinnerungen mit »Streit« antwortet.

Auch bei unserer dreizehnjährigen Tochter sieht man sehr deutlich, dass Mädchen auf andere ausgerichtet sind und Anschluss suchen. Seit mittlerweile fünf Jahren hat sie eine beste Freundin, mit der sie alles teilt. Den größten Teil der gemeinsamen Zeit verbringen die beiden mit Reden. Über Kleidung, Musik, Lehrer, Schulkameraden, andere Freundinnen, Ausgehen, Jungen und noch mal Jungen. Wenn sie nicht zusammen sind, chatten sie, telefonieren miteinander oder schreiben sich SMS. Und wenn sie sich nach einem Urlaub nach ein paar Wochen wiedersehen, begrüßen sie sich wie Verliebte: Sie fallen sich um den Hals und drücken sich ausgiebig. Man sieht überdeutlich, wie glücklich sie sind, wieder zusammen zu sein. Dieses Verhalten unserer Tochter ist nicht typisch für die Pubertät, sondern gehört zum Wesen einer Frau, und sie wird es, sofern sie die Möglichkeit dazu hat, ihr ganzes Leben lang beibehalten.

Für Frauen sind und bleiben Gespräche über Menschen und deren Gefühle fast so wichtig wie Essen und Trinken. Deswegen spielen Freundinnen eine so große Rolle in ihrem Leben. Frauen brauchen andere Frauen als unterstützendes Netzwerk. Sie prüfen fortwährend ihre Vorstellungen, teilen Sorgen und Freuden miteinander und klagen einander ihr Leid. Freundschaften zwischen Frauen sind sehr intensiv und eng. Und genauso wie Liebesbeziehungen sind sie zuweilen heftigen Spannungen unterworfen. Wenn ich die Teilnehmer bei Schulungen zum Thema Gesprächstechnik darum bitte, über ein aktuelles Problem nachzudenken, anhand dessen sie ihre neu erworbenen Fähigkeiten üben können, bringen Frauen auffallend häufig Probleme zur Sprache, die mit Freundinnen zu tun haben. Für mich als Mann ist es gewöhnungsbedürftig, dass Frauen über die Beziehung zu ihren Freundinnen auf dieselbe Weise sprechen wie über eine Liebesbeziehung. Sie benutzen dann starke Begriffe wie »sich im Stich gelassen fühlen«, »Loyalität« und »Enttäuschung«. Nicht selten brechen sie auch während eines Gesprächs über ihre Freundinnen in Tränen aus.

Mich erinnert das an ein erstaunliches Studienergebnis, das ich vor gut zwanzig Jahren in einem deutschen Psychologiebuch gelesen habe. Frauen, die sich zwischen ihrem Mann und ihren Freundinnen entscheiden mussten, wählten mehrheitlich ... ihre Freundinnen! Eine kürzlich durchgeführte englische Studie hat ebenfalls bestätigt, dass vielen Frauen ihre Freundinnen wichtiger sind als ihr Mann. Diese Studie war für das männliche Selbstbild sogar noch schockierender: Den Frauen waren nicht nur die Freundinnen wichtiger, sondern auch ihre Mutter (auf Platz eins), außerdem ihre Fotos und ihr Handy. Freund oder Ehemann schafften es immerhin unter die ersten fünf, aber in Zeiten ernsthafter Geldnot würde ein Fünftel der 4.000 befragten Frauen ihren Partner gegen 775.000 Euro abtreten.

Frauenfreundschaften sind intensiver, aber das birgt auch Nachteile: Sie arten schneller in Streit und Feindschaft aus. Weibliche Popgruppen, die sich im Streit getrennt haben, kommen zu einem späteren Zeitpunkt nur selten wieder zusammen, um noch einmal auf Tournee zu gehen. Frauen haben eine Art Elefantengedächtnis für Streitereien und Beleidigungen und vergeben nicht so schnell wie Männer. Männer sind daher auch weniger empfindlich für persönliche Angriffe; ihre Freundschaften halten meist ein Leben lang. Männern fällt es leichter, nach einem Streit zu sagen: »Schwamm drüber.«

Frans de Waal, einer der bekanntesten Primatologen der Welt, stellte fest, dass dieser geschlechtsspezifische Unterschied auch auf Schimpansen zutrifft. »Schimpansenmännchen streiten viel und häufig, legen den Streit aber auch rasch wieder bei. Die Weibchen haben selten Konflikte, aber wenn sie sich streiten, dann hegen sie ihren Groll oft ein Leben lang« (Koelewijn, 2013). De Waal fügt hinzu, dass es sich bei Menschenkindern nicht anders verhält. »Finnische Forscher haben Grundschüler beobachtet und ihre Auseinandersetzungen notiert. Am Ende eines Tages fragten sie die Kinder, ob sie sich an diesem Tag denn mit jemandem gestritten hätten. Die Jungen konnten sich an nichts mehr erinnern, sogar wenn sie sich ununterbrochen gezankt und gerauft hatten. Die Mädchen konnten sich bis ins Detail daran erinnern, mit wem sie sich worüber gestritten hatten.«

Dass Frauenfreundschaften intensiver sind, hat noch einen zweiten großen Nachteil. Dieselbe Nähe, Verbundenheit und Intimität, die Frauen bei ihren Freundinnen erfahren, möchten sie auch bei ihrem Partner spüren. Vielmehr möchten sie diese *vor allem* bei ihrem Partner spüren! Männer halten jedoch von Natur aus etwas mehr Abstand. Sie sind ihrer Frau zwar näher als ihren besten Freunden, jedoch niemals so nah, wie ihre Frau es gerne hätte. Daher klagen Frauen oft: »Du bist so weit weg«, oder »Du bist nicht richtig da«. Männer verstehen oft wirklich nicht, was Frauen in diesen Momenten von ihnen wollen. Und wenn sie es verstehen, wissen sie nicht, was sie anders machen sollen.

Die evolutionäre Erklärung für diese Ausrichtung auf andere ist, dass Frauen schon seit Anbeginn der Zeit für ihre Kinder sorgen mussten und gleichzeitig zusammen mit anderen Frauen Nahrung wie Früchte, Samen und Rüben sammeln mussten. Um beide Aufgaben gut verrichten zu können, entwickelten Frauen Stärken in den Bereichen Kommunikation und Zusammenarbeit. Sie lernten einzuschätzen, was ein Säugling oder ein Erwachsener fühlte, dachte oder wollte. Frauen fühlen sich auch meistens am wohlsten, wenn sie einem anderen etwas bedeuten können. Nicht nur ihren Kindern, sondern auch ihrem Partner. In diesem Zusammenhang ist das Ergebnis einer Untersuchung interessant, die man unter 10.000 britischen, deutschen und australischen Paaren durchgeführt hat: Frauen mit einem glücklichen Mann neigen eher dazu, ihren Partner zu verlassen, wohingegen Paare, bei denen der Mann nicht so glücklich ist wie die Frau, eher zusammenbleiben (Guven, 2010).

Ich fasse das bis jetzt Gesagte zusammen. Männer suchen stets den Wettbewerb, sie möchten spielen, gewinnen, ein Held, stark und unabhängig sein. Man kann also grob verallgemeinernd sagen, dass Männer »egoistisch sind« und das »Ich« in den Vordergrund stellen, während für Frauen das »Wir« wichtiger ist. Sie möchten Bindungen eingehen mit anderen, möchten dazugehören. Sie interessieren sich für die Gefühlswelt anderer Menschen und möchten über Emotionen sprechen. Deswegen strengen sie sich so an, um von anderen gemocht zu werden. Jungen fürchten sich am meisten davor, als »schwach« oder »minderwertig« zu gelten, Mädchen hingegen finden es am schlimmsten, wenn andere sie »nicht so nett« finden. Ein männlicher Vorgesetzter macht sich nicht viele Gedanken über neidische männliche Untergebene. Eine Frau denkt wahrscheinlich besorgt: Können wir nicht trotzdem Freundinnen sein? Wenn man bedenkt, dass Männer ihr Selbstwertgefühl in erster Linie aus ihrer Fähigkeit schöpfen, unabhängig zu sein, und Frauen ihr Selbstwertgefühl zum größten Teil aus ihrer Fähigkeit ableiten, enge Beziehungen mit anderen zu führen, ist es im Grunde genommen ein Wunder, dass Beziehungen zwischen Männern und Frauen nichtsdestotrotz so oft gelingen.

Und es gibt noch einen weiteren Grund, warum wir uns darüber eigentlich wundern müssten. In allen Kulturen und Gesellschaften neigen Frauen dazu, Männer zu wählen, die in ihrem Wettlauf an die Spitze erfolgreich sind. Frauen haben eine Vorliebe für Männer mit einem hohen Status und viel Geld. Um diese Position zu erreichen und zu halten, müssen Männer hart arbeiten. Wenn Mann und Frau sich dann gefunden haben, dauert es nicht lange, bis die Nähe suchende Frau klagt: »Du denkst immer nur an die Arbeit! Was ist mit mir?« (Ist der Mann beruflich nicht erfolgreich, klagt sie: »Er ist ein Versager, vor dem ich keinen Respekt haben kann. Wenn er nur so ehrgeizig und leidenschaftlich wie andere Männer wäre.«)

Gefühle verbergen versus Gefühle äußern

Bei meinen Lesungen zitiere ich zur Veranschaulichung oft diesen typischen Dialog zwischen einem Mann und einer Frau, in dem sich jedes Mal wieder viele Zuhörer wiedererkennen:

> Ein Mann kommt von der Arbeit nach Hause, läuft ins Wohnzimmer und lässt sich auf das Sofa fallen. Seine Frau schaut ihn kurz an und fragt: »Hast du etwas?«
>
> »Nein. Warum?«

»Ich dachte nur.«
»Ich habe doch gesagt, dass nichts ist.«
»Ich sehe es dir doch an. Du hast etwas.«
»Gut, dann denk halt, dass irgendwas ist.«
»Siehst du, du klingst schon so genervt.«
»Kein Wunder. Natürlich bin ich genervt, wenn du so anfängst.«
»War was auf der Arbeit? Warum erzählst du es nicht einfach?«
»Warum glaubst du mir nie, was ich dir sage?«
»Dazu kenne ich dich zu gut. Du frisst immer alles in dich hinein. Das ist schlecht für dein Herz, weißt du das?«

Diese Situation ist ein Klassiker: Männer finden Frauen oft zu emotional, Frauen werfen Männern vor, dass sie zu nüchtern und nicht emotional genug seien. Ein Mann sagt dann zu seiner Frau: »Jetzt werde nicht hysterisch. Mach nicht immer gleich ein Drama aus allem, davon geht die Welt doch nicht unter.« Und eine Frau sagt vorwurfsvoll zu ihrem Mann: »Du bist kalt wie ein Fisch. Du frisst alles in dich hinein.« (Oder wie der Titel eines Liedes von Joan Armatrading lautet: *Show some emotion*.)

Beide betrachten das andere Geschlecht aus ihrer eigenen Perspektive und können die Reaktionen des anderen nicht immer nachvollziehen. Ein Mann spricht von sich aus nur selten darüber, wie es ihm geht. Wenn er sich schlecht fühlt, tendiert er meistens eher dazu, seine Gefühle für sich zu behalten. Sein Präferenzverhalten gibt ihm dann vor, dass er keine Anzeichen von Schwäche zeigen darf. Männer zeigen ihre Gefühle daher seltener. In vielen Filmklassikern sieht man denn auch Männer mit dem Männlichkeitsmerkmal schlechthin: der *stiff upper lip*. Denken Sie nur an Humphrey Bogart (*Casablanca*), Marlon Brando (insbesondere in *Der Pate*), John Wayne, Clint Eastwood (in seinen Spaghettiwestern), Robert Mitchum und Kirk Douglas. Obwohl man insbesondere den Briten unterstellt, dass sie auch auf heftige Ereignisse unterkühlt reagieren, ist das Unterdrücken von Gefühlen nicht typisch westlich. Schaut man sich Fernsehauftritte chinesischer, japanischer oder arabischer Staatsmänner an, fällt immer wieder auf, wie emotionslos diese ihre Reden halten.

Nehmen Sie zum Beispiel Osama bin Laden, dessen Videobotschaften nach dem 11. September im Fernsehen ausgestrahlt wurden. Wer erwartet hatte, der Anführer von al-Qaida würde nun emotionsgeladene Reden halten, der wurde eines Besseren belehrt. Sein Gesicht verriet kaum Emotionen und seine Stimme war flach, fast schon monoton. Die wenigen Emotionen, die man eventuell noch in seinem Gesicht hätte erkennen können, wurden durch einen großen Bart verborgen. (Manche Wissenschaftler gehen davon aus, dass der wichtigste Grund, warum Männer Bärte tragen, der ist, dass sie auf diese Weise ihren Gesichtsausdruck verstecken und so Überlegenheit und Unverletzlichkeit ausstrahlen können.) Kurzum, man hätte bin Laden eher für einen Teilnehmer an der Pokerweltmeisterschaft halten können als für den Schrecken der westlichen Welt.

Ab ihrer frühesten Jugend lernen Männer, sich cool und ungerührt zu verhalten. Es ist für sie fast schon lebenswichtig, sich Angst nicht anmerken zu lassen. Ein Mann, dem man die Angst im Gesicht ansieht, hat im Wettbewerb mit anderen Männern bereits verloren und verspielt seine Chancen auf einen höheren Rang in der Hackordnung. Um ihr Selbstvertrauen zu stärken, trainieren Männer daher schon sehr früh ihre Gesichtsmuskeln darauf, Anzeichen von Angst zu verbergen. Bei Teenagern sieht man das sehr deutlich. Manchmal scheint es ihre wichtigste Beschäftigung und Sorge zu sein, Emotionen aus ihrem Gesicht zu verbannen. Darum sagen Teenager auch so oft: »Interessiert mich nicht«, oder: »Und weiter?« Durch dieses gespielte Desinteresse möchten sie andere glauben machen, dass sie emotional unverletzlich sind. (Dabei ist es für sie das Allerwichtigste überhaupt, was andere, insbesondere ihre Altersgenossen, über sie denken.)

Auch über Gefühle sprechen Männer nicht miteinander. Wenn sie über Gefühle sprechen, dann mit einer Frau und auch dann nur zögerlich. Ich habe von 1990 bis 1995 als freiberuflicher Psychologe für die Gemeindepolizei von Breda gearbeitet. Die älteren Polizeibeamten erzählten mir, dass sie früher nie über Gefühle sprachen und schon gar nicht über ihre Ängste. Das änderte sich erst in den Achtzigerjahren, als sie weibliche Kolleginnen bekamen, die das sehr wohl taten und die beispielsweise nach einer gefährlichen Streife zugaben, dass sie ganz schön Bammel gehabt hatten. Daraufhin trauten sich auch die Männer, sich mehr von ihrer verletzlichen Seite zu zeigen. Einer der älteren Beamten nannte mir damals auch ein eindrückliches Beispiel dafür, wie die männlichen Polizeibeamten untereinander vorher mit Gefühlen umgegangen waren. »Bei Heimspielen des örtlichen Fußballvereins waren immer einige Polizisten anwesend, um für Ordnung zu sorgen. In dieser Zeit verliefen die Spiele immer ohne Zwischenfälle. Der Begriff ›Fankrawalle‹ musste noch erfunden werden und Hooligans waren noch gänzlich unbekannt. Es gab zu dieser Zeit auch noch keine Umzäunung am Spielfeldrand. Und so nahmen einige Fans einfach die Abkürzung quer über das Spielfeld, um schneller zum Ausgang zu kommen. Anfang der Siebzigerjahre kam es an einem kalten Samstagabend im Januar erstmals zu Ausschreitungen auf der Tribüne. Ich saß mit drei Kollegen auf einer Bank vor dem Fanblock, in dem die Eskalation drohte. Die Fans hatten es auf uns abgesehen und waren kurz davor, über den niedrigen Zaun zu steigen. Und dann, ja ... dann. Sie waren Tausende und wir waren nur zu viert. Wir hatten unglaubliche Angst. Wir waren so verängstigt, dass wir vor Angst bebten. Sogar die Bank, auf der wir saßen, bebte mit, aber wir ließen uns nichts anmerken. Einer meiner Kollegen rettete unsere Ehre, indem er sagte: ›Ganz schön kalt, was?‹«

Bei Frauen liegen die Gefühle dagegen näher an der Oberfläche. Sie haben einen einfacheren Zugang zu ihren Gefühlen und sprechen nicht nur leichter, sondern auch lieber über ihre Gefühle. Frauen nehmen zudem die Gefühle anderer viel besser wahr. Eine Frau interessiert sich daher mehr dafür, wie ihr Mann sich fühlt, als umgekehrt. Als ich frisch verheiratet war, musste ich mich erst daran gewöhnen, dass meine Frau mich abends, wenn ich von der Arbeit nach Hause kam, fragte: »Wie war dein Tag?« (Ich gebe zu, dass ich selbst diese Frage nur selten stellte.) Eine Frau beobachtet genau, wie es den Menschen in ihrer nächsten Umgebung geht, und hat ihre (Gefühls-)Antennen stets ausgefahren. Viel besser als Männer nehmen Frauen auch subtile nonverbale Gefühlsäußerungen wahr. Sie sind besser darin, Gefühle vom Gesicht abzulesen, und nehmen Gefühlsänderungen schneller wahr, weil sie auf Höhe und Volumen der Stimme ihres Gegenübers achten. Aus diesem Grund sagen Frauen bei einem Wortwechsel auch des Öfteren: »Du musst gar nicht so wütend auf mich sein und mich so anschreien.«

Andererseits sind Frauen auch manchmal enttäuscht von ihren Männern, weil diese nicht merken, dass sie traurig sind. Sie merken es erst, wenn die Frau weint und ihr die Tränen über die Wangen laufen. Und dann sieht man ihn fast schon denken: »Warum ist sie denn so traurig? Ist etwas passiert? Anscheinend schon, sonst würde sie nicht weinen.« Oder wie eine frühere Kollegin mir neulich erzählte: »Wenn ich traurig bin und mein Mann bemerkt das nicht, dann macht mich das noch trauriger, weil ich mich dann so alleine und unverstanden fühle. Dass er dann nicht für mich da ist, das finde ich meistens noch schlimmer als das, worüber ich anfangs traurig war.«

Da Frauen auf Gefühle so viel Wert legen und sich auf andere einstellen möchten, beobachten sie andere besser, erst recht ihren Partner. Männer tun das nur in der Verliebtheitsphase, danach scheinen sie diese Fähigkeit wieder zu verlieren. Es liegt einfach weniger in ihrer Natur. Schauen Sie sich Jungen und Mädchen an. Ich selbst beobachte es nahezu täglich. Wenn meine Tochter mit ihrer Freundin zusammen ist, schauen sie einander beim Sprechen fortwährend an. Wenn dagegen unser Sohn mit einem Freund zusammen ist, sitzen sie nebeneinander auf dem Sofa, und die meiste Zeit schauen beide einfach nach vorn.

Wie unterschiedlich Männer und Frauen mit Gefühlen umgehen, wird vor allen Dingen in Stressphasen deutlich. Ein gestresster Mann, der eine Lösung für ein Problem finden muss, das ihn beschäftigt, wird versuchen, den für Gefühle zuständigen Teils seines Gehirns abzuschalten. So kann er besser über sein Problem nachdenken. Aus demselben Grund wird er in einer solchen Situation auch nicht reden. Eine gestresste Frau hingegen hat gerade dann ein größeres Bedürfnis, zu reden. Sie schweigt erst, wenn sie sich verletzt fühlt. Und wenn ihr Mann schweigt, denkt sie erschrocken: »Was hat er nur? Habe ich einen Fehler gemacht?« Wenn seine Frau schweigt, wird er von seiner eigenen Art der Stressbewältigung ausgehen und denken: »Irgendetwas beschäftigt sie, sie braucht Zeit für sich; ich lasse sie lieber in Ruhe.« Wohingegen die Frau genau dann Gesprächsbedarf hat.

Probleme lösen versus Mitgefühl zeigen

Barbara hat einen anstrengenden Nachmittag hinter sich und erzählt ihrem Mann Ruud davon, als er abends nach Hause kommt.
»Ich war mit den Kindern auf dem Jahrmarkt. Ich bin kaputt. Ich habe mich den ganzen Tag gefühlt wie ein Polizist. Ich musste sie ständig im Auge behalten, um sie nicht in der Menge zu verlieren. Und sie haben die ganze Zeit gequengelt, weil sie Autoscooter fahren wollten. Obwohl ich ihnen vorher schon gesagt hatte, dass ich das nicht will.«
Barbara hat noch nicht ausgesprochen, da hat Ruud schon Lösungen parat. »Ich hätte sie ein Mal gewarnt, dass sie bei mir bleiben müssen, und wenn sie das nicht getan hätten, dann wäre ich sofort mit ihnen nach Hause gefahren. Und bei der Quengelei über den Autoscooter hätte ich das Gleiche getan. Sie brauchen klare Regeln. Als ich letztes Jahr mit ihnen im Freizeitpark war, habe ich es auch so gemacht und das hat wunderbar geklappt.«
Jetzt kann Barbara sich nicht mehr zurückhalten. »Du verstehst es einfach nicht, oder?«
Als Ruud sie voller Unverständnis anschaut, sagt sie: »Ich brauche gar keine Lösung. Ich möchte einfach nur, dass du Mitgefühl zeigst, mich in den Arm nimmst und sagst, dass du verstehst, wie ich mich fühle.«
Ruuds Reaktion: »Aber davon hast du doch nichts, das hilft dir doch nicht weiter?« Und insgeheim denkt er noch: »Wenn ich Mitgefühl zeige, dann mache ich es nur noch schlimmer. Dann verliert sie ganz die Fassung und es kommen noch allerlei andere Gefühle an die Oberfläche.«
Barbara: »Ach, lass gut sein. Du bist mir einfach keine Hilfe.«

Was läuft hier schief? Warum verstehen Barbara und Ruud einander nicht? In ihrem Buch *Das männliche Gehirn* (2010) erläutert die Neuropsychiaterin Louann Brizendine, warum das so ist. Ich möchte es kurz in meinen eigenen Worten erklären.

Man war lange der Meinung, dass die Unterschiede in der Art, wie Männer und Frauen mit Gefühlen umgehen, wesentlich durch die Erziehung bestimmt werden. Natürlich bestimmt unsere Erziehung zu einem großen Anteil, wie wir mit Gefühlen umgehen, aber der andere Teil der Erklärung findet sich im Gehirn wieder. Studien haben gezeigt, dass in unserem Gehirn zwei emotionale Systeme gleichzeitig arbeiten: das Spiegelneuronensystem und die temporoparietale Verbindung. Das erste System ist der Sitz der emotionalen Empathie: Es spiegelt die Gefühle des Gegenübers und hilft uns, emotionalen Schmerz zu fühlen. Es ermöglicht uns »Mit-Leid« zu spüren, mit anderen mitzufühlen. Das zweite System, die temporoparietale Verbindung, ist der Sitz der kognitiven Empathie. Es ermöglicht uns, die Gefühle anderer zu verstehen, ohne diese Gefühle dabei selbst zu fühlen.

In dem Moment, in dem Barbara Ruud von ihren Schwierigkeiten berichtet, werden bei ihm beide Systeme eingeschaltet. Zunächst das Spiegelneuronensystem und kurz danach die temporo-parietale Verbindung. Das zweite System setzt seinen Gehirnbereich in Gang, um eine Lösung zu finden. Da die Emotionen seiner Frau sein logisches Denken erschweren, deaktiviert er sein Spiegelneuronensystem. Während sein Gehirn fieberhaft nach einer Lösung sucht, ist es nicht in der Lage, die Emotionen in der Stimme und im Gesicht seiner Frau wahrzunehmen, geschweige denn, darauf zu reagieren. In den Augen seiner Frau ist Ruud in diesem Moment ein gefühlloser Mann, der rein analytisch auf ihre Probleme reagiert: »Du verstehst nicht, wie ich mich fühle. Ich frage mich, ob es dich überhaupt interessiert.«

Laut Brizendine ist dies eine logische und verständliche Reaktion. Sowohl bei Männern als auch bei Frauen werden die Spiegelneuronen aktiviert, wenn sie sehen, dass jemand Probleme hat. Der große

Unterschied zwischen Männern und Frauen ist, dass das Spiegelneuronensystem im weiblichen Gehirn aktiv bleibt, während das männliche Gehirn schnell umschaltet zur temporo-parietalen Verbindung und erst zur Ruhe kommt, wenn eine Lösung gefunden ist. Barbara erwartete, dass Ruud so reagieren würde wie sie selbst, wenn er in Schwierigkeiten wäre, oder dass er sie so trösten würde, wie ihre Freundinnen das in einer solchen Situation täten. Für die meisten Frauen sind das Teilen und Besprechen von Problemen eine Möglichkeit, den Kontakt mit anderen zu vertiefen und zu festigen. Es ist für sie sogar wichtiger als die Lösung des eigentlichen Problems. Für Männer geht es jedoch genau darum, das Problem zu lösen. Sie betrachten ein Problem auch als eine Gelegenheit, ihre Kompetenz oder ihr Können unter Beweis zu stellen. Sobald sie mit einem Problem konfrontiert sind, werden sie versuchen, das Gespräch an sich zu reißen.

Typisch männliche Dreistigkeit

Kurz gesagt: Für eine Frau ist ein Gespräch über ein Problem in erster Linie ein Mittel, um den Kontakt zu vertiefen, für den Mann ist es ein Mittel, ein Ziel zu erreichen. Für die Frau zählt der Weg dorthin; für den Mann geht es um das Ziel bzw. das Ergebnis, und es ist für ihn unerheblich, wie er es erreicht. Schnelle Lösungen führen oft zu Unmut seitens der Frau, weil sie sich dann nicht ernst genommen fühlt. »Ich mache mir den ganzen Mittag oder Tag Gedanken, und du willst das Problem in weniger als einer Minute gelöst haben.« Die Frau hat in diesem Moment auch das Gefühl, dass der Mann sich über sie stellt (»Du willst mir also erzählen, dass dir das nicht passieren könnte?«). Dabei bräuchte sie in Stresssituationen einen Mann, der *an ihrer Seite* steht.

Wie wenig hilfreich seine Reaktion für seine Frau auch gewesen sein mag, laut Brizendine war sie nicht so gefühllos, wie Ruud selbst dachte: Er betrachtete das Problem seiner Frau zwar als eine Möglichkeit, ihr sein Können zu zeigen, aber gleichzeitig versuchte er auf diese Weise auch, ihr seine Liebe und Anteilnahme zu zeigen. Für ihn gehören diese beiden Dinge zusammen: Indem er sich Mühe gibt, ihre Probleme zu lösen, zeigt er ihr, dass sie stolz auf ihn sein kann und dass sie ihm wichtig ist.

Geschäft versus Beziehung

Karel fühlt sich zu seiner neuen Kollegin Patricia hingezogen. Er verabredet sich mit ihr zu einem Date. Sie verstehen sich gut, und schon bald treffen sie sich sehr oft. Für die beiden scheint es auf der Welt nur noch sie beide zu geben. Es vergehen Monate, in denen sie zusammen im siebten Himmel schweben.

Als sie eines Tages zusammen nach Hause fahren, fällt Patricia etwas ein: »Sag mal, Karel, weißt du, dass wir uns vor genau sechs Monaten zum ersten Mal verabredet haben?«

Dann ist es kurz still im Auto. Für Patricia ist die Stille ohrenbetäubend. Sie fragt sich: »Interessiert ihn überhaupt, was ich sage? Fühlt er sich

eingesperrt in unserer Beziehung? Traut er sich vielleicht nicht, zu sagen, dass ich ihn zu sehr vereinnahme?«
Und Karel denkt: »Mein Gott, schon sechs Monate.«
Und Patricia denkt: »Ich bin mir doch auch nicht hundertprozentig sicher, ob ich diese Beziehung möchte. Ich denke auch manchmal: Hätte ich nur etwas mehr Freiraum. Steuern wir so auf eine Hochzeit zu? Auf Kinder? Bin ich überhaupt schon so weit? Kenne ich Karel denn gut genug?«
Und Karel denkt: »So, das muss ich mal kurz durchrechnen. Im Februar hatten wir unser erstes Date. Das war einen Tag, nachdem ich das Auto von der Inspektion aus der Werkstatt geholt hatte. Mal sehen, wie viele Kilometer ich seitdem gefahren bin. Oh, ich hätte schon längst einen Ölwechsel machen müssen!«
Und Patricia denkt: »Er ist ganz aufgewühlt. Ich sehe es ihm an. Oder liege ich falsch? Vielleicht erwartet er mehr von unserer Beziehung. Mehr Nähe? Vielleicht hat er meine Bedenken gespürt. Ja, das muss es sein! Er sagt nichts, weil er Angst vor Zurückweisung hat.«
Und Karel denkt: »Ich muss den Wagen morgen unbedingt in die Werkstatt bringen. Sie müssen das Getriebe durchsehen. Was bin ich nur für ein unglaubliches Rindvieh, dass ich die ganze Zeit nicht an den Ölwechsel gedacht habe.«
Und Patricia denkt: »Er ist sauer. Und vielleicht sogar zu Recht. Ich an seiner Stelle wäre auch sauer. Ich fühle mich schuldig.«
Und Karel denkt: »Angenommen, ich bin zu lange mit diesem Öl gefahren. Was wird das wohl kosten? Ich hatte noch Garantie auf den Wagen, aber die verfällt natürlich, wenn ich den Ölwechsel nicht rechtzeitig machen lasse.«
Und Patricia denkt: »Ich habe auch viel zu hohe Ansprüche. Ich warte auf den Prinzen auf dem Schimmel, dabei sitze ich genau jetzt neben dem perfekten Mann, mit dem ich gern zusammen bin und bei dem ich mich wohl fühle, und der leidet, weil ich so egozentrisch bin und wie ein Teenager von der romantischen Liebe träume.«
Sie sagt laut: »Karel.«
»Was denn?«, erschrickt Karel.

»Bitte quäl dich nicht so«, sagt sie, während ihr die Tränen in die Augen schießen. »Vielleicht hätte ich nie ... Oh, ich fühle mich so ...«

»Was?«, sagt Karel.

»Ich bin so stur«, schluchzt Patricia. »Ich meine, ich weiß doch, dass es keinen Prinzen gibt und kein Pferd.«

»Es gibt kein Pferd?«, fragt Karel verständnislos.

»Du hältst mich für verrückt, oder?«, sagt Patricia.

»Nein!«, beteuert Karel, der froh ist, dass er eine Frage beantworten kann, die er verstanden hat.

»Ich brauche einfach etwas mehr Zeit«, sagt Patricia.

Es entsteht eine Pause von fünfzehn Sekunden, in denen Karel angestrengt darüber nachdenkt, welche möglichst unverfängliche Antwort er Patricia geben kann. Dann fällt es ihm ein: »Ja«, sagt er.

Patricia nimmt, zutiefst gerührt, seine Hand und sagt: »Oh, Karel, denkst du das wirklich? Danke für dein Verständnis. Danke, dass du so viel Geduld mit mir hast.«

Als Karel sie nach Hause gebracht hat und sie zu Bett gegangen ist, kann sie wegen des Gesprächs mit Karel nicht einschlafen. Sie weint bis in die Morgenstunden. Als Karel nach Hause kommt, trinkt er noch ein Bier, sieht noch kurz fern und denkt an nichts mehr. Außer an den Wagen, den er am nächsten Tag in die Werkstatt bringen wird.

Am nächsten Tag ruft Patricia eine Freundin an und bespricht mit ihr jede Einzelheit des Gesprächs mit Karel. Zusammen analysieren sie wieder und wieder ihre eigenen Sätze und Gedanken, seine Sätze und Gebärden und was er möglicherweise dabei dachte. In den kommenden Tagen wird sie dies noch öfter tun, auch mit anderen Freundinnen, und diese Gespräche werden sie keine Sekunde langweilen.

Karel bringt an diesem Tag seinen Wagen in die Werkstatt und geht anschließend eine Runde Tennis spielen. Als er auf dem Tennisplatz einen gemeinsamen Freund trifft, fragt er diesen: »Hatte Patricia mal ein Pferd?«

Männer lieben, wie bereits erläutert, aufgrund ihres Präferenzverhaltens den Wettbewerb. Sie haben, so die Psychologin Martine Delfos, noch ein anderes Präferenzverhalten: Sie sind stärker auf Gegenstände und Sachverhalte fokussiert als Frauen. Das bedeutet nicht, dass sie sich nur für Gegenstände interessieren. Sie haben sehr wohl ein Interesse an Menschen, aber Männer müssen ihre Aufmerksamkeit zwischen Menschen und Gegenständen aufteilen. Das Gespräch zwischen Patricia und Karel veranschaulicht das. Sobald er an den überfälligen Ölwechsel denkt, kann er sich nicht mehr richtig darauf konzentrieren, was seine Freundin ihm sagen möchte. In Gesprächen konzentrieren Männer sich daher mehr auf die sachliche Seite einer Angelegenheit.

So war es auch im Gespräch zwischen Ruud und Barbara, das ich im vorhergehenden Absatz beschrieben habe. Während Barbara deutlich machen wollte, dass es auf dem Jahrmarkt anstrengend gewesen war mit den Kindern, und von Ruud Verständnis und Anteilnahme erwartete, ging er auf den eigentlichen Sachverhalt ein. Und eben diese Unterschiede in der Art, zu denken und zu reden, sind der Grund dafür, dass Männer und Frauen einander nicht verstehen. Wenn eine Frau ihrem Mann ein Problem schildert, macht er sich auf die Suche nach »der Frage«, »der Sache«, »dem Thema«. Der Mann verbannt die Beziehung nicht aus seinem System, aber er drängt sie in den Hintergrund. Bei der Frau stehen in der Regel die Personen im Vordergrund. Frauen verstehen daher auch oft nicht, dass Männer stundenlang miteinander über in ihren Augen geschäftliche Angelegenheiten reden können. Als meine Frau mich zum ersten Mal zur Geburtstagsparty eines Freundes begleitete, sagte sie auf dem Heimweg: »Ich finde es wirklich erstaunlich, dass ihr euch den ganzen Abend wunderbar amüsieren könnt, obwohl ihr im Grunde genommen kein richtiges Gesprächsthema habt.« »Doch, doch«, sagte ich, »wir sprechen über Urlaub, Filme, Musik und vor allem über Fußball.« Aber für meine Frau waren das keine richtigen Gesprächsthemen. Wie unsere Tochter wollte sie lieber über Menschen sprechen, über ihre Gefühle, Beziehungen, Träume und Gedanken. Oder wie es die niederländische Schriftstellerin Yvonne Kroonenberg (1991) ausgedrückt hat: »Frauen unterhalten sich nur selten über den Zustand der Welt oder den Preis von Blumenkohl. Wir sprechen gern übereinander, über Beziehungen.« Weil Frauen in dieser Hinsicht bei Männern nicht zu ihrem Recht kommen, tun sie das lieber mit anderen Frauen. Nach diesem ersten Abend mit meinen Freunden suchte meine Frau näheren Kontakt zu den Partnerinnen meiner Freunde. »Mit denen kann ich mich wenigstens unterhalten«, sagte sie.

Ich musste mich am Anfang unserer Beziehung daran gewöhnen, wie meine Frau über Angelegenheiten sprach, die sie beschäftigten. Sie fing beispielsweise damit an, über ihre Eltern zu sprechen (»Wir waren schon ein paar Wochen nicht mehr bei meinen Eltern, bei deinen waren wir vor Kurzem«), dann erzählte sie von einer ihrer besten Freundinnen (»Die haben wir auch schon lange nicht mehr gesehen, wann sollen wir sie mal wieder besuchen gehen?«), dann über einen Kalender, den sie noch kaufen musste (»Es ist schon fast November und wir haben immer noch keinen Kalender, um unsere Termine zu notieren«), und schließlich kam sie, ohne dass ich auch nur die geringste Chance gehabt hätte, auf das Gesagte zu reagieren, auf ihre Arbeit zu sprechen (»Wir haben heute erfahren, dass wir in Zukunft auch Spätschichten machen müssen. Und sie haben sich noch nicht einmal Gedanken darüber gemacht, wie sie abends in zwielichtigen Gegenden unsere Sicherheit gewährleisten wollen«). Da ich, wenn sie zu reden anfing, an ihrer Stimme zu erkennen meinte, dass sie etwas von mir erwartete, hörte ich aufmerksam zu und stellte anschließend die Frage: »Wo liegt das Problem?« Meine Frau antwortete: »Das weiß ich auch noch nicht genau. Ich denke nur laut.« Ich wusste damals oft nicht, wie ich darauf reagieren sollte. Ich weiß noch, dass ich dachte: »Komisch, laut denken, warum denkst du nicht erst und redest dann?« Vielleicht habe ich das auch gesagt, ich weiß es nicht mehr. Ich wusste damals auf jeden Fall nicht, was ich jetzt weiß: Meine Frau unterscheidet sich in dieser Hinsicht nicht von anderen Frauen.

Es ist schon länger bekannt, dass Frauen auf eine andere Art als Männer über Dinge sprechen, die sie beschäftigen. Wenn eine Frau anfängt zu reden, weiß sie oft selbst noch nicht, worauf sie eigentlich hinauswill. Sie denkt laut nach und vertraut darauf, dass letztlich das Gespräch selbst Klarheit bringen wird. Für sie ist es schon eine Hilfe, wenn sie ihre Geschichte und ihre Sorgen teilen kann. Während die Frau laut denkt, fragt der Mann sich: »Was genau möchtest du mir sagen?« Sachorientiert, wie er ist, denkt er: »Sag doch bitte deutlich, was du willst, und komm zur Sache.« Wenn er über ein Problem reden möchte, geht er schließlich auch so vor. Wie schon gesagt, er geht dann zunächst in sich und denkt über sein Problem nach. Und redet erst mit anderen, wenn er mit sich selbst in Klausur war, gründlich überlegt hat und genau weiß, was er sagen möchte. Eine andere Art, zu reden, ist in seinen Augen Zeitverschwendung und kann ihn verärgern.

Ich verstehe es selbst kaum.

Genauso kann es ihn verärgern, wenn seine Frau bei einer Meinungsverschiedenheit vom eigentlichen Thema abkommt und von anderen Dingen anfängt. Für eine Frau ist dies jedoch sehr »logisch«. Oder, wie meine Frau es ausdrückt: »Ja, aber das hängt alles zusammen.«

Während ein Mann sich auf die Angelegenheit selbst konzentrieren will, fallen der Frau beim Sprechen allerlei Dinge ein, die nichts mit der ursprünglichen Angelegenheit zu tun haben. Für den Mann schweift die Frau dann vom Thema ab und macht, weil sie alte Geschichten wieder aufwärmt, alles nur noch komplizierter. »Sie schweift immer weiter ab. So kommen wir nie zu einem Ergebnis.«

Die Wahrheit ist, dass beide recht haben. Es ist einfacher, ein Problem auszudiskutieren und zu einer Lösung zu kommen, wenn man beim Thema bleibt, aber es stimmt auch, dass eine Angelegenheit oder ein Thema mit anderen, vorherigen Angelegenheiten zusammenhängt. Nehmen wir die Beispiele, die meine Frau zur Sprache brachte: ihre Eltern besuchen, eine Freundin treffen, einen Kalender kaufen und die Mitteilung, dass sie in Zukunft auch Spätschichten würde machen müssen. Im Hintergrund schwang die Frage mit: »Plötzlich kommt so viel auf einmal auf mich zu, wie behalte ich nur die Übersicht und Kontrolle?«

Unterschiede in sexuellem Bedürfnis und Erleben

> Einer weiblichen Gehirnzelle gelingt es eines Tages, in das Gehirn eines Mannes zu gelangen. Die Zelle schaut beunruhigt um sich, aber alles sieht verlassen aus. »Hallo«, ruft sie, aber sie erhält keine Antwort. »Ist da jemand?«, ruft sie etwas lauter. Wieder keine Antwort. Die weibliche Gehirnzelle bekommt Angst und schreit: »Hallo, ist da jemand?« Dann hört sie in der Ferne eine schwache Stimme: »Hallo ... wir sind alle hier unten.«

Es ist ein klassischer Witz, dass das männliche Gehirn unterhalb der Gürtellinie sitzt. Genauso klassisch ist die Aussage, dass Männer alle sieben Sekunden an Sex denken. Weder der Witz noch die Aussage ist vollkommen wahr, aber sie enthalten mehr Wahrheit als das durchschnittliche Klischee. Studien haben ergeben, dass Männer unter sechzig mindestens einmal am Tag an Sex denken und dass nur ein Viertel der Frauen ihnen in dieser Hinsicht gleicht. Studie um Studie belegt, dass Männer im Schnitt nicht nur häufiger an Sex denken als Frauen, sondern auch einen größeren Sexualtrieb haben: Männer wollen am Anfang der Beziehung mehr Sex, sie wollen in der mittleren Phase der Beziehung mehr Sex und sie wollen auch mehr Sex, wenn sie schon mehr als dreißig oder vierzig Jahre mit ihrer Partnerin zusammen sind. Männer masturbieren häufiger als Frauen; Nonnen gelingt es leichter als Priestern, ihr zölibatäres Gelöbnis zu erfüllen. Dass Männer, solange sie körperlich gesund sind, häufiger Sex möchten als ihre Frau, führt in heterosexuellen Beziehungen oftmals zu Spannungen.

Zur Veranschaulichung möchte ich einen kurzen Dialog aus dem Film *Der Stadtneurotiker* zitieren. Alvie Singer, die Hauptperson und das *Alter Ego* des Regisseurs Woody Allen, ist prallel zu seiner Freundin in Therapie und beschwert sich beim Therapeuten:

»Wir haben nie Sex.«
»Wir haben ständig Sex«, sagt seine Freundin.
»Wie oft haben sie Sex?«, fragt der Therapeut.
»Dreimal die Woche«, antworten die beiden im Chor.

Es ist gar nicht so ungewöhnlich, dass dieses Paar in Therapie ist. Eine Studie mit 62 Paaren (Davies et al., 1999) hat ergeben, dass die Paare mit den größten Unterschieden in Bezug auf ihre Libido die unglücklichsten Beziehungen hatten.

Ein weiterer Unterschied zwischen Männern und Frauen ist der Weg, den sie zur sexuellen Erregung zurücklegen. Für den Mann ist der Weg zur Erregung einfach zurückzulegen: Ein kurzer Blick auf die Brüste oder den Hintern einer Frau kann für ihn schon genug sein. Sogar die Aussicht auf Sex oder das Fantasieren darüber können ihn schon in die richtige Stimmung bringen. Aber was erregt eine Frau? Sogar Frauen scheinen das nicht immer zu wissen. Fest steht aber, dass sexuelles Verlangen bei Frauen eher zwischen den Ohren als zwischen den Beinen beginnt. Ihr Verlangen beruht auf einem Gerüst aus Emotionen. Erstens muss eine Frau in ihrer Beziehung emotionale Nähe erfahren. Zweitens muss sie in Stimmung sein für

Sex. Und das dauert bei ihr. Während bei einem Mann die letzten drei Minuten über seine Lust auf Sex entscheiden, entscheiden bei der Frau die letzten 24 Stunden. Ihr Vorspiel beginnt sozusagen schon am Morgen. Ein gutes Gespräch mit ihrem Mann, zusammen einen Film aussuchen oder essen gehen, all das kann eine Frau *in Stimmung* bringen. Und während es nur wenige Dinge gibt, die einem Mann die Lust verderben können, gibt es für Frauen Unmengen möglicher Spielverderber. Da wären nicht nur eine Migräne oder die Regel, auch kalte Füße, Hitze, Stress oder Spannungen, Juckreiz, zu grelles Licht, Alltagssorgen bei der Arbeit, das Essen, die Kinder, Zeitpläne, Schweißfüße (beim Partner), eine scharfe Nagelkante oder zu raue Hände usw. Wenn die Stimmung um sie herum nicht gut ist, bleibt auch die Lust aus.

»Ich habe Sex nie genossen«, hat meine Mutter einmal zu mir gesagt. Sie erzählte uns, dass Oma (die Mutter meines Vaters), die bis zu ihrem Tod bei uns wohnte und Teil unserer Familie war, immer mürrisch wurde, wenn es Zeit wurde, ins Bett zu gehen. »Oma war eine liebe Frau, aber dein Vater war ihr einziges Kind, und ihr fiel es sehr schwer, ihren Sohn mit mir zu teilen. Wenn wir zu Bett gingen, war ihre Eifersucht am schlimmsten. Ihr Vater konnte diese schlechte Laune einfach an sich abperlen lassen, aber ich konnte das nicht. Ihr Schlafzimmer war genau gegenüber unserem und manchmal hatte ich Angst, dass sie aufstehen und an unserer Schlafzimmertür lauschen würde.«

Eine Frau muss zunächst das Angst- und Sorgenzentrum in ihrem Gehirn deaktivieren, bevor sie Erregung zulassen kann. Ist es einmal deaktiviert, kann beim Sex trotzdem noch vieles schiefgehen, wenn das Gehirn durch eine Kleinigkeit wieder aktiviert wird. Dafür reicht schon ein schlechter Atem, eine falsche oder ungeschickte Bewegung mit dem Knie oder der Hand, zu viel Speichel, zu schnelles Greifen nach den Brüsten oder Brustwarzen usw. Um noch einen weiteren Vergleich zu ziehen: Während das Lustgefühl des Mannes eine Maschine mit nur einem einzigen Schalter ist, ist das der Frau eine Maschine mit vielen Schaltern, die alle gleichzeitig gedrückt werden müssen. Frauen möchten zuerst reden, auf diese Weise eine

Verbindung herstellen und dann erst Sex haben. Für Männer *ist* Sex die Verbindung. Er ist die Sprache, in der sie Liebe ausdrücken und mit der man ihre Gefühle erreicht. Männer binden sich durch Sex an ihre Partnerin.

Sie werden nicht erstaunt sein, dass eine Frau keine Lust auf Sex hat, wenn die Stimmung zwischen ihr und ihrem Partner angespannt ist. Eine Frau kann nicht gleichzeitig wütend sein auf ihren Mann und Sex mit ihm haben. Für sie muss zunächst der Streit beigelegt werden, sonst kommt sie nicht in Stimmung. Bei einem Mann ist es meistens genau umgekehrt. Auf Männer hat Sex eine beruhigende Wirkung, und sie brauchen Sex häufig, um kommunizieren zu können. Genau das ist eine andere, weitverbreitete Ursache sexueller Konflikte zwischen Männern und Frauen: Eine Frau muss Probleme ausdiskutieren, erst dann kann sie in Stimmung kommen. Männer hingegen lösen Konflikte am besten durch Sex. »Wenn wir Sex haben (oder hatten), ist alles vergeben und vergessen.« Ein Mann versteht die Einstellung seiner Frau oft nicht und trägt es ihr nach, wenn sie ihm Sex vermeintlich aus Wut und Groll verweigert, und er denkt, dass sie Sex als Mittel benutzt, um ihn zu bestrafen. (Die Wahrheit ist aber auch, dass einige Frauen Sex manchmal wirklich so einsetzen. »Wenn ich ihn an seiner empfindlichsten Stelle treffe, schmerzt es ihn am meisten.«)

Ein weiterer Unterschied zwischen Männern und Frauen besteht darin, dass Männer sich aus purem Genuss mit Sex beschäftigen, Frauen hingegen der Romantik wegen. Studien haben ergeben, dass diese Beweggründe vor allem gelten, wenn die Vertreter beider Geschlechter noch jung sind (Bower, 1990). Mit dem Älterwerden kommt es jedoch zu einem seltsamen Phänomen: Die Gründe, aus denen Männer und Frauen Sex haben, kehren sich ins Gegenteil. Frauen geht es dann zunehmend um den körperlichen Genuss, Männern um Romantik. Psychologen sagen, dass körperliche Befriedigung und Liebe zwei Seiten derselben sexuellen Medaille sind. Wenn das stimmt, scheinen sich sowohl Männer als auch Frauen letztlich doch zur jeweils anderen Seite des sexuellen Ausdrucks hingezogen zu fühlen, auch wenn sie auf unterschiedlichen Seiten der Medaille anfangen.

In Bezug auf Sexualität gibt es noch viele andere Unterschiede zwischen Männern und Frauen. Im Rahmen dieses Abschnitts kann ich nicht auf alle eingehen. Ich möchte jedoch noch einige anreißen, die ebenfalls häufig zu Spannungen und Unverständnis führen können.

- Der männliche Sexualtrieb ist sehr schnell geweckt, kann jedoch auch sehr schnell wieder abflauen. Frauen benötigen im Allgemeinen mehr Zeit, um sexuelle Erregung zu verspüren, dieses Gefühl hält dann aber meistens auch länger an. Studien haben ergeben, dass Männer und Frauen sich in dieser Hinsicht mit zunehmendem Alter ähnlicher werden. Frauen sind dann in der Lage, schneller in Stimmung zu kommen, während der Mann (aufgrund des sinkenden Testosteronspiegels) etwas mehr Vorlauf braucht.
- Männer kommen durchweg viel schneller zum Orgasmus als Frauen. Die durchschnittliche Zeit, die ein gesunder Mann von einem Kaltstart bis zu einem Orgasmus braucht, liegt bei etwa

zweieinhalb Minuten. Bei einer gesunden Frau sind es dagegen ungefähr dreizehn Minuten. Diese längere Anlaufzeit lohnt sich, denn Frauen sind in der Regel viel länger »auf Wolke sieben« als Männer. Der Höhepunkt des Mannes ist bereits nach drei bis zwölf Sekunden vorbei, bei der Frau dauert er zwischen sieben und 102 Sekunden. Und als wären die Frauen damit nicht schon privilegiert genug, können manche nach einem Orgasmus, ohne eine Pause einzulegen, gleich wieder einen oder sogar mehrere neue Orgasmen erreichen.

- Nach dem Sex schläft der Mann meistens sofort ein. Nein, romantisch ist das nicht. Aber der Mann kann nicht anders und es ist auch sicherlich kein Beweis dafür, dass es ihm nur um den Sex ging. Die Ursache ist die hohe Dosis des Bindungshormons Oxytocin, das beim Mann nach einem Orgasmus ausgeschüttet wird. Auch bei Frauen wird nach einem Orgasmus Oxytocin ausgeschüttet, jedoch in Kombination mit Dopamin, das Energie verleiht und für ein gutes Gefühl sorgt. Darum möchten Frauen kuscheln und reden, Männer hingegen nur kurz kuscheln und (gleich danach) schlafen.
- Männer neigen dazu, beim Sex sofort in die Vollen zu gehen. Es kostet sie Selbstbeherrschung, der Frau nicht sofort an die Brüste zu greifen und in sie einzudringen. Frauen nehmen lieber einen Umweg und ziehen eine indirekte Annäherung vor: reden, streicheln, kuscheln, küssen. Für Männer zählt eher die Quantität (je öfter Sex, desto lieber), für Frauen eher die Qualität.

Woher rühren diese Unterschiede zwischen Männern und Frauen?

In der Pause einer Schulung berichtete mir eine 57-jährige Teilnehmerin Folgendes:

»Während der zweiten feministischen Welle herrschte noch die Auffassung, dass die Unterschiede zwischen Jungen und Mädchen,

Männern und Frauen, hauptsächlich auf die Erziehung zurückzuführen seien. Als ich 1977 mein erstes Kind, einen Jungen, bekam, beschloss ich – ganz dem Zeitgeist entsprechend –, ihn nicht nach den alten geschlechtsspezifischen Rollenbildern zu erziehen, und gab ihm als Spielzeug keine Pistole, sondern eine Puppe. Es war keine Barbiepuppe, die Mädchen heute oft bekommen, sondern eine anthroposophische Puppe, deren Beine mit Schafwolle gefüllt waren. Meine Freundin, die zu dieser Zeit auch einen Sohn bekommen hatte und meine Auffassung von Erziehung teilte, hatte ihrem Sohn ebenfalls eine solche Puppe gegeben. Als sie uns mit ihrem Sohn besuchte, freuten wir uns darauf, dass die beiden Jungen miteinander spielen würden. Mit den Puppen. Nun, das taten sie auch. Jedoch völlig anders, als wir es uns vorgestellt hatten. Die beiden nahmen ihre Puppen an den Beinen und begannen einen Schwertkampf. Innerhalb kürzester Zeit waren die wollenen Beinchen doppelt so lang. ›Was haben wir nur falsch gemacht?‹, fragten wir uns. ›Vielleicht sind Jungen doch einfach Jungen und man kann daran weniger herumdoktern, als wir dachten‹, mutmaßten wir vorsichtig.«

Diese Frau rang mit der Frage, die sowohl Sozialwissenschaftler als auch Eltern seit Jahrzehnten beschäftigt: Warum sind Jungen anders als Mädchen? Sie und ihre Freundinnen zweifelten. Als diese Frau ihr Kind erzog, war es noch nicht politisch korrekt, zu denken – geschweige denn, laut zu sagen –, dass psychologische Unterschiede zwischen Jungen und Mädchen mit biologischen Unterschieden zusammenhängen könnten. In den Niederlanden kam es Anfang der Siebzigerjahre in diesem Zusammenhang zur sogenannten Buikhuizen-Affäre, die großes Medieninteresse hervorrief. Buikhuizen war ein Professor der Kriminologie an der Universität Leiden, der seine Professur aufgeben musste, nachdem ein Sturm negativer Kritik über ihn hereingebrochen war. Fanatischer Wortführer der Kritik war der Schriftsteller, Wissenschaftler und Kolumnist Hugo Brandt Corstius. Heute, dreißig Jahre später, können wir den Anlass hierfür kaum noch nachvollziehen: Buikhuizen hatte in einer Veröffentlichung die Behauptung aufgestellt, dass Menschen mit mehr Testosteron ein aggressiveres und kriminelleres Verhalten zeigten. Ein Sakrileg zu jener Zeit. In den Achtzigerjahren kam es jedoch zum Umdenken, und immer mehr Wissenschaftler gelangten zu der Auffassung, dass die psychologischen Unterschiede zwischen Männern und Frauen in erster Linie mit der Natur bzw. der Biologie zu tun hätten. Die Auffassung des früher geschmähten Buikhuizen wurde zur vorherrschenden Meinung. Die Frau aus der eben geschilderten Geschichte sagte, dass auch sie später auf Buikhuizens Seite stand.

Aber war es wirklich klug von ihr, sich bekehren zu lassen? Wie denken Wissenschaftler heute über die Frage, ob die Natur oder die Erziehung für die Unterschiede zwischen Männern und Frauen verantwortlich ist? Die Antwort lautet, dass man heute nicht mehr »oder« denkt, sondern »und«: Biologie und Erziehung verursachen die Unterschiede. Die Diskussion dreht sich heutzutage vor allem darum, welcher der Faktoren den größeren Beitrag leistet.

Ich kann und will nicht als Schiedsrichter fungieren, sondern möchte mich darauf beschränken, kurz zu beschreiben, wie sowohl die Natur als auch die Erziehung zu den psychologischen Unterschieden zwischen Männern und Frauen beitragen. Ich fange mit der Natur an.

Der Unterschied zwischen Mann und Frau beginnt bereits in der Gebärmutter. In den ersten sechs Wochen nach der Befruchtung sehen die Gehirne beider Geschlechter noch gleich aus. Aber dann verändert sich etwas. Ein enormer Schub Testosteron verwandelt dieses Unisex-Gehirn in der sechsten bis achten Woche in ein männliches Gehirn. Das männliche Hormon schlechthin sorgt für die Ausbildung der männlichen Geschlechtsorgane. Die große Menge an Testosteron, in der das Gehirn von Jungen in dieser zarten Phase des Wachstums im wahrsten Sinne des Wortes »mariniert« wird, sorgt dafür, dass sie später typisch männliche Verhaltensweisen zeigen. Sie streben mehr nach Kampf und Wettbewerb (daher auch ihr aggressiverer Fahrstil), weisen ein höheres Aktivitätsniveau auf, gehen mehr Risiken ein und haben eine höhere Libido oder einen stärkeren Sexualtrieb.

Mädchen werden nicht in Testosteron gebadet und legen daher später mehr Wert auf soziale Kontakte, sind darin zudem verbal bei Weitem gewandter als Männer und äußern ihre Gefühle häufiger. Zu diesem Ergebnis kam auch eine Studie, im Zuge derer Säuglingen am Tag ihrer Geburt zwei Fotos gezeigt wurden: Eines zeigte einen Gegenstand, das andere ein menschliches Gesicht. Mädchen schauten länger auf das Gesicht, Jungen länger auf den Gegenstand (Connellan et al., 2001). Ein medizinisches Forscherteam in Belfast hat entdeckt, dass weibliche Föten zwischen der achten und zwanzigsten Woche öfter und länger Bewegungen mit dem Mund machten als männliche Föten. Jungen dagegen bewegten sich häufiger. Kurz gesagt, die Grundlage für den Vorsprung, den Frauen im Hinblick auf das Reden und Männer in puncto Bewegung haben, wird schon in der Gebärmutter gelegt (Morris, 1997). Die Ausnahme bildet eine kleine Gruppe von Mädchen (etwa zehn Prozent), die in der sechsten bis achten Woche aufgrund einer Laune der Natur eine große Dosis Testosteron bekommen. Als Kinder neigen sie mehr zum Tollen und Raufen mit Jungen und mögen Fantasiespiele mit Monstern und Actionhelden lieber als Vater-Mutter-Kind-Spiele. Als Erwachsene können diese früheren Wildfänge gut einparken und entscheiden sich oft für einen Männerberuf.

Eine Frau, die auch zu dieser Gruppe gehört und die soeben entdeckt hat, warum sie so männlich ist, gesteht Folgendes:

> Mein Exfreund und ich lebten wie Mann und Frau. Ich war der Mann, er die Frau. Er wollte eine emotionale Verbindung, Vertrauen, lange Küsse. Ich wollte Sex. Er studierte Medizin, ein Studium, in dem man viel Kontakt hat mit Menschen, Probleme teilt und versucht, diese zu lösen. Über siebzig Prozent aller Medizinstudenten sind weiblich. Ich werde Rechnungsprüferin, ich möchte besser sein als der Betrüger, ich beschäftige mich gern mit Zahlen, ich mag den Unternehmer-Slang und ich liebe Excel-Dateien. Über achtzig Prozent aller Rechnungsprüfer sind männlich. Jetzt endlich habe ich verstanden, warum wir so unterschiedlich sind: Ich habe versehentlich seine Ladung Testosteron abbekommen. (Brouwer, 2008)

Der letzte Satz dieses Bekenntnisses zeigt uns, dass es auch Männer gibt, denen in der sechsten bis achten Woche der Fötusentwicklung lediglich eine spärliche Menge Testosteron zugeteilt wurde. Sie fallen im späteren Leben dadurch auf, dass sie weibliche Züge aufweisen. Ich muss in diesem Zusammenhang an den Vater eines früheren Freunds unseres Sohns denken. Wenn er seinen Sohn abholte, sprach er beim Abschied immer sehr lange mit meiner Frau über Haushalts- und Beziehungsthemen. »Er erinnert mich an eine Frau«, sagte meine Frau dann manchmal. Diese Art von Gesprächen war sie nämlich durchaus gewöhnt von den Müttern, die ihre Kinder abholten, nicht aber von den Vätern. Diese blieben nie länger als unbedingt nötig und waren vor allem damit beschäftigt, ihr Kind zur Eile zu ermahnen, um schnell nach Hause zu können.

Der amerikanische Forscher Pennebaker hat festgestellt, dass die männliche oder weibliche Art, zu sprechen, zu einem großen Teil durch Hormone beeinflusst wird. Er entdeckte nämlich, dass Männer, die sich einer mehrjährigen Hormonbehandlung (zusätzliche Gabe von Testosteron) unterzogen, in ihren geschriebenen Texten nachweislich weniger Wörter verwendeten, wenn sie über Menschen schrieben, und dagegen wortreicher schrieben, wenn sie sich mit Gegenständen und Objekten befassten. Männer mit einem hohen Testosteronspiegel neigen weniger dazu, über persönliche Themen zu sprechen, wohingegen Männer mit einem niedrigeren Testosteronspiegel eher diese Neigung zeigen.

Der Höhepunkt der Testosteronproduktion liegt bei Männern um das zwanzigste Lebensjahr; das Alter, in dem man in den Niederlanden früher seinen Militärdienst leistete. Anschließend nimmt die Produktion allmählich ab, bis sie im Alter von sechzig oder später nur noch bei der Hälfte liegt. Bei Frauen spielt das Hormon Östrogen eine wichtige Rolle bei ihrer Ausrichtung auf andere. Der Höhepunkt der Östrogenproduktion wird im frühen Erwachsenenalter erreicht, danach sinkt die Produktion allmählich.

Diese Veränderungen im Hormonspiegel haben sowohl bei Männern als auch bei Frauen bestimmte Auswirkungen. Wenn Männer altern, orientieren sie sich etwas mehr nach außen und werden weniger wettbewerbsorientiert und egozentrisch. Etwa ab fünfzig sehen sie sich selbst und ihre eigenen Bedürfnisse nicht mehr als den Mittelpunkt ihres Lebens. Frauen hingegen rücken gerade dann ihre eigenen Bedürfnisse mehr in den Vordergrund und konzentrieren sich nicht nur ausschließlich auf andere.

Mein Lehrmeister Professor Munnichs fasste die psychologische Entwicklung, die Männer und Frauen im Laufe ihres Lebens durchmachen, vor dreißig Jahren wie folgt zusammen: »Wenn ein Mann älter wird, schaut er sich um und entdeckt plötzlich: ›He, da sind ja auch noch andere Menschen!‹ Wenn eine Frau älter wird, entdeckt sie beim Blick in den Spiegel: ›He, ich bin ja auch noch da.‹« (Die Botschaft, die ich damals daraus ableitete, war: Es gibt noch Grund zur Hoffnung. Für Männer, für Frauen und vor allen Dingen: für alle Männer und Frauen, die eine [heterosexuelle] Beziehung eingegangen sind.)

Hormone spielen bei den Unterschieden zwischen Männern und Frauen eine wichtige Rolle. Hirnforscher haben entdeckt, dass die Strukturen männlicher und weiblicher Gehirne eine Reihe grundlegender Unterschiede aufweisen, die auch einige psychologische Unterschiede zwischen den Geschlechtern erklären. Ich habe einen der wesentlichen Unterschiede bereits erläutert, als ich das Spiegelneuronensystem (das bei Frauen besser funktioniert) und die temporo-parietale Verbindung (die Männer einfacher aktivieren und durch die sie das Spiegelneuronensystem ausschalten) erwähnte. Dieser Unterschied lässt sich auf die unterschiedlichen Hirnstrukturen von Männern und Frauen zurückführen. Bei Frauen ist die rechte Gehirnhälfte in der Regel stärker entwickelt, wodurch sie bessere kommunikative Fähigkeiten haben als Männer. Bei Männern ist die linke Gehirnhälfte stärker entwickelt. Sie können daher besser Probleme lösen und haben eine bessere räumliche Orientierung. Genauso wichtig ist, dass bei Frauen das sogenannte *Corpus callosum,* der Gehirnbalken, viel mehr Verbindungen aufweist, wodurch viel mehr Kommunikation zwischen linker und rechter Gehirnhälfte stattfindet. Das *Corpus callosum* von Frauen ist vergleichbar mit einer dreispurigen Autobahn, das eines Mannes mit einer schmalen, gewundenen Landstraße. Dies erklärt nicht nur, warum Männer häufig nicht mehr als eine Sache gleichzeitig tun können, sondern auch, warum sie sich einfacher auf eine Sache konzentrieren und das Gespräch, wie sie es nennen, sachlich halten können: »Lass uns bei diesem einen Thema bleiben und bloß nicht zu viele Emotionen ins Spiel bringen.« Aber gerade, weil bei Frauen zwischen den Hirnhälften geschäftiger Verkehr in beide Richtungen herrscht, fällt ihnen das so schwer. Ein Thema wird für sie auch schneller emotionsgeladen. Aus demselben Grund hängt für Frauen ein Thema häufig mit anderen Themen zusammen. Sie bringen Dinge zur Sprache, die – in den Augen des Mannes – gar nichts mit der eigentlichen Angelegenheit zu tun haben.

Dies waren die biologischen Hintergründe der Unterschiede, wie sie auch in den bekannten Psychologiebüchern von John Gray (unter anderem *Männer sind vom Mars, Frauen sind von der Venus*) und in den Bestsellern des Ehepaars Pease beschrieben sind. Nun folgt die Begründung der Anhänger der »Erziehungstheorie«, die die biologischen Erklärungsversuche für Geschlechterunterschiede kritisieren. Für sie steht es außer Frage, dass es biologische Unterschiede zwischen dem männlichen und dem weiblichen Gehirn gibt, dies erklärt ihrer Meinung nach jedoch nicht hinreichend, warum Jungen aktiver sind und Mädchen dagegen eher verbal orientiert und außerdem emotional anders sind. Sie merken an – zu Recht, wie ich meine – dass oft übersehen wird, dass das Gehirn sehr formbar ist und sich durch Erfahrungen verändert. Die Biologie sorgt für bestimmte Veranlagungen, für Neigungen zu einem gewissen Verhalten. Aber Erziehungsstil und geschlechtsspezifische Rollenbilder, mit denen unsere Kultur durchsetzt ist, drücken dem Gehirn in seiner Entwicklungsphase einen Stempel auf. Genetische und hormonelle Unterschiede lenken die Gehirne von Jungen und Mädchen zwar in unterschiedliche Richtungen, es sind jedoch die Erfahrungen im Kindes- und Jugendalter, die die Chemie und die Wirkung der Gene nachhaltig verändern (Eliot, 2010). Die Biologie fungiert gleichsam als Gaspedal, aber die frühen Erfahrungen bilden den Fuß, der dieses Pedal mit sanftem oder eben mit starkem Druck durchdrückt.

In ihrem aufsehenerregenden Buch *Ist Erziehung sinnlos?* – dem besten populärwissenschaftlichen Buch, das ich nach meinem Psychologiestudium gelesen habe – verdeutlicht die Entwicklungspsychologin Judith Harris (2000), dass nicht die Erziehung der Eltern das heutige und spätere Verhalten des Kindes entscheidend beeinflusst, sondern dessen Freunde und Altersgenossen. Im Gegensatz zur Überzeugung der Frau, mit der ich diesen Abschnitt eingeleitet habe, können Eltern das Verhalten ihrer Kinder nur in begrenztem Maße steuern. Eine Puppe als Spielzeug macht aus Jungen noch keine braven Mädchen, die friedlich miteinander spielen. Wie jung Kinder auch sein mögen, sie achten schon sehr früh darauf, wie ihre Altersgenossen sich verhalten. Im Kindergarten, auf dem Spielplatz, im Fernsehen.

Ein Beispiel zur Verdeutlichung: Alle Eltern haben bestimmt schon einmal versucht, ihren kleinen Kindern etwas Neues zu essen zu geben (»Probier doch mal, das wird dir schmecken!«), aber die Mission war zum Scheitern verurteilt, weil ein Bruder oder eine Schwester zuvor gesagt hatte, es schmecke nicht. Ein zweites Beispiel: Meine Frau ist in einer Familie aufgewachsen, in der die Eltern und die beiden älteren Brüder Dialekt sprachen. Ihre beste Freundin in der Grundschule sprach jedoch dialektfrei, und das übernahm meine Frau. Auf dieselbe Weise wird die Kluft zwischen Jungen und Mädchen durch den Kontakt mit Geschlechtsgenossen immer breiter. Das sieht man am deutlichsten auf dem Schulhof der Grundschule. Jungen spielen mit Jungen und Mädchen mit Mädchen. Jungen, die mit Mädchen spielen – oder umgekehrt –, werden oft ausgelacht oder gehänselt. Es herrscht ein enormer Anpassungsdruck. Wenn Jungen miteinander spielen, stacheln sie sich gegenseitig zu Action, Wettbewerb und Angeberei an. Mädchen hingegen reden miteinander, sie bemühen sich um den Zusammenhalt der Gruppe und unterstützen einander.

Die niederländische Wissenschaftsjournalistin Asha ten Broeke hat in einem fesselnden Buch über die Unterschiede zwischen Männern und Frauen geschrieben, dass ein derartiges Verhalten nicht zwangsläufig von den kindlichen Genen vorgegeben werde und dass sich dieser Umstand nach Schulschluss besonders gut beobachten lasse:

> In der Straße oder im Viertel gibt es meistens wenige Kinder – man kann es sich deswegen nicht erlauben, nach Geschlechtern zu trennen. Jungen und Mädchen spielen daher einfach zusammen. Und etwas fällt dabei auf: Sie spielen Jungenspiele. Keine Puppen, keine Reckstangen: Sobald Kinder beider Geschlechter zusammenkommen, wird herumgetollt, gebalgt, geklettert, sogar gekämpft.
> Mädchen stehen in dem Ruf, nicht aggressiv zu sein, weil sie weniger dazu neigen, bei einem Streit zuzuschlagen. Aber ihre Aggression findet beim Spielen andere Ausdrucksformen – sie äußern sie verbal, indem sie schimpfen, oder sozial, indem sie andere ausschließen oder grausam behandeln. Wenn sie mit Jungen spielen, dann kommt es durchaus auch zu Handgreiflichkeiten. (ten Broeke, 2010)

Die weiter oben zitierte Harris führt in ihrem Buch auch Studien an, die ergeben haben, dass Mädchen auch sehr wettbewerbsorientiert sind und ihr Bestes tun, zu gewinnen, wenn ... keine Jungen in der Nähe sind! Kurzum, von Natur aus sind beide Geschlechter wettbewerbsorientiert und kennen Aggressionen. Mädchen wird jedoch beigebracht, diese Neigungen nicht öffentlich zu zeigen, sondern sie zu verheimlichen. Sie reagieren darauf mit zwischenmenschlicher Aggression: Sie lästern, starten Hetzkampagnen, sprechen nicht miteinander, werfen sich vernichtende Blicke zu, verschicken verletzende SMS.

Kinder sozialisieren einander: Jungen stimulieren sich gegenseitig zu stereotypen männlichen Verhaltensweisen, Mädchen zu weiblichem Verhalten. Eltern fördern dies eifrig. Sie machen sich große Sorgen, wenn ein Mädchen oft mit Jungen spielt, und sind noch besorgter, wenn ein Junge oft mit Mädchen spielt. »Stimmt etwas nicht mit meinem Sohn? Er spielt am liebsten mit Mädchen«, sagte die Frau eines Freundes einmal mit sorgenvollem Gesicht. Eltern ermuntern ihre Kinder, mit der Art Spielzeug zu spielen, die zu ihrem Geschlecht »passt«, erst recht wenn es sich dabei um Jungen handelt. Dieses geschlechtstypische Spielzeug stimuliert die Entwicklung verschiedener mentaler Schaltkreise und bestimmter Fähigkeiten. Jungen schenkt man Baukästen, eine Spielkonsole, Autos und einen Fußball. Mit diesen Spielsachen üben sie physische und räumliche Fähigkeiten. Mädchen bekommen Puppen, Malbücher und das Computerspiel »Die Sims«. Dadurch werden verbale und soziale Fähigkeiten stimuliert.

Der aufmerksame Leser wird jetzt sagen: »Alles schön und gut, aber es *gibt* doch wirklich hormonelle Unterschiede und es ist erwiesen, dass sich daraus Unterschiede ergeben!« Das stimmt, aber dass sich daraus so große Unterschiede ergeben, liegt laut den Kritikern der rein biologischen Denkweise *auch* daran, dass das Gehirn von Jungen durch Erziehung und den Druck der Altersgenossen besonders sensibel wird für das männliche Hormon Testosteron und dass das Gehirn von Mädchen empfänglicher wird für das weibliche Hormon Östrogen. Durch sozialisierende Erfahrungen in jungen Jahren reagieren die Zellen im männlichen Gehirn zunehmend besser auf das männliche Geschlechtshormon und die Zellen im weiblichen Gehirn immer besser auf das weibliche Geschlechtshormon. Die Zellen, die die Empfänglichkeit bestimmen, werden Rezeptoren (»Empfänger«) genannt.

Ich zitiere noch einmal die Wissenschaftsjournalistin Asha ten Broeke. Ich tue das, weil sie sehr anschaulich erläutert, welchen Einfluss unsere Kultur auf unser Wesen und damit auch auf unsere Identität hat:

> Bei Kindern gibt es keine nennenswerten hormonellen Unterschiede zwischen Jungen und Mädchen. Diese entstehen erst in vollem Umfang am Anfang der Pubertät. Aber durch die Rezeptoren ist es dann auch gleich doppelt so heftig. Wahrscheinlich funktioniert das so: Östrogene (und der männliche Gegenspieler, das Testosteron) wirken wie Dünger auf das Gehirn und stimulieren das Wachstum der Gehirnbereiche mit Rezeptoren. Bis zu diesem Moment war das Gehirn eine Art große Spardose für Rezeptoren: Wir steckten

> Erziehung, Kultur und Vorurteile hinein. Die Pubertät zerbricht die Spardose, und sie sorgt dafür, dass die geschlechtsspezifischen Unterschiede aufgebläht und vergrößert werden. Das weibliche Gehirn reagiert nun besonders empfindlich auf Östrogene, während das männliche Gehirn aufgrund der größeren Zahl an entsprechenden Rezeptoren besonders stark auf Testosteron reagiert. Ein Beispiel zur Verdeutlichung. Vielen Wissenschaftlern zufolge hat Testosteron eine direkte Wirkung auf den Sexualtrieb: Je mehr Testosteronrezeptoren man in seinem Gehirn hat, desto stärker wächst der Sexualtrieb, wenn Testosteron durch den Körper strömt. Aufgrund des Zusammenspiels von Genen, Hormonen und Kultur werden geschlechtsspezifische Unterschiede definitiv zu einem Teil unserer Identität, wenn wir erwachsen werden. (ten Broeke, 2010)

Geschlechtsspezifische Unterschiede sind folglich nicht so stark biologisch bestimmt, wie biologisch orientierte Experten uns glauben machen wollen. Bei den meisten Unterschieden sorgen die Gene und Hormone für den Funken, entfacht wird das Feuer jedoch durch die getrennten Kulturen, in denen Jungen und Mädchen aufwachsen (Eliot, 2010).

Wie dem auch sei, die Unterschiede sind vorhanden und so fest in unseren Gehirnen verankert, dass sie ein Leben lang den Umgang mit dem eigenen und dem anderen Geschlecht beeinflussen. Diese Unterschiede müssen wir berücksichtigen.

Was lernen wir daraus?

> Es war einmal ein Mann, der Probleme mit seinen Augen bekam; es fiel ihm zunehmend schwer, die Zeitung zu lesen. Die kleinen Buchstaben verschwammen in einem grauen Nebel. Er beschloss also, einen Augenarzt aufzusuchen. Dieser fragte ihn, was seine Beschwerden seien. Der Mann hatte gerade erst mit seiner Erklärung begonnen, als der Augenarzt ihn unterbrach und sagte: »Mein Herr, ich verstehe, ich weiß genau, was Sie brauchen.« Daraufhin nahm er

seine eigene Brille ab und setzte sie dem verdutzten Patienten auf. Dieser schaute angestrengt durch die Brille und sagte: »Es tut mir leid, Doktor, aber jetzt sehe ich noch schlechter als eben.«

»Das kann nicht sein«, reagierte der Doktor forsch. »Ich selbst trage diese Brille bereits seit zwanzig Jahren und sehe damit ganz ausgezeichnet. Ich habe zwei davon, diese können Sie also behalten, und ich behelfe mir heute mit meiner Ersatzbrille.« Zufrieden mit seiner eigenen Hilfsbereitschaft blickte er den Patienten an. Dieser protestierte: »Ja, aber Doktor, ich sehe wirklich überhaupt nichts durch diese Brille.« Der Doktor erwiderte irritiert: »Sie müssen schon ein bisschen mitarbeiten. Möchten Sie denn überhaupt, dass man Ihnen hilft?«

Wonach Doktor und Patient sich nicht besonders herzlich und sicherlich für immer voneinander verabschiedeten.

Die Moral dieses Klassikers – den ich mit der Zustimmung von Stephen Covey anführe, dem wahrscheinlich einflussreichsten Managementguru unserer Zeit – ist klar. Wenn Sie davon ausgehen, dass Ihr Partner die Welt durch dieselbe Brille sieht wie Sie selbst, entstehen Probleme. Ein erster Schritt zu einer guten Verständigung ist es, die natürlichen Unterschiede zwischen Ihnen und Ihrem Partner zu erkennen und zu akzeptieren. Wenn Sie das tun und akzeptieren, dass Ihr Partner anders – und nicht schlechter – denkt, fühlt oder handelt als Sie, dann wird Ihr erster Gedanke nicht länger sein, dass er absichtlich handelt, nicht richtig überlegt hat oder sich nicht genug Mühe gegeben hat. Dann kommt es von ganz alleine zur Aussprache. Sie befreien sich selbst so vom Zwang, Ihren Partner zu verändern. Anstatt dem anderen vorzuwerfen, er sei »nicht normal«, können Sie das Schöne und die Vorteile der Unterschiede sehen. Aber ich gebe zu, es ist ein langer und beschwerlicher Weg, bis man die Unterschiede erkennt und akzeptiert. Wir möchten so gerne. Es wäre doch so schön, wenn … In der Praxis bedeutet das, dass Sie einige Enttäuschungen werden hinnehmen müssen, und oftmals werden Sie Reibereien mit Ihrem Partner erleben, bevor es Ihnen gelingt, die Wirklichkeit zu akzeptieren.

Die bereits von mir zitierte Schriftstellerin Yvonne Kroonenberg (1991) hat diesen Leidensweg in dem für sie typischen, leicht zynischen Ton in Worte gefasst:

> Frauen können ihre Gefühle im Allgemeinen gut ausdrücken, Männer sind darin nicht so gut. Männer sind Meister darin, finster dreinzuschauen, sie können auch ausgezeichnet nörgeln und dämlich lachen, wenn sie eigentlich etwas Nettes hätten sagen wollen. Aber ein Gespräch über Gefühle, das gelingt einfach nicht. Sie haben es nicht gelernt und sie haben auch keine Begabung dafür.
> Frauen versuchen anfangs noch, ihren Freund so weit zu bekommen, dass er seine Gefühle etwas genauer ausdrückt, als ihr mal einen Blumenstrauß als Zeichen seiner Liebe und mal einen Blumenstrauß als Zeichen der Versöhnung mitzubringen. Aber nach einer Weile geben sie es auf. Sie nehmen den Kerl so, wie er ist, und sprechen über ihre Gefühlswelt lieber mit einer Freundin. Die versteht genau, was sie meint, denn sie hat zu Hause ein Exemplar derselben Gattung.

Heutzutage gibt es eine Reihe beliebter Fernsehsendungen, in denen Therapeuten versuchen, verfahrene Ehen wieder in Gang zu bringen. Ich habe, zum Teil aus Vergnügen, zum Teil aus beruflichen Gründen, recht viele Folgen geschaut. Mir ist dabei aufgefallen, dass die Therapeuten – so unterschiedlich ihre Ansätze auch sein mochten – letztlich immer dieselbe Lösung wählten: Die Paare mussten miteinander reden. Oftmals bedeutete das, dass der Mann lernen musste, zu reden. Ein gutes Gespräch, so die gleichlautende Botschaft, bewirkt Wunder. Damit war ich nicht ganz einverstanden. Ich denke, dass es hilfreicher ist, wenn man Männern und Frauen zunächst die Unterschiede erklärt und ihnen hilft, diese zu erkennen und zu akzeptieren. Und zwar nicht widerwillig, wie in Yvonne Kroonenbergs Schilderung, sondern vorbehaltlos. Wenn beide die Unterschiede des anderen annehmen, geschieht oft etwas Magisches. Die Energie, die bisher darauf verwendet wurde, sich über den anderen zu ärgern, sich anzugreifen und sich selbst zu verteidigen, wird freigesetzt und kann von nun an dafür eingesetzt werden, die Welt des anderen zu erkunden. Denn Letzteres geschieht nur, wenn man die Existenz dieser anderen Welt akzeptiert und respektiert, und nicht, wenn man sie von vornherein verurteilt.

Die Unterschiede bedingungslos zu akzeptieren, das scheint mir der erste und wichtigste Schritt zu sein, um als Partner zusammenzufinden. Wenn Sie das tun, werden Sie auch feststellen, dass Sie sich nur aufgrund Ihrer Andersartigkeit ergänzen können und dass Unterschiede das Leben spannend machen. Stellen Sie sich nur mal vor, der andere wäre eine Kopie von Ihnen. Hätten Sie dann nicht sehr schnell genug voneinander und könnten sich selbst vielleicht nicht einmal ausstehen? Es sei denn natürlich, man ist ein Narzisst …

3

Du verstehst mich nicht, und ich verstehe dich nicht

»Was meinst du denn damit?«
»Verstehst du das denn nicht?«
»Sonst würde ich dich doch nicht fragen.«
»Soll ich es dir erklären?«
»Ja, bitte.«
»Du weißt doch genau, dass ich die letzte Frage zynisch gemeint habe.«
» ›Ja, bitte‹ war auch zynisch gemeint, nur ist das bei dir mal wieder nicht angekommen.«

Kommunikation ist das Rückgrat und die wichtigste Kompetenz in jeder erfolgreichen Beziehung. Ein weiterer Fakt ist, dass keine menschliche Aktivität so komplex ist wie Kommunikation. Es kann daher jede Menge schiefgehen, wenn Sie mit Ihrem Partner kommunizieren. Das haben Sie mit Sicherheit schon erlebt. Wie oft hatten Sie eine Meinungsverschiedenheit mit Ihrem Partner und haben später festgestellt, dass Sie einander falsch verstanden hatten? Wie oft ist es vorgekommen, dass Sie zu wissen meinten, was Ihr Partner sagen wollte, sich aber später herausstellte, dass Sie falsch lagen? Und ist es zwischen Ihnen und Ihrem Partner nicht auch schon zu Reibereien gekommen, weil Sie meinten, besser als er selbst zu wissen, was er sagen wollte?

Manche Psychologen und Beziehungstherapeuten glauben, dass sich alle Beziehungsprobleme auf Kommunikation zurückführen lassen. Ich weiß nicht, ob das stimmt, aber Tatsache ist, dass alle Erwartungen, die wir in einer Beziehung aneinander haben, und alle Dinge, die wir einander mitteilen wollen, mit Kommunikation zu tun haben: seien es nun Worte, die nonverbale Kommunikation oder unser Verhalten. Fakt ist außerdem, dass es auf jeder dieser drei Kommunikationsebenen zu Missverständnissen kommen kann, die wiederum Konflikte auslösen können. So ziehen wir Schlüsse, die nicht stimmen, hören Sätze, die unser Partner nicht gesagt hat, regen uns über Dinge auf, an die er noch nicht einmal dachte. Wie schwierig die Kommunikation mit unserem Partner ist, sieht man daran, dass sogar Ehepaare, die schon seit einem halben Jahrhundert oder noch länger miteinander verheiratet sind, regelmäßig aneinander vorbeireden.

Um gut miteinander zu kommunizieren, müssen eine ganze Reihe von Voraussetzungen erfüllt sein. Ich möchte vier sehr wichtige davon nennen:

- Man muss sich selbst gut kennen. Wie die alten Griechen schon wussten, ist Selbsterkenntnis die höchste erreichbare Form der Erkenntnis. Wie oft wissen nicht einmal wir selbst genau, was wir wollen und warum wir eine bestimmte Entscheidung getroffen haben?
- Man muss seinen Partner gut kennen. Man muss beispielsweise wissen, in welchem Moment man kritische Themen am besten ansprechen kann und wie man ein solches Gespräch am besten angeht. Man muss außerdem wissen, welche Themen man vorläufig lieber nicht diskutiert und welche man vielleicht überhaupt nicht anspricht. Zu letzterem Punkt: Ich erinnere mich an eine Vorlesung in Familiensoziologie aus meiner Studienzeit, in der ein Zitat des Soziologen Georg Simmel (1858–1918) erwähnt wurde, der einmal gesagt hat, dass Ehen, in denen die Partner einander immer die Wahrheit sagen, nicht von Bestand seien.
- Man muss die Unterschiede zwischen Männern und Frauen kennen. Männer möchten sich in Gesprächen hervortun, Frauen hingegen suchen Anschluss.

- Man muss sich der Tatsache bewusst sein, dass die Art und Weise, wie man selbst mit Enttäuschungen und Rückschlägen umgeht, sich von der des Partners unterscheiden kann.

Kurzum: Ein gutes Verständnis setzt voraus, dass man weiß, dass man anders ist als der Partner und dass man daher auch anders kommuniziert als er.

Genau wie über geschlechtsspezifische Unterschiede gibt es auch über mögliche Kommunikationsprobleme in Beziehungen zahllose Bücher und Artikel. Und es kommen fast täglich neue hinzu. Es wäre anmaßend, im Rahmen eines einzigen Kapitels die wichtigsten Erkenntnisse vorstellen oder zusammenfassen zu wollen. Dazu müsste man ein umfangreiches Handbuch schreiben. Dieses Kapitel soll »lediglich« verdeutlichen, welche Rolle Kommunikation bei der Entstehung konträrer Erwartungen spielen kann. Zu diesem Zweck sollte es ausreichen, anhand einiger Beispiele häufige und dem Leser bekannte Themen zu beschreiben, aus denen oft Probleme entstehen.

Ich möchte dabei an das vorherige Kapitel anknüpfen und zunächst skizzieren, wie in der Kommunikation zwischen Männern und Frauen Konflikte entstehen können. In den Beispielen werde ich mich in erster Linie auf Gespräche konzentrieren, in denen der eine Partner den anderen um etwas bittet. An dieser Stelle entstehen nämlich häufig Konflikte.

Konflikte ergeben sich auch häufig aus einer bestimmten Form der Kommunikation: Absprachen, Regeln und Versprechen. Dies ist daher das zweite Hauptthema dieses Kapitels.

Den Abschluss bildet eine für eine Liebesbeziehung ganz wesentliche Form der Kommunikation: die Sprache der Liebe. Oder aber: Wie zeigt man dem anderen, dass man ihn liebt? Sie werden sehen, dass es dabei nicht nur um eine einzige, sondern um fünf Sprachen geht und dass man die Sprache der Liebe des anderen nicht nur verstehen, sondern sich auch in ihr ausdrücken können muss. Diese Fähigkeit kann sogar über den Fortbestand Ihrer Beziehung entscheiden.

Unterschiede zwischen Männern und Frauen in mündlicher und nonverbaler Kommunikation

»Fußball«. Woran denken Sie als Erstes, wenn Sie dieses Wort lesen? Diese Frage habe ich auch den Teilnehmern in meinen Kommunikationsschulungen schon gestellt. Dies ist eine Zusammenstellung ihrer Antworten:

- mit dem Teller auf dem Schoß *Die Sportschau* gucken
- samstags am Spielfeldrand meinem Sohn zuschauen
- Hooligans
- Sportverblödung
- samstagabends vor dem Fernseher eine Stunde lang nichts sagen dürfen
- Gemütlichkeit
- Borussia
- mein Vater
- der schönste Sport, den es gibt
- Schlägereien

Sie sehen, worauf ich hinauswill. Mit einem einfachen Wort wie »Fußball« verknüpft jeder andere Gedanken und Bilder. Wenn Sie sich mit Ihrem Partner unterhalten, gehen Sie davon aus, dass die Wörter, die Sie verwenden, für Ihren Partner dieselbe Bedeutung haben wie für Sie und dass er sie so auffasst, wie Sie sie meinen. Aber das einfache Experiment mit dem Wort »Fußball« zeigt, dass dies meistens wahrscheinlich gar nicht der Fall ist.

Der Schriftsteller J. M. Coetzee (2005), ausgezeichnet mit dem Nobelpreis für Literatur, beschreibt in einem Satz, warum wir uns oftmals nicht verstehen: »Da gibt es die Wörter, und dann – hinter oder zwischen oder unter den Wörtern – gibt es die Absicht.« Obwohl wir uns nicht immer präzise ausdrücken und nicht immer genau sagen, was wir meinen, gehen wir meistens davon aus, dass unser Partner uns versteht. Wir sind erstaunt, bestürzt, wütend oder erschrocken, wenn wir feststellen, dass er oder sie uns falsch verstanden hat. Manchmal kann ein falsch verstandenes Wort schon ausreichen, um einen Konflikt zu entfachen.

Die berühmte niederländische Schauspielerin Carice van Houten war sehr berührt, als sie beim Lesen eines Romans folgende Wahrheit entdeckte:

> »Das erste ernsthafte Buch, das ich gelesen habe, war ›Die unerträgliche Leichtigkeit des Seins‹ von Milan Kundera. Es hat großen Eindruck auf mich gemacht. Vor allen Dingen sein Verzeichnis der unverstandenen Wörter faszinierte mich: Man kann dieselbe Sprache sprechen und einander trotzdem nicht verstehen. Das Wort ›Jahrmarkt‹ weckt bei mir wahrscheinlich ganz andere Erinnerungen als bei Ihnen, das macht Menschen so interessant! Man muss sich anstrengen, um auf einen gemeinsamen Nenner zu kommen; man kann zwar denken, dass der andere einen versteht, aber sicher kann man sich nie sein.«

Viele Partnerschaftskonflikte entstehen, weil Wörter oder Sätze anders aufgefasst werden, als sie gemeint waren. Ein Beispiel zur Verdeutlichung. Nach einem Streit sagt ein Mann zu seiner Frau: »Es ist schon halb zwölf, lass uns lieber schlafen gehen.« Er möchte damit sagen: »Komm, lass uns das Gespräch jetzt nicht auf die Spitze treiben, wir werden uns heute sowieso nicht mehr einig.« Seine Frau reagiert jedoch gereizt und sagt: »Ja genau, so ist es immer. Wenn wir mal ein echtes Gespräch führen, dann beendest du es.«

Die Frau ist wütend, weil der Mann sich ihres Erachtens dem Gespräch entzieht und sie nicht ruhig schlafen kann, solange die Angelegenheit nicht geklärt ist. Die Reaktion Ihres Partners ist also nicht so sehr davon abhängig, was Sie sagen, sondern davon, was der andere daraus ableitet.

Studien haben ergeben, dass die Wahrscheinlichkeit, dass es im Gespräch zu Missverständnissen kommt, bei Personen unterschiedlichen Geschlechts am höchsten ist. Bei einem Gespräch zwischen einem Mann und einer Frau, die eine langjährige Beziehung führen, besteht ständig die Gefahr, dass es zu Auseinandersetzungen kommt, weil sie einen jeweils anderen, geschlechtstypischen Sprachstil verwenden. Ich möchte einige Beispiele nennen.

Eine Frau sagt zu ihrem Mann: »Das dreckige Geschirr steht noch in der Spüle.« Der Mann hört diesen Satz, hält ihn für eine schlichte Mitteilung und liest weiter die Zeitung. Ihm ist nicht bewusst, dass seine Frau eigentlich sagen wollte: »Würdest du bitte aufhören zu lesen, das Geschirr in die Spülmaschine räumen und mir dadurch ein bisschen helfen?«

Als ich frisch verheiratet war, musste ich mich erst daran gewöhnen, dass meine Frau Bitten oft mit dem Wort »vielleicht« versah: »Könntest du vielleicht die Mülltonne auf die Straße stellen?« Möglicherweise liegt es daran, dass ich mehr Brüder als Schwestern habe und diese indirekte, weibliche Art des Bittens damals nicht verstand, jedenfalls antwortete ich auf diese Bitte beim ersten Mal mit: »Ja, vielleicht.« Ich hatte damals überhaupt nicht die Absicht, meine Frau zu ärgern. Ich wollte damit nur sagen: »Du kannst mich gern darum bitten, aber stell lieber eine direkte Frage.« Aber meine Frau fand meine Antwort überhaupt nicht lustig. Ihrer Meinung nach hatte sie die Bitte sehr nett und unaufdringlich formuliert. Sie wollte mich nicht bevormunden, und dann so eine Antwort! Natürlich konnte sie meine Reaktion auch nicht richtig einschätzen, weil ich genauso indirekt kommunizierte wie sie. Wer im Glashaus sitzt, sollte nicht mit Steinen werfen.

Ich lernte mehr über die Art und Weise, in der Männer und Frauen miteinander reden – und vor allem darüber, wie meine Frau und ich miteinander kommunizierten –, als ich das Buch *Du kannst mich einfach nicht verstehen* von der bereits im ersten Kapitel zitierten Deborah Tannen las. In diesem internationalen Bestseller verdeutlicht Tannen unter anderem, dass Reden für Frauen manchmal wie Schachspielen ist. Sie denken oft ein oder zwei Züge voraus: »Wenn ich die Frage so formuliere, versteht er mich vielleicht falsch, aber wenn ich die Frage anders stelle, verletze ich ihn vielleicht oder er fühlt sich überrumpelt.« Viele Frauen nehmen vorweg, was ihr

Gegenüber denken könnte. Das führt dazu, dass sie ihre Wünsche indirekt äußern. Sie drücken sich oft auch vorsichtig und – in männlichen Augen – vage oder undeutlich aus. Wenn sie jemanden um einen Gefallen bitten oder eine direkte Bitte vorbringen möchten, verwenden sie Wörter wie »eventuell«, »vielleicht« oder »ich dachte«. Ich verstand, warum meine Frau ihre Bitte so formuliert hatte: »Könntest du *vielleicht* die Mülltonne auf die Straße stellen?«

Von Tannen lernte ich auch, dass Frauen anders zuhören als Männer und dass sich auch daraus Missverständnisse und Streitereien ergeben können. Wenn eine Frau zuhört, streut sie zwischen die Sätze des anderen kleine Wörter wie »Hm« und »Ja« und signalisiert dadurch, dass sie aufmerksam zuhört. Mit »Ja« meint sie dann: »Ich kann dir folgen, ich verstehe dich.« Männer geben während eines Gesprächs viel weniger Rückmeldung, und wenn sie »Ja« sagen, meinen sie meistens: »Ich bin deiner Meinung.« Sogar das einfache Wort »Ja«, das ich für so eindeutig hielt, kann in der Kommunikation zwischen Mann und Frau Missverständnisse verursachen. Wenn ein Mann seiner Frau etwas erzählt und sie während des Gesprächs fortwährend »Ja« sagt, am Ende des Gesprächs aber äußert, dass sie nicht seiner Meinung ist, dann schließt er unter Umständen daraus, sie sei nicht aufrichtig oder ehrlich gewesen. Wenn eine Frau mit ihrem Mann spricht, und er sagt nicht »ja« – und ansonsten auch nicht viel –, dann kommt sie zu dem Schluss, dass er ihr nicht richtig zuhört. Da sie sich dann unwohl fühlt, wird sie das auch ansprechen. So wie es dem Mann in diesem Beispiel widerfährt:

> »Hallo, bist du noch dran?« Dieses Wort höre ich ziemlich oft, wenn ich mit einer Frau telefoniere. Dann höre ich weiter aufmerksam zu, aber sie hört nichts, natürlich nicht, ist doch logisch, denn ich höre ja zu, und zwar auch noch mit dem Gedanken: Das gefällt Frauen, ein Mann, der ihnen zuhört. Jedenfalls lese ich das schon seit Jahren überall. Aber Zuhören allein scheint nicht genug zu sein. Nach all den Jahren habe ich inzwischen verstanden, dass man Sätze sagen muss wie: »Sag bloß, dass ausgerechnet dir das passiert!«, und: »Das hat sie wirklich gesagt?« (Verstraaten, 2010)

Die Liste möglicher Ursachen für Missverständnisse ist damit längst nicht vollständig. Ich möchte noch einige Beispiele aus dieser nahezu endlos langen Liste anführen. Selbst wenn ein Mann sich im Gespräch zustimmend äußert, kann es vorkommen, dass die Frau sagt: »Du hörst einfach nicht zu.« Wenn ein Mann diesen Satz wörtlich nimmt und sagt: »Natürlich höre ich zu«, wird er die Frau dadurch verärgern. Denn sie möchte mit diesem Satz sagen: »Du verstehst meine Aussagen nicht so, wie ich sie gemeint habe«, »Du gibst dir nicht genügend Mühe, mich zu verstehen« oder »Ich bekomme nicht die Reaktion, die ich gerne bekommen würde«.

Frauen äußern Bitten an ihren Partner oft indirekt. Dazu habe ich schon einige Beispiele genannt. Frauen versuchen auch häufig, eine Bitte indirekt zu äußern, indem sie als Einleitung die Wörter »Wir« oder »Lass uns« verwenden: »Lass uns vor dem Mittagessen noch den Tisch aufräumen.« Eine Frau meint damit: »Hilfst du mir kurz?« Ihre Frage beinhaltet außerdem die Aussage: »Es ist (nur) ein Vorschlag. Sag mir Bescheid, wenn du nicht damit einverstanden bist.« Viele Männer ärgern sich jedoch über eine solche Bitte, weil sie darin eine Forderung oder einen Befehl zu erkennen meinen. Die meisten Männer reagieren allergisch auf Angriffe auf ihre Unabhängigkeit und Freiheit – für sie, wie im vorherigen Kapitel bereits erwähnt, die höchsten Werte im Leben – und haben darum ein äußerst empfindliches Warnsystem für das Signal »Du musst«.

Wenn eine Frau einen Mann um etwas bittet, dann wird sie – wenn er nicht auf ihre Bitte reagiert – es kurz darauf noch einmal sagen. Sie denkt: »Wenn er versteht, dass es mir wichtig ist, dann macht er es bestimmt.« Sie geht dabei von sich aus, sie ist von Natur aus hilfsbereit und für andere da; erst recht, wenn ein ihr wichtiger Mensch sie um einen Gefallen bittet. Sie geht deswegen davon aus, dass ihr Mann genauso denkt. Aber ein Mann, der nicht das Gefühl haben will, Anweisungen zu folgen, wird dann erst recht noch eine Weile abwarten, bis er zur Tat schreitet. Wenn er der Bitte später, zu einem selbst gewählten Zeitpunkt nachkommt, kann er – zumindest vor sich selbst – den Schein wahren, dass er aus eigenem Antrieb handelt. Aber da Frauen das Aufschiebeverhalten ihres Mannes kennen, sehen sie keine andere Möglichkeit, als ihm in den Ohren zu liegen.

Ich habe diese »Weisheit« von Deborah Tannen vor Kurzem einer Gruppe von Schulungsteilnehmern erzählt. Eine Teilnehmerin erzählte daraufhin eine Geschichte, die anschaulich zeigt, wie frustrierend und dramatisch so ein Streit zwischen Mann und Frau ausgehen kann.

»Meine Mutter hat meinen Stiefvater fünf Jahre lang inständig gebeten, im Badezimmer eine Türschwelle anzubringen, damit das Wasser beim Duschen nicht unter der Badezimmertür nach draußen strömt und im schlimmsten Fall durch das Treppenhaus nach unten läuft und einen Wasserschaden bei den Nachbarn verursacht. Der Boden in ihrer Wohnung ist leicht abschüssig, und beim Duschen fließt das Wasser automatisch zur Badezimmertür. Um einen Wasserschaden zu verhindern, mussten meine Mutter und mein Stiefvater vor dem Duschen immer daran denken, einen dicken Lappen vor die Tür zu legen. Ich weiß, dass meine Mutter meinen Stiefvater immer wieder darum gebeten hat, aber er reagierte nie darauf.
Nach Ihren Erläuterungen zu den Kommunikationsunterschieden zwischen Männern und Frauen bin ich mir sicher, dass mein Stiefvater von meiner Mutter nicht ›herumkommandiert‹ werden wollte und diese Arbeit darum immer aufgeschoben hat. Wie dem auch sei, ich werde nie vergessen, dass ich meinen Stiefvater einen Tag nach dem plötzlichen Tod meiner Mutter im Badezimmer vorfand, wo er die Schwelle anbrachte. Aus Schuldgefühl hatte er die Arbeit letztendlich doch angefangen. Meine Mutter sollte die Schwelle jedoch nicht mehr sehen.«

Ich fragte die Kursteilnehmerin, in welchen Worten ihre Mutter die Bitte an ihren Stiefvater formuliert hatte. Daran konnte sie sich jedoch nicht mehr erinnern. Aber möglicherweise hat sie Folgendes gesagt: »Schatz, im Badezimmer müsste man eine Türschwelle anbringen.« Weil sie damit meinte: »Du musst die Schwelle im Badezimmer anbringen«, hat er wahrscheinlich nur geantwortet: »Aha« oder »Stimmt«, und weiter nichts unternommen.

Möglicherweise hat die Mutter ihr Anliegen ein paar Tage später wiederholt: »Hast du daran gedacht, die Schwelle im Badezimmer anzubringen?« Weil Männer Botschaften oder Fragen oftmals wörtlich nehmen, hat der Stiefvater bestimmt geantwortet: »Ja, natürlich habe ich daran gedacht.« Und wieder hat er gleichzeitig gedacht: »Ich mache es, wenn ich Lust habe und wenn es mir passt.«

Und es ist wahrscheinlich, dass die Mutter sich drei Tage später nicht mehr zurückhalten konnte und ihren Mann gefragt hat: »Jetzt komm doch mal in die Gänge und halt dein Versprechen ein; bring endlich die Türschwelle an!« Er hat womöglich geantwortet: »Was soll denn dieses Geschrei? Ich habe doch gesagt, dass ich das erledigen werde. Aber ich mache es, wann es mir am besten passt.« Beim vierten Versuch hat der Stiefvater wahrscheinlich gesagt: »Wenn du mich so unter Druck setzt, dann mache ich es (vorläufig) überhaupt nicht.«

Dieses Beispiel verdeutlicht, dass Kommunikation nicht nur durch verbales, sondern auch durch nonverbales Verhalten bestimmt wird. In der menschlichen Kommunikation ist die nonverbale Kommunikation oft ausschlaggebend. Es ist allgemein bekannt, dass Menschen zu neunzig Prozent auf die Körpersprache und den Klang der Stimme ihres Gegenübers reagieren und lediglich zu zehn Prozent auf den tatsächlichen Inhalt. Wenn jemand sagt, dass er nicht wütend ist, aber viel lauter spricht als sonst, böse schaut und die Fäuste ballt, wird man seiner Behauptung nicht glauben. Viele Konflikte zwischen Partnern hängen mit der nonverbalen Kommunikation zusammen.

Ein Beispiel zur Verdeutlichung. Gestern machte ich mich auf den Weg zu meiner Mutter. Als ich meine Jacke anzog, meinen Koffer nahm und Anstalten machte, zu gehen, fragte meine Frau: »Bekomme ich denn keinen Kuss?« Während ich auf sie zuging, um ihr einen Kuss zu geben, sagte ich zu ihr: »Du kleine Nervensäge.« Bevor ich bei ihr war, sagte meine Frau: »Lass nur, wenn es nicht von Herzen kommt.« Unsere zwölfjährige Tochter hatte zugehört und wollte vermitteln. Sie sagte: »Mama, Papa meint das mehr als Witz, als Kompliment.« Meine Tochter hatte recht. Ich hatte erwartet, dass meine Frau aus dem Tonfall, in dem ich das Wort »Nervensäge« sagte, schließen würde, dass sie das Wort nicht wörtlich nehmen sollte. Auf dem Weg zum Bahnhof wurde mir kurz darauf bereits klar, dass ein Wort wie »Nervensäge« als Kompliment nicht besonders gut geeignet ist. Egal, wie man es ausspricht, es kann leicht falsch verstanden werden; für Frauen ist das Wort zu emotionsgeladen. Das erinnerte mich an eine Begebenheit aus meiner Jugend. Ich machte damals eine alberne Bemerkung, um eine meiner Schwestern zu ärgern. Ich wollte sie aus der Reserve locken, und das gelang mir auch. Meine Mutter, die dabei war und bei der meine Schwester sich beschwerte, sagte zu ihr: »Fall doch nicht darauf rein, er meint es doch gar nicht so.« Meine Schwester erwiderte: »Das ist mir schon klar, aber so etwas darf er nicht sagen.«

Da nonverbale Kommunikation auf beiden Seiten unbewusst abläuft, reagieren wir oft mehr auf den Ton, in dem etwas gesagt wird, als auf den eigentlichen Inhalt. In dem eben geschilderten Beispiel reagierte meine Frau möglicherweise mehr auf die Eile, in der ich auf sie zuging (»Er nimmt sich noch nicht einmal die Zeit für einen Abschiedskuss; kann er sich seine Zeit denn nicht besser einteilen, damit er sich zumindest in Ruhe verabschieden kann?«). Oder ich sprach das Wort »Nervensäge« – vollkommen unbewusst – in einem etwas gestressten oder leicht verärgerten Ton aus.

In dem Krimi *Als er für immer ging* (2006) von Nicci Gerrard gerät ein Paar ebenfalls fast in Streit, weil die Frau der Meinung ist, ihr Mann sende abwertende nonverbale Signale aus:

»Was hast du heute vor?«, fragte sie.

»Ach, das eine oder andere.«

»Mhmmm.«

»Was?«

»Was meinst du mit ›was‹?«

»Das klang gerade wie ein Vorwurf.«

»Um Himmels willen, Adrian ...«

»Das machst du öfter. Du beteuerst, du hast nichts gesagt, obwohl wir beide wissen, dass es nicht so ist.«

»Ich habe mich nur geräuspert.«

Ich kann mich daran erinnern, dass wir in meiner Kindheit manchmal meinen Vater ärgerten, wenn er nur geringfügig seine Stimme erhob. Wir spielten das dann hoch und sagten: »Pa, du musst gar nicht böse werden, weißt du.« Woraufhin mein Vater, zu unserer großen Freude, erst recht böse wurde: »Ich bin überhaupt nicht böse!«

Ein schönes Beispiel zur Bedeutung nonverbaler Kommunikation findet sich auch im Roman *Middlemarch* (1872) der englischen Schriftstellerin George Eliot. Darin gibt es einen Abschnitt, in dem die Hauptperson, Rosamund Lydgate, auf das Geständnis ihres Mannes, dass er sich verschuldet habe, folgendermaßen reagiert: »Was kann *ich* tun?« Eliot bemerkt dazu: »Diese kleine Äußerung von vier Wörtern kann wie so viele in allen Sprachen durch verschiedene Modulationen der Stimme alle Geisteszustände ausdrücken von hilfloser Blindheit bis hin zu umfassender argumentativer Klarheit, von totaler hingebungsvoller Kameradschaft zum neutralsten Desinteresse.«

Männer und Frauen kommunizieren gleichermaßen nicht nur verbal und nonverbal, sondern auch über ihr Verhalten, über das Aussenden von Zeichen. Ein klassisches Beispiel ist der Stapel zusammengelegter Wäsche, den die Frau im Erdgeschoss auf die Treppe legt. Die Botschaft, die sie ihrem Partner übermitteln möchte, ist für sie selbst sonnenklar: »Wenn du zufällig nach oben gehst und nichts in der Hand hast, dann nimm doch die Wäsche mit.« Die Mehrheit der Männer versteht diese Botschaft jedoch nicht. Die Erklärung, die Frauen hierfür haben, ist für Männer meistens nicht eben schmeichelhaft: Bequemlichkeit oder Faulheit.

Vor Kurzem erzählte mir eine Frau, dass sie einmal die Probe aufs Exempel gemacht habe und die Wäsche drei Tage lang auf der Treppe habe liegen lassen. »Ich wollte wissen, was passieren würde. Ich sah, dass er wieder und wieder über die Wäsche hinüberstieg. Er konnte also nicht behaupten, er habe die Wäsche nicht liegen sehen, aber er fasste sie einfach nicht an. Unfassbar. Nach drei Tagen riss mir der Geduldsfaden und ich wurde ausfällig. Er war sich aber keinerlei Schuld bewusst. ›Ich habe die Wäsche schon gesehen und habe mich auch darüber gewundert, dass du sie hier so lange liegen lässt, aber ich habe dem weiter keine Beachtung geschenkt.‹«

So deutlich die Botschaft für diese Frau auch war, so undeutlich war sie für ihren Mann. Genau wie dieser Mann nehmen die meisten Männer die Botschaft ihrer Frau nicht einmal wahr und verschwenden keinen einzigen Gedanken an die Wäsche. Der häufigste Grund ist, dass sie die Wäsche nicht liegen sehen und deswegen blindlings, auf Autopilot, über sie hinübersteigen. Wenn sie die Wäsche doch liegen sehen und darüber nachdenken, kommen sie meist nicht weiter als bis zu einem der folgenden Gedanken: »*Ich* habe die Wäsche nicht dahingelegt.«, »Wenn ich die Wäsche mit nach oben nehme, wohin dann damit?«, »Wenn ich die Wäsche mitnehme und in den Schrank lege, kommt nachher vielleicht eine Bemerkung, weil ich sie nicht ordentlich gestapelt habe; ich lasse lieber die Finger davon« oder »Wenn meine Frau möchte, dass ich die Wäsche mit nach oben nehme, dann soll sie das nicht auf eine so indirekte Art ausdrücken«.

Ein Freund erzählte mir, dass er ein anderes Zeichen seiner Frau vollkommen falsch verstanden habe: »Meine Frau hatte den Staubsauger mitten ins Wohnzimmer gestellt. Ich habe mich darüber geärgert und habe meiner Frau gesagt, dass ich diese Art der Kommunikation überhaupt nicht mag. Ich sagte ihr, dass ich kein Problem damit hätte, mit anzupacken, aber dass sie mich doch bitte direkt darum bitten solle. Meine Frau sagte, dass es gar nicht ihre Absicht gewesen sei, mich zum Staubsaugen zu bringen. ›Ich hatte den Staubsauger nicht für dich, sondern für mich selbst hingestellt. Aber dann kam ein Anruf und ich habe den Staubsauger stehen lassen, damit ich später selbst daran denken würde, zu saugen.‹«

Der Kontakt zwischen Männern und Frauen verläuft über Kommunikation: verbal, nonverbal und über Zeichen. Kommunikation ist die komplizierteste menschliche Fähigkeit überhaupt. Da alles, was wir sagen, auf unterschiedliche Arten verstanden werden kann, kann es – wie die Beispiele verdeutlicht haben – auch so leicht schiefgehen. Man könnte daher manchmal meinen, wir Menschen lebten jeder hinter einer Wand und kommunizierten durch Klopfzeichen an der Wand in Morsesprache miteinander. Wir selbst halten unsere Klopfzeichen für eindeutig, aber für den Empfänger sind sie das zumeist überhaupt nicht. Man muss sich daher nicht so sehr darüber wundern, dass Mann und Frau einander manchmal nicht verstehen, sondern vielmehr darüber, dass sie einander so häufig doch verstehen. Wenn man als Mann eine Frau verstehen möchte und umgekehrt, braucht man eigentlich den ganzen Tag ein Wörterbuch. Die Organisation *Loesje International,* die es sich zum Ziel gesetzt hat, auf kreative und witzige Weise die Meinungsfreiheit zu fördern, und regelmäßig Poster veröffentlicht, hat einen Anfang gemacht:*

Weibliches Wörterbuch

Die Frau sagt	**Das ist die wirkliche Bedeutung**
Ja	Vielleicht
Nein	Vielleicht
Vielleicht	Nein
Es tut mir leid ...	Wir machen es so, wie ich es will.
Wir wollen ...	Ich will ...
Mach was du willst.	Das wird dir noch leidtun.
Wir müssen reden ...	Setz dich hin, sei still und hör dir an, was ich auf dem Herzen habe ...
Geh ruhig.	Ich möchte nicht, dass du gehst.
Ich bin nicht wütend.	Natürlich bin ich wütend.
Der Küchenboden ist so langsam abgenutzt.	Ich möchte ein neues Haus.

* Quelle: www.Loesje.info/relaties/woordenboek.htm

Die Frau sagt	Das ist die wirkliche Bedeutung
Ich möchte eigentlich neue Vorhänge.	Ich möchte neue Vorhänge, einen neuen Teppich, neue Möbel und eine Spülmaschine.
Ich glaube, ich habe etwas gehört.	Ich möchte noch nicht, dass du einschläfst.
Liebst du mich wirklich?	Ich werde dir jetzt etwas erzählen, das dir nicht gefallen wird.
Noch 2 Minuten Geduld.	Hetz mich nicht, es dauert bestimmt noch eine halbe Stunde.
Findest du mich nicht zu dick?	Sag mir, dass ich schön bin.
Du solltest lernen, besser zu kommunizieren.	Sei still und hör mir zu.
Ich schreie nicht!	Ja, ich schreie, denn sonst hörst du nicht zu!

Männliches Wörterbuch

Der Mann sagt	Das ist die wirkliche Bedeutung
Ich habe Hunger.	Ich habe Hunger.
Ich bin müde.	Ich bin müde.
Sollen wir ins Kino gehen?	Willst du mit mir schlafen?
Darf ich dich zum Essen ausführen?	Willst du mit mir schlafen?
Darf ich dich anrufen?	Willst du mit mir schlafen?
Sollen wir tanzen?	Willst du mit mir schlafen?
Schönes Kleid!	Willst du mit mir schlafen und darf ich es dir vorher vom Leib reißen?
Du bist so angespannt, soll ich dich massieren?	Willst du mit mir schlafen?
Mir ist langweilig.	Willst du mit mir schlafen?
Ich liebe dich.	Ich will mit dir schlafen, und zwar sofort!

Der Mann sagt	Das ist die wirkliche Bedeutung
Ich liebe dich auch.	Ja, ja ... und jetzt will ich mit dir schlafen.
Lass uns reden.	Ich möchte dir zeigen, was für ein tiefgründiger Mensch ich bin, und vielleicht willst du dann mit mir schlafen.
Willst du meine Frau werden?	Ich möchte nicht, dass du mit einem anderen schläfst.

Wahrscheinlich ist Ihnen bereits aufgefallen, dass alle Beispiele in diesem Abschnitt – bis auf eines – mit Konflikten zu tun haben, in denen die Frau ihren Mann um einen Gefallen bittet. Wenn Sie eine Frau sind, denken Sie jetzt bestimmt: Wenn es auf die beschriebene Art nicht funktioniert, wie soll ich es dann machen? Meine Antwort ist ganz einfach: Fragen Sie Ihren Mann. Er kann es Ihnen am besten erklären. Wenn Ihr Mann Ihnen nicht weiterhelfen kann oder will, können Sie eine der folgenden drei Kommunikationsarten verwenden, die oft (aber nicht immer und schon gar nicht bei jedem) zum Erfolg führen.

Bei der ersten Art äußern Sie jede Bitte so, dass Ihr Mann fühlt oder hört, dass er Sie glücklich macht, wenn er Ihrer Bitte nachkommt. Ob Sie es glauben oder nicht, jeder Mann möchte seine Frau glücklich machen. Wenn Sie Ihren Mann fragen: »Würdest du das für mich tun? Damit machst du mich wirklich glücklich«, und Sie dabei keinerlei Skepsis durchklingen lassen, dann ist die Wahrscheinlichkeit sehr groß, dass Ihr Mann Ihnen diesen Gefallen tun wird.

Bei der zweiten Art setzen Sie beide sich jeden Tag oder jede Woche kurz zusammen und besprechen die Aufgabenverteilung für den Tag oder die Woche. Sagen Sie ihm, welche Aufgaben Sie übernehmen möchten, fragen Sie ihn, was er tun möchte, und erstellen Sie zusammen eine To-do-Liste. Legen Sie diese an einen für ihn sichtbaren Platz, damit er sie ein paarmal am Tag sieht. Zum Beispiel neben den Spiegel im Badezimmer, auf seinen Schreibtisch oder auf die Anrichte.

Eine dritte Möglichkeit besteht darin, dass Sie selbst eine solche To-do-Liste für Ihren Mann erstellen (für viele Männer ist das vollkommen in Ordnung). Überlassen Sie ihm dann selbst die Entscheidung, wann im Laufe des Tages er die Aufgaben erledigt. Gehen Sie nicht davon aus, dass Ihr Mann die Aufgaben auf die gleiche Art und Weise erledigt, wie Sie das tun würden. Es ist sehr wahrscheinlich, dass er eine ganz andere Auffassung als Sie davon hat, wann etwas sauber ist. Gehen Sie auch nicht davon aus, dass Sie nach einem Monat oder einem Jahr mit dem Erstellen von Listen aufhören können. Für die meisten Männer gilt: keine Liste, keine Aufgaben.

»Aber wir hatten doch vereinbart, dass ...«: Regeln, Versprechen und Vereinbarungen

Konträre Erwartungen haben oftmals auch mit der Interpretation von Regeln, getroffenen Vereinbarungen, gegebenen Versprechen oder Zusagen zu tun. Kürzlich las ich ein Interview mit einem alten polnischen Mann, der auf die Frage nach dem Geheimnis seiner glücklichen Ehe antwortete: »Bei der Hochzeit habe ich mit meiner Frau vereinbart, dass ich alle wichtigen Entscheidungen treffen würde und sie die unwichtigen. In den vierzig Jahren unserer Ehe musste ich nie eine wichtige Entscheidung treffen.« Und Woody Allen hat einmal gesagt: »Ich bin zu Hause zwar der Chef, aber meine Frau trifft die Entscheidungen.« Doch Spaß beiseite: In manch anderer Beziehung könnte es zum Streit darüber kommen, was unter einer wichtigen oder unwichtigen Entscheidung zu verstehen ist: »Wir hatten doch vereinbart, dass ich das entscheiden würde!«

Probleme entstehen auch sehr oft, wenn einer von beiden beschließt, dass es einen guten Grund gibt, eine Zusage, ein Versprechen oder eine Zusage nicht einzuhalten. Wie in folgendem Streit, in dem ein Mann seiner Frau verspricht, abends zu Hause zu sein, sein Chef ihn dann aber bittet, ihn zu einem Geschäftsessen zu begleiten:

»Ich verstehe überhaupt nicht, was du meinst. Und du verstehst mich nicht.«
»Ich verstehe dich sehr gut.«
»Du verstehst mich überhaupt nicht, hör doch auf! Wovon spreche ich denn? Also?«
»Es nervt dich, dass ich heute Abend nicht daheim bin.«
»Ganz genau. Und weißt du auch, warum? Weil du heute Morgen noch gesagt hast, dass du heute Abend zu Hause sein würdest. Und weißt du, was ich daraufhin gemacht habe? Also?«
»Ich habe keine Ahnung.«
»Nein, natürlich nicht, natürlich hast du keine Ahnung. Weil du so ein verdammter Egoist bist.«
(Martin Bril, 2005)

Welche zum Teil unausgesprochenen Erwartungen waren hier im Spiel? Die Frau denkt wahrscheinlich: »Versprochen ist versprochen. Du hast es mir schließlich erst heute Morgen versprochen. Ich hatte mich darauf gefreut, dass du heute zu Hause sein würdest. Mit wem bist du denn verheiratet: mit mir oder mit deinem Chef?« Der Mann denkt (natürlich) ganz anders: »Ich streite ja gar nicht ab, dass ich es versprochen habe. Aber da wusste ich doch noch nichts vom Anliegen meines Chefs. Ich verlange doch nichts Unmenschliches von dir! Es ist nur ein Mal. Außerdem gehe ich nicht zum Spaß mit. Ich verdiene den Lebensunterhalt für uns beide. Stell dich doch nicht so an, es kommen noch viele andere Abende, die wir zusammen verbringen können.« Die Frau in diesem Beispiel erwartet von ihrem Mann, dass er sein Versprechen einhält, und findet das nur angemessen. Der Mann erwartet von seiner Frau etwas mehr Nachsicht und Verständnis dafür, dass es hier um höhere Gewalt geht.

Ich kann mich erinnern, dass mir selbst einmal etwas Ähnliches passiert ist. Meine Frau hatte draußen die Wäsche zum Trocknen aufgehängt. Bevor sie einkaufen ging, hatte sie mich gebeten, bei Regen die Wäsche ins Haus zu holen. Ich versprach es. Eine Stunde nachdem meine Frau das Haus verlassen hatte, begann es plötzlich zu regnen. In Strömen. Obwohl ich der Sohn eines Bauern bin und mein Vater mir beigebracht hat, einen heraufziehenden Regenschauer im Voraus zu erkennen, hatte der Schauer mich vollkommen überrascht. Als ich kurz darüber nachdachte, begriff ich, warum ich mich so getäuscht hatte: Einen solchen Schauer fühlt man oft nur heraufziehen, wenn man sich draußen aufhält. Kurz vor dem Regenschauer kommt es plötzlich zu einer seltsamen Windstille oder es kommt ein bedrohlich starker Wind auf und die Farbe des Himmels ändert sich. Aber als der Regen einsetzte, war ich im Haus und telefonierte. Als meine Frau nach Hause kam und die durchnässte Wäsche an der Leine hängen sah, sagte sie verärgert:

»Du hattest versprochen, die Wäsche ins Haus zu holen, und was sehe ich jetzt?«

»Der Regenschauer kam so plötzlich, ich war am Telefon.«

»Du hast ein schnurloses Telefon, damit kannst du auch draußen telefonieren.«

»Ich kann doch nicht die ganze Zeit draußen bleiben, um auf die Wäsche und das Wetter zu achten! Wir wohnen neben den Bahngleisen; wenn ein Güterzug vorbeifährt, höre ich nichts mehr.«

»Dann hättest du es nicht versprechen sollen. Ich habe mich auf dich verlassen. Ich muss mich schon darauf verlassen können, wenn du mir etwas versprichst.«

Meine Frau erwartete von mir, dass ich mein Versprechen einhalten würde. Vermutlich dachte sie außerdem: »Wenn es um die Wäsche geht, verlange ich so wenig von dir. Darum musst du dich überhaupt nicht kümmern. Verlange ich denn so viel?« Lauter vernünftige Erwartungen.

Mein Gedankengang, den ich genauso wenig deutlich aussprach wie meine Frau, war nicht weniger vernünftig. »Ich habe es tatsächlich versprochen, aber wenn der Anruf nicht gewesen wäre und es nicht plötzlich so stark geregnet hätte – was nun wirklich nicht oft vorkommt –, dann wäre gar nichts passiert. Ich hoffe und erwarte, dass du diese Umstände berücksichtigst. Der gute Vorsatz war vorhanden, aber …«

Manchmal entstehen auch Konflikte zwischen Ehepartnern, weil man keine Regeln vereinbart hat für den Fall, dass Vereinbarungen nicht eingehalten werden. In einer Schulung schilderte eine Frau dazu folgendes Beispiel:

> »Zwei Jahre nach meiner Scheidung habe ich meinen jetzigen Mann kennengelernt. Wir wohnen jetzt seit einem halben Jahr zusammen. Es läuft gut, aber manchmal kommt es auch zu Konflikten. Meistens haben die mit meinem vierzehnjährigen Sohn aus erster Ehe zu tun. So auch gestern. Ich habe mit meinem Mann vereinbart, dass ich für die Erziehung zuständig bin und meinen Sohn darauf hinweise, wenn er einen Fehler macht. Eine unserer Hausregeln lautet, dass er beim Essen seine Kappe absetzen muss. Gestern hatte mein Sohn seine Kappe aber trotzdem auf. Ich hatte es bemerkt, war aber müde und hatte nicht die Energie, mit meinem Sohn einen Streit anzufangen. Meistens ist die Stimmung danach dahin und das wollte ich nicht. Mein Mann hatte jedoch auch gesehen, dass mein Sohn seine Kappe aufbehalten hatte. Er schaute sich die Situation kurz an und dann sprach er meinen Sohn darauf an. Daraufhin wurde ich wiederum wütend auf ihn. Mein Sohn benimmt sich meistens anständig, und dann gleich so ein Aufhebens machen ... Das habe ich meinem Mann auch gesagt. Die Stimmung war trotzdem ruiniert.«

Auch hier treffen wieder zwei gegensätzliche Argumentationen und Erwartungen aufeinander. Der Mann dachte wahrscheinlich: »Wir haben uns darauf geeinigt, dass er seine Kappe beim Essen absetzt. Außerdem haben wir besprochen, dass du deinen Sohn darauf hinweist, wenn er sich nicht an die Hausregeln hält. Beide Vereinbarungen werden jetzt gebrochen. Dann bin ich gezwungen, selbst einzugreifen.« Die Frau denkt: »Im Hinblick auf die Vereinbarungen hast du recht, aber wenn ich meinen Sohn nicht auf etwas hinweise, heißt das nicht automatisch, dass du es dann tun sollst. Du hättest es zunächst mir sagen können, dann hätte ich es selbst gemacht.« Möglicherweise hatte sie auch etwas mehr Toleranz und Verständnis von ihrem Mann erwartet: »Wärst du aufmerksamer gewesen, dann hättest du gesehen, dass ich müde war, zu müde, um einen Streit mit meinem Sohn anzufangen. Wir haben damals zwar diese Regel aufgestellt, aber man muss doch nicht um jeden Preis auf ihrer Einhaltung bestehen. Außerdem warst du doch selbst auch mal in der Pubertät! Du weißt doch, dass man seine Eltern in diesem Alter gern provoziert! Fall doch nicht immer darauf rein!«

Man sieht es auch hier wieder: Wenn Regeln nicht eingehalten und Versprechen gebrochen werden, haben beide Seiten eine vollkommen nachvollziehbare Erklärung. Beide halten ihre eigene Begründung für so wasserdicht, dass sie der Erklärung des anderen kaum noch zuhören. Beide sind der Meinung, dass der andere gegen eine Regel verstoßen hat. Tatsache ist, dass keine Absprache für den Fall getroffen worden war, dass die Frau gegen die selbst aufgestellte Regel verstoßen und ihren Sohn nicht auf das Übertreten einer Hausregel hinweisen sollte. In so einem Fall folgt jeder seinem eigenen Verhaltenskodex.

Auch im folgenden Beispiel entbrennt ein Beziehungsstreit, weil einer von beiden der Meinung ist, der andere breche eine Verhaltensregel. Diese wurde zwar nie explizit vereinbart, ist aber so selbstverständlich, dass sie gar nicht diskutiert werden müsste.

»Ich mache eine dreijährige Ausbildung zum Coach, für die ich jeden Samstag wegmuss, um Vorlesungen zu besuchen. Letzte Woche sagte mein Mann morgens kurz vor meiner Abfahrt, dass er sich nicht wohlfühle und er sich gerade noch so in der Lage sehe, auf die Kinder aufzupassen. Ich überlegte, zu Hause zu bleiben, bin dann aber doch gefahren. Ich war jedoch den ganzen Tag unruhig und beschloss, zwei Stunden früher als sonst nach Hause zu fahren. Als ich zu Hause ankam, traf ich meinen Mann im Wohnzimmer an, wo er an einem großen Modellschiff arbeitete. Um ihn herum lagen überall Holzteile und Leimtuben, und die Kinder saßen vor dem Fernseher. Ich war außer mir. Morgens klagt er noch, und nun geht er in aller Seelenruhe seinem Hobby nach. Und deswegen komme ich früher nach Hause!«

Was war hier los? Wahrscheinlich hätte die Frau einen Anruf oder eine SMS von ihrem Mann erwartet, dass es ihm früher als erwartet wieder besser ging. »Dann hätte ich mir keine Sorgen mehr machen müssen und wäre auch nicht früher nach Hause gefahren.« Ihrem Mann hingegen war nicht bewusst, dass seine Frau einen Anruf erwartet hätte, als es ihm besser ging. Er dachte wahrscheinlich: »Ich habe doch gesagt, dass du gehen kannst und dass ich auf die Kinder aufpasse! Ich wollte dich während der Vorlesung nicht stören. Um mich musst du dir keine Sorgen machen.« (Wahrscheinlich gab es noch einen weiteren Grund, warum die Frau wütend auf ihren Mann wurde, aber dieser soll nicht Gegenstand dieses Buchs sein. Das menschliche Gehirn kann nicht gut mit unerwarteten Ereignissen umgehen und protestiert dann oft, was sich in Form von Wut zeigen kann. Das mag auch hier der Fall gewesen sein. Die Frau erwartete bei ihrer Ankunft einen kranken Mann und nicht jemanden, der das Wohnzimmer in einen Hobbyraum verwandelt hatte.)

Die fünf Sprachen der Liebe

Ein Mann mittleren Alters:

> »Sie war einer der positivsten Menschen, die ich je getroffen habe. Das war eine der Eigenschaften, die mich an ihr anzogen. Sie beschwerte sich nie. Was ich auch tat, sie fand alles toll, aber als wir dann verheiratet waren, konnte ich ihr nichts mehr recht machen. Ich weiß wirklich nicht, was passiert ist. Schließlich hörte ich auf, sie zu lieben, und begann mich über sie zu ärgern. Es war offensichtlich, dass sie mich nicht liebte. Wir waren uns einig, dass es keinen Sinn hatte, zusammenzubleiben, und so haben wir uns getrennt. Das war vor einem Jahr. Meine Frage ist daher: Was passiert nach der Hochzeit mit der Liebe?«

Diese Geschichte ist dem Buch *Die fünf Sprachen der Liebe* des amerikanischen Psychologen Gary Chapman entnommen. Der Autor dieses Buchs, das in den Vereinigten Staaten millionenfach verkauft wurde, zitiert hier einen Mann, den er während einer Flugreise getroffen hat. Der Mitreisende erzählte Chapman seine Geschichte, als er hörte, dass dieser in der Eheberatung arbeitete. Er wollte von diesem »Liebesexperten« erfahren, warum auch seine nunmehr dritte Ehe gescheitert war. Chapman sagte diesem Mann, dass jeder Mensch über eine Art »Liebestank« verfügt. Wenn der Tank gefüllt ist, fühlt man sich glücklich und geliebt. Leert sich der Tank, fühlt man sich unglücklich und ungeliebt. Um den Liebestank zu füllen und gefüllt zu halten, braucht jeder Mensch Liebe. Das sind noch keine neuen Erkenntnisse, aber Chapman machte eine interessante Entdeckung: Ein Ehepartner muss wissen, wie sich der Liebestank des anderen füllen lässt. Und an dieser Stelle läuft es oft schief. Viele Menschen gehen davon aus, dass sie den Liebestank ihres Geliebten füllen können, indem sie etwas tun, über das sie selbst sich freuen würden. Ungefähr wie beim Essen: Ich esse gerne Steak mit Erbsen und Pommes frites, also koche ich dieses Gericht an deinem Geburtstag und mache dir so eine Freude. Jeder von uns hat eine eigene Liebessprache, eine bevorzugte Art, in der man seiner Liebe Ausdruck verleiht und in der man interpretiert, ob man Liebe empfängt. Viele Ehen scheitern, weil Paare nicht dieselbe Sprache sprechen – dieselbe Liebessprache, wohlgemerkt.

Laut Chapman gibt es fünf wichtige Liebessprachen, mit denen man den Liebestank füllen kann.

1. *Einander Zeit schenken.* Wenn das Ihre Sprache ist, dann mögen Sie es, wenn Ihr Partner Ihnen echte, ungeteilte Aufmerksamkeit schenkt, wenn Sie Zeit miteinander verbringen und wirklich zusammen sind, zum Beispiel, indem Sie sich unterhalten, ohne dass dabei der Fernseher läuft. Einander Zeit schenken kann aber auch bedeuten, dass Sie zusammen etwas unternehmen, beispielsweise ins Kino gehen, essen gehen, zusammen ein Wochenende verreisen, mit den Kindern das am Tag Erlebte besprechen, mit Ihrem Partner und Ihren Kindern etwas spielen, Fahrrad fahren oder einen Spaziergang machen. Das Wichtigste ist, dass Sie ganz füreinander da sind. Wenn Sie wissen möchten, woraus diese Sprache besteht, erinnern Sie sich an die Zeit, in der Sie frisch ver-

liebt waren: die Zeit, in der Sie stundenlang miteinander redeten, zusammen sein konnten, ohne etwas anderes zu tun, die Zeit, in der allein die Anwesenheit des anderen Sie glücklich machte, die Zeit, in der Sie und Ihr Partner immer neue Ideen für gemeinsame Unternehmungen hatten (und diese auch in die Tat umsetzten).

2. *Ermutigende oder freundliche Dinge sagen*. In der Liebe sprechen Taten nicht immer die deutlichste Sprache. Wenn dies Ihre Sprache der Liebe ist, dann sind Ihnen wohlgemeinte Komplimente und liebe Worte sehr wichtig. Wenn Ihr Partner sagt: »Schatz, ich liebe dich«, und wenn er Ihnen dann auch noch sagt, warum er Sie liebt, dann sind Sie im siebten Himmel. Beleidigungen und ungerechtfertigte Beschuldigungen bringen Sie vollkommen aus der Fassung und Sie können diese auch nicht leicht vergessen.

3. *Geschenke machen*. Wenn dies Ihre Liebessprache ist, dann lassen Sie sich gerne beschenken. Das bedeutet nicht, dass Sie ein Materialist sind. Es geht Ihnen bei diesen Geschenken nicht um den materiellen Wert, sondern sie symbolisieren für Sie, dass Ihr Partner an Sie gedacht hat, als Sie nicht dabei waren, und dass er sich Mühe gegeben hat, Sie zu überraschen. Es trifft Sie daher sehr, wenn Ihr Partner Ihren Geburtstag oder den Hochzeitstag vergisst oder Ihnen ein Geschenk macht, das er nicht sorgfältig oder liebevoll ausgesucht hat.

4. *Hilfsbereitschaft zeigen*. Kann das Aufhängen eines Bildes, das Reparieren eines tropfenden Wasserhahns oder Staubsaugen ein Liebesbeweis sein? Wenn Hilfsbereitschaft Ihre Liebessprache ist, dann auf jeden Fall. Alles, was Ihr Partner für Sie tut, um Ihr Leben einfacher oder angenehmer zu machen, macht Sie glücklich. Sie freuen sich deswegen auch sehr über eine Frage wie: »Was kann ich für dich tun?« Sie verabscheuen Faulheit, Bequemlichkeit und Aufschieberei. Sie mögen es überhaupt nicht, wenn Sie Ihren Partner immer wieder (inständig) bitten müssen, etwas für Sie zu erledigen.

5. *Zärtlichkeit*. Wenn Sie diese Liebessprache sprechen, dann wissen Sie, dass sie nicht nur im Schlafzimmer gesprochen wird. Sie mögen es, wenn Ihr Partner Ihre Hand hält, mit Ihnen schmust, Sie anfasst, liebkost oder küsst, ohne dass dies zwangsläufig zu Sex führt. Aber verzichten können Sie auf Sex auch nicht. Sex ist für Sie nicht nur wichtig, um Ihre Lust zu befriedigen, sondern auch, weil er für Sie das bevorzugte Mittel ist, um Liebe zu geben und zu empfangen. Sie geraten aus der Fassung, wenn die Berührungen Ihres Partners nicht liebevoll sind, sondern grob oder lieblos. Sie können die Fassung vollkommen verlieren, wenn Ihr Partner Sie tagelang nicht berührt oder keine Lust mehr auf Sex zu haben scheint.

Gary Chapman hat entdeckt, dass sich Menschen (aus nicht geklärten Gründen) meistens zu Menschen hingezogen fühlen, die eine andere Liebessprache sprechen, und dass sich daraus viele Enttäuschungen ergeben. Denn wenn jemand von seinem Partner Liebesbeweise und -beteuerungen in der eigenen Liebessprache erwartet, der andere seine Liebe aber in einer anderen Sprache beweist, dann wird er regelmäßig denken: »Liebt mein Partner mich überhaupt (noch) richtig?«

Hier ein Beispiel aus dem lesbischen Scheidungsroman *Weg* von Minke Douwesz, in dem die Hauptperson Edith über die mangelnde Liebe ihrer Partnerin Norma klagt:

> »Ich liebe dich«, sagte sie erschöpft, als müsse sie es jemandem, der schwer von Begriff ist, zum hundertsten Mal erklären. Ediths Beine waren bleischwer. »Oh.« Warum spürte sie davon nur so wenig? Ein Kuss in den Nacken, wenn sie abends lang arbeitete, eine dampfende Schale Fisch bei ihrer Heimkehr, eine Bluse mit Abnähern, ein gemeinsamer Besuch bei ihrem Vater. (Minke Douwesz, 2009)

Ein weiteres Beispiel, dieses Mal aus meinem Privatleben. Meine Mutter hat mir in einem offenherzigen Moment einmal gesagt, dass sie mit meinem Vater nur ganz selten »echte Gespräche führen konnte« und dass ihr das manchmal sehr fehlte. Sie fand es auch schade, dass mein Vater ihr nie Geschenke kaufte. »Ja, dein Vater hat sich nie angestellt wegen Geld und gesagt, dass ich mir alle Geschenke kaufen kann, die ich haben möchte, aber das ist doch etwas anderes, als ein Geschenk zu bekommen.« Liebte mein Vater meine Mutter denn so wenig? Ganz im Gegenteil, für meinen Vater gab es auf der ganzen Welt nur eine einzige Frau: meine Mutter. »Er hat nie eine andere Frau angeschaut«, erzählte meine Mutter mit Rührung in der Stimme. Und als Kinder sahen wir überdeutlich, wie sehr mein Vater meine Mutter liebte. Er arbeitete nicht nur Tag und Nacht, um den Lebensunterhalt für seine zwölf Kinder zu verdienen, er berührte meine Mutter auch oft liebevoll in unserer Anwesenheit: Er kniff ihr ganz übermütig in den Hintern. Meine Mutter wehrte sich lachend dagegen – »Nicht vor den Kindern!« – und wir waren sofort zur Stelle, um Mutter zu »befreien«.

Wie viele andere Männer auch sprach mein Vater die Liebessprache der körperlichen Berührung, und sie war ihm vor allen anderen die liebste Sprache. Und wie viele andere Frauen auch hatte meine Mutter eine ausgeprägte Vorliebe für die erste der von Chapman beschriebenen Sprachen: Zeit miteinander verbringen. Sie freute sich außerdem sehr über ganz einfache Geschenke wie einen kleinen Blumenstrauß, den wir Kinder ihr manchmal brachten, wenn wir auf der Wiese oder entlang dem Weg Blumen gepflückt hatten. Meinem Vater war es, wie vielen Männern, wahrscheinlich eher unangenehm, seine Liebe auf so eine Art und so direkt zu zeigen. Ich vermute, dass er das auch nie gelernt hat. Mein Vater war Einzelkind, und sein (Stief-)Vater war achtzehn Jahre älter als seine Mutter, er hätte sein Opa sein können. Aber wie viele Menschen aus der Generation meines Vaters wussten denn schon, dass sie ihrer Frau mit romantischem Kerzenlicht, einer Vase voller Blumen und einem vertrauten Gespräch eine Freude machen würden? Wahrscheinlich weiß es die Mehrheit der Männer aus den Generationen nach meinem Vater auch heute noch nicht. Und umgekehrt gibt es heute bestimmt noch sehr viele Frauen, die die Liebessprache ihres Mannes nicht kennen und die es daher nicht richtig (ein)schätzen können, wenn ihr Mann sie berührt oder Arbeiten rund um das Haus erledigt.

Die Folge dieses gegenseitigen Unverständnisses ist, dass die Partner von der Liebe enttäuscht werden. In einer Partnerschaft müssen beide die Liebessprache des anderen lernen. Das ist keine einfache Aufgabe. Manchmal kommt es sogar zu Missverständnissen, wenn man sich derselben Sprache bedient, in dieser Sprache aber unterschiedliche Dialekte spricht. Ich möchte das anhand eines Beispiels erläutern, auch dieses stammt von einer Schulungsteilnehmerin:

»Samstags und sonntags versuche ich, alle Mahlzeiten gemeinsam mit den Kindern einzunehmen: Frühstück, Mittagessen und Abendessen. Unter der Woche können wir meistens nur zusammen zu Abend essen. Es ist in den letzten Jahren wiederholt vorgekommen, dass ich meinen Mann am Samstagmittag zu Tisch rief und dazu sagte: ›Ich habe dir schon Kaffee eingeschenkt.‹ Und dann kam er erst, wenn der Kaffee schon kalt war. Wenn ich mich darüber aufrege, versteht er nicht, warum ich so einen Wirbel mache. Als Entschuldigung bringt er dann meistens an, dass er gerade etwas am Haus für mich erledigt – beispielsweise das Badezimmer streichen – und deswegen nicht sofort kommen konnte. Ich weiß, dass wir uns in solchen Fällen über Nichtigkeiten streiten, aber in solchen Momenten vergesse ich das.«

Die Frau ist enttäuscht. Für sie ist das Mittagessen Qualitätszeit mit ihrer Familie. Von ihrem Mann erwartet sie dafür Verständnis. Sie zeigt außerdem noch ihre Liebe, indem sie ihrem Mann Kaffee einschenkt. Ihrem Mann ist all dies nicht bewusst, er konzentriert sich voll und ganz auf seine Aufgabe. Er denkt: »Ich tue das doch auch für dich! Sei doch etwas lockerer.« Obwohl also beide Partner dieselbe Liebessprache sprechen (dem anderen einen Gefallen tun), verstehen sie einander nicht. Die Frau spricht den Dialekt der Fürsorglichkeit (den Tisch decken, den Kaffee einschenken), der Mann erledigt Arbeiten rund um das Haus und zeigt so seine Liebe.

Am Anfang des Kapitels habe ich eine Voraussetzung für erfolgreiche Kommunikation beschrieben: Man muss sich der Tatsache bewusst sein, dass die Art und Weise, wie man selbst mit Enttäuschungen und Rückschlägen umgeht, sich von der des Partners unterscheiden kann. Wenn Sie jetzt denken: »Oje, damit kenne ich mich nicht so gut aus«, dann werden Sie im folgenden Kapitel umfassend bedient.

4

Bist du da, wenn ich dich am meisten brauche?

> »Sie ist eine Frau, ich bin ein Mann. Nennen Sie mir erst mal eine bessere Kombination.«
>
> – *Groucho Marx (1890–1977)*

Während meines Studiums der Psychogerontologie durfte ich vierzig Ehepaare im Alter von siebzig und älter umfassend zu ihrem Leben befragen. Aus diesen Gesprächen ist mir in lebhafter Erinnerung geblieben, dass diese Menschen im Rückblick auf ihr Leben nicht nur über die schönen Dinge sprachen, die sie zusammen erlebt hatten, und über die Leistungen, auf die sie stolz waren, sondern auch von den Rückschlägen erzählten, die ihnen widerfahren waren. Alle hatten auch schlechte Zeiten erlebt. Aus diesen Gesprächen habe ich gelernt, dass die Frage nicht ist, ob wir Schicksalsschläge erleiden, sondern wann. Nicht umsonst enthält das feierliche Eheversprechen traditionsgemäß die Worte »in guten und in schlechten Zeiten« (oder wie man auf Französisch sagt: *pour le meilleur et pour le pire* bzw. »auf Gedeih und Verderb«).

Die von mir befragten Ehepaare waren trotz aller Rückschläge zusammengeblieben. Aber wir wissen auch, dass Menschen sich auseinanderleben und scheiden lassen, wenn sie mit heftigem Gegenwind zu kämpfen haben. Möglicherweise kennen Sie selbst Menschen in Ihrer näheren Umgebung, die das erlebt haben. Haben Sie sich bisweilen gefragt, warum eine Beziehung in Schieflage geraten kann, wenn Menschen mit gravierenden Schicksalsschlägen konfrontiert werden?

Durch eine Krise kann man sich voneinander entfernen, sie bietet jedoch auch immer die Chance, zusammenzuwachsen. Die Chinesen wissen schon seit Jahrhunderten um diese Weisheit, denn das chinesische Zeichen für Krise hat zwei Bedeutungen: »Gefahr« und »Chance«. Fast jeder Mensch, der sich auf eine Liebesbeziehung einlässt, verlässt sich darauf, dass er in schwierigen Zeiten ausreichende Unterstützung von seinem Partner erhalten wird. Umgekehrt geht auch fast jeder davon aus, dass er seinen Partner angemessen unterstützen wird, wenn dieser mit Leid konfrontiert wird. Ebenso gehen die meisten Menschen davon aus, dass sie beieinander Unterstützung finden werden, wenn sie zusammen einen Schicksalsschlag erleiden, beispielsweise wenn ihr Kind schwer erkranken sollte.

In diesem Kapitel werde ich zeigen, dass sich diese Erwartungen in der Realität nicht immer erfüllen und dass Menschen in ihrem Kummer längst nicht immer zueinanderfinden. Ich werde auch erläutern, dass wir in schwierigen Zeiten oftmals zu hohe Erwartungen an unseren Partner hegen. Zum Schluss werde ich aufzeigen, dass die meisten von uns oft selbst nicht den hohen Erwartungen gerecht werden können, die unser vom Schicksal geprüfter Partner an uns hat.

Kritische Lebensereignisse

Loes, eine 53-jährige Frau, erinnert sich an ein sehr tief greifendes Ereignis in ihrem Leben:

> »Er war außergewöhnlich, mein kleiner Bruder Paul. Ein sensibles Kind, das bei Streitereien immer zu schlichten versuchte. Schon im Alter von zehn Jahren glaubte er ganz fest an den lieben Gott, und wenn ein anderer Junge ihn schlug, dann schlug er nicht zurück. Aber ich, seine drei Jahre ältere Schwester, fand das unerträglich. Ich stand kurz vor der Pubertät, und meinen kleinen Bruder ins Schlepptau zu nehmen, das war so ziemlich das Letzte, worauf ich Lust hatte. Und doch war es unvermeidlich, in diesem Campingurlaub

auf dem Bauernhof, wo es keine andere Beschäftigung gab. Am 21. Juli 1969 passierte es. Ein Amerikaner hatte den ersten Schritt auf dem Mond getan. Ich war in der Küche des Wohnwagens, wo meine Mutter das Essen zubereitete, als wir plötzlich das Geräusch eines Zusammenpralls und Geschrei hörten. ›Geh ruhig nachschauen‹, sagte meine Mutter, ›du bist doch immer so neugierig.‹ ›Ein kleiner Junge mit einem gestreiften Pullover‹, hörte ich jemanden sagen, und mir wurde innerlich ganz kalt. Denn so einen Pullover hatte Paul am Morgen angezogen. Ich habe mich durch die Menschenmasse gekämpft und dann sah ich ihn da liegen, auf der Straße. Er hatte lediglich eine kleine Schürfwunde am Kopf. Und doch war er tot. Bis zu diesem Moment waren wir in meinen Augen eine glückliche Familie. Mein Vater war mein Held. Meine Mutter war immer für uns da. Wie hätte ich ahnen sollen, dass an diesem schicksalhaften Tag nicht nur das Leben meines Bruders enden sollte, sondern auch unser Leben als Familie. Es kam zu heftigen Streitereien zwischen meinem Vater und meiner Mutter, und zwei Jahre später trennten sich meine Eltern. Für mich selbst bedeutete es auch, dass meine Pubertät auf einen Schlag vorbei war.« (Loes, in Libelle, 2010)

Wahrscheinlich gibt es nicht Schlimmeres, als das eigene Kind beerdigen zu müssen. Wenn ein Teil von einem stirbt, geht man durch die Hölle. Diese Zeit der Trauer dauert im Schnitt sieben Jahre. In so einer Zeit ist man als Mann und Frau mehr denn je auf die Unterstützung des anderen angewiesen. Es gibt sehr viele Ehepaare, die durch einen so einschneidenden Verlust zusammenwachsen, aber es gibt auch viele Paare, die sich dann voneinander entfernen. In etwa vierzig Prozent der Fälle führt das Drama vom Sterben eines Kindes zum Drama einer Ehescheidung.

Zum Glück ist es sehr unwahrscheinlich, als Eltern ein Kind zu verlieren. Aber die Wahrscheinlichkeit, dass man mit anderen schwierigen Lebensereignissen konfrontiert wird, durch die man sich genauso entfremden kann, liegt bei hundert Prozent. Denken Sie nur an eine Fehlgeburt, einen unerfüllten Kinderwunsch, den Arbeitsplatzverlust eines Partners, die schwere Krankheit eines Kindes,

Krankheit oder Tod der Eltern, des Bruders, der Schwester oder eines wichtigen Freundes, einen Einbruch, einen Überfall, finanzielle Probleme, eine Krankheit oder Behinderung, Heirat, die Geburt eines Kindes, eine Promotion. Wahrscheinlich wundern Sie sich nun, dass ich die letzten drei Ereignisse zu den »kritischen Lebensereignissen« zähle. Nun, Wissenschaftler haben festgestellt, dass *jede* Veränderung, ob positiv oder negativ, Stress verursachen kann. Der Grund dafür ist, dass man sich an Veränderungen immer anpassen muss.

Der verstorbene niederländische Showmaster Bart de Graaff musste dreizehn Jahre lang auf eine Spenderniere warten. Als er diese dann endlich bekam, wurde er depressiv.

> »Diese ganzen Veränderungen in letzter Zeit haben mich fast wahnsinnig gemacht. Ich kann Sport machen, ich kann feiern, ich kann so viel Cola trinken, wie ich möchte, ich muss nicht mehr zur Dialyse. Das alles hat mich bis jetzt eigentlich nicht glücklicher gemacht. In Wirklichkeit bin ich unglücklicher. Ich hatte sozusagen eine Mauer um mich herum aufgebaut. So nach dem Motto: Ich tue, wozu ich Lust habe, ich genieße das Leben und bin nicht traurig, wenn ich sterbe. Ich hatte mich so an meine Krankheit und das damit verbundene Leben gewöhnt, dass ich jetzt große Schwierigkeiten habe, mich davon zu trennen.« (Bart de Graaff, 1997)

Die Wissenschaftler Holmes und Rahe haben 1967 eine Liste mit 43 Ereignissen erstellt, die Stress verursachen können. Anhand der Krankenakten von gut 50.000 Menschen haben sie für jedes dieser Ereignisse einen Stresswert berechnet.

Ereignis	**Stresswert**
Tod des Partners	100
Ehescheidung	73
Mit dem Rauchen aufhören	71
In Trennung leben	65
Tod eines nahen Angehörigen	63
Persönliche Verletzung oder Krankheit	53

Ereignis	Stresswert
Heirat	50
Entlassung	49
Pensionierung	45
Versöhnung mit dem Partner	45
Krankheit in der Familie	44
Schwangerschaft	40
Sexuelle Probleme	39
Arbeitsplatzwechsel	36
Familienzuwachs	39
Finanzielle Sorgen	38
Tod eines guten Freundes/einer guten Freundin	37
Hohe Hypothek oder hoher Kredit	31
Auszug der Kinder	29
Probleme mit der Familie des Partners	29
Besondere persönliche Leistung	28
Beginn oder Ende der Schulzeit	26
Berufsstart/-ende des Ehepartners	26
Probleme mit dem Vorgesetzten	23
Umzug in eine andere Stadt	20
Schulwechsel	20
Zu hohe Fixkosten	19
Veränderung der sozialen Aktivitäten	18
Veränderung der Schlafgewohnheiten	16
Veränderung der Zahl von Familientreffen	15
Veränderung der Essgewohnheiten	15
Urlaub	13
Weihnachten	12
Kleine Gesetzesübertretung	11

Die amerikanischen Wissenschaftler entdeckten, dass wir äußerst flexibel sind und jedes der oben genannten Ereignisse meistern können, ohne krank zu werden. Zumindest solange diese Ereignisse nacheinander auftreten und wir stets ausreichend Zeit haben, um uns anzupassen. Eine andere Sache ist es jedoch, wenn man in kurzer

Zeit mit mehreren der genannten Ereignisse konfrontiert wird. Solange die erlebten Ereignisse zusammen weniger als 150 Punkte ergeben, ist man auf der sicheren Seite, aber zwischen 150 und 200 Punkten wird es heikler. Zwischen 200 und 300 Punkten liegt die Wahrscheinlichkeit, krank zu werden oder einen Unfall zu erleiden, schon bei 50 Prozent. Und wenn die Summe der Ereignisse sich innerhalb eines Jahres auf 300 Punkte beläuft, erhöht sich das Risiko, krank zu werden oder einen Unfall zu erleiden, sogar auf 80 Prozent. Je größer der Stress ist, desto höher ist auch die Wahrscheinlichkeit, dass es in einer Beziehung zu Spannungen kommt.

Wie lässt sich das erklären? Jeder von uns hat eine Vorstellung oder ein Bild davon im Kopf, wie die Welt – oder besser gesagt: die eigene Welt – aussieht. Diese mentale Karte, die man mit einer Landkarte Deutschlands oder der Niederlande vergleichen kann, verwenden wir als Richtlinie für unser Handeln. Auf dieser selbst gemachten

Karte steht nämlich, was oder wer uns wichtig ist im Leben, welche Normen und Werte wir haben, wie wir unsere Vergangenheit sehen, welche Ziele wir für die Zukunft haben, welches Bild wir von uns selbst haben usw. Ein kritisches Ereignis zwingt uns dazu, Anpassungen an unserer mentalen Karte vorzunehmen. Wenn wir beispielsweise unseren Arbeitsplatz verlieren, müssen wir eine neue mentale Karte erstellen, in der dieser Arbeitsplatz nicht mehr vorkommt. Wir müssen uns eine andere Stelle suchen und uns andere Ziele stecken. Das kostet viel Energie.

Dennoch können wir kritische Ereignisse, so einschneidend sie auch sein mögen, meistens überwinden. Wenn wir nicht in kurzer Zeit mehrere kritische Ereignisse verarbeiten müssen. Das lässt sich vergleichen mit dem Renovieren eines Hauses. Wenn man nur ein Zimmer renoviert, beispielsweise das Badezimmer, führt das zwar zu Stress, aber wenn man nicht außergewöhnlich sensibel auf Stress reagiert, wird man daran nicht zugrunde gehen. Möglicherweise gehören Sie sogar zu den Menschen, die eine solche Renovierung als Herausforderung sehen und ihr daher auch etwas Schönes abgewinnen können. Aber wenn Sie in Ihrem Haus mehrere Zimmer gleichzeitig renovieren müssen, kann es Ihnen zu viel werden. Sie haben keinen Platz, an dem Sie zur Ruhe kommen können, und so kann es auch schneller zum Streit mit Ihrem Partner kommen.

Das Neuordnen Ihrer mentalen Karte erfolgt nicht mithilfe von Werkzeugen oder mit Papier und Bleistift, sondern indem Sie sich im Stillen Fragen stellen wie: Warum ich? Was ist mir jetzt wichtig im Leben? Bei wem kann ich mir Unterstützung holen? Oft führt man solche Selbstgespräche, ohne dass man sich dessen wirklich bewusst ist. Die Art und Weise, wie wir mit kritischen Ereignissen umgehen und unsere mentale Karte anpassen, ist von Mensch zu Mensch verschieden. Wenn Sie nach einem aufreibenden Ereignis einen anderen Verarbeitungsstil einsetzen als Ihr Partner, kann das dazu führen, dass Sie einander nicht verstehen und Streit bekommen.

Um zu verdeutlichen, wie es dazu kommen kann, muss ich zunächst etwas näher erläutern, auf welch unterschiedliche Arten wir Menschen mit kritischen Ereignissen umgehen. Zur Veranschaulichung habe ich ein Beispiel aus meinem eigenen Leben bzw. aus dem Leben meiner Familie gewählt.

Im September 2007 überwies mich mein Hausarzt wegen meiner Magenbeschwerden an ein Diagnosezentrum, wo eine Ultraschalluntersuchung durchgeführt werden sollte. Glücklicherweise bekam ich bereits einen Tag später einen Termin. Ich war gerade nach Hause gekommen, als mein Hausarzt anrief und mir das Ergebnis mitteilte: »Ich habe keine guten Nachrichten für dich. Bei dir wurde Bauchspeicheldrüsenkrebs diagnostiziert. Auf dem Ultraschallbild sieht man ein drei Zentimeter großes Geschwür. Ich habe gleich einen Termin gemacht bei dem Chirurgen, der dich wahrscheinlich operieren wird. Außerdem habe ich einen Termin bei einem Gastroenterologen gemacht, der dich vorher noch untersuchen wird. Denn eine Operation ist nur sinnvoll, wenn der Krebs noch nicht gestreut hat.« Als ich das hörte, war mir sofort klar, dass es ganz, ganz schlecht um mich bestellt war. Ich habe zwölf Jahre beim sozialen Pflegedienst der Stadt Breda gearbeitet und habe dort chronisch Kranke, Behinderte und ältere Menschen betreut. In dieser Funktion habe ich mich intensiv mit dem Thema Krebs beschäftigt und wusste daher, dass Bauchspeicheldrüsenkrebs von allen Krebsarten die schlechtesten Prognosen hat und dass jemand, der diese Diagnose bekommt, im Schnitt nur noch drei Monate zu leben hat. Ich wusste auch, dass die Wahrscheinlichkeit, nach fünf Jahren noch am Leben zu sein, nur ein Prozent betrug.

In der Zeit bis zum Erhalt der definitiven Diagnose (die für mich bedeutete: Gehöre ich zu den 15 Prozent, die operiert werden können, oder nicht?) tat ich zwei Dinge. Ich rief alle meine Bekannten an, um ihnen die schlechten Nachrichten zu überbringen, und ich räumte mein aus vielen Regalmetern von Ordnern bestehendes Archiv auf, das ich in dreißig Jahren zusammengetragen hatte, und stellte alles zum Altpapier; meine Frau und meine Kinder hätten nach meinem Tod ohnehin keine Verwendung dafür.

Meine Frau reagierte vollkommen anders. »Du hast mir immer vorgehalten, dass die meisten Sorgen, die Menschen sich machen, umsonst sind, weil sie Angst vor etwas haben, das letztendlich gar nicht passiert. Ich werde mir deswegen vorerst keine Sorgen machen und damit warten, bis du nächste Woche das Ergebnis vom Gastroenterologen bekommst.«

Als ich meinem zwölfjährigen Sohn die schlechte Nachricht überbrachte, sagte er, wie immer durch und durch optimistisch: »Papa, ich bin mir sicher, dass du zu den Menschen gehörst, die man operieren kann, und dass du außerdem zu dem einen Prozent von Menschen gehörst, die in fünf Jahren noch am Leben sind.« Und sofort danach machte er mit seiner vorherigen Beschäftigung weiter.

Meine Tochter, die damals zehn Jahre alt war, wurde ganz still, als ich es ihr erzählte. Sie stellte allerlei Fragen über die Krankheit und ging dann auf ihr Zimmer. Von den Freundinnen meiner Frau erfuhren wir später, dass meine Tochter in der Schule von meiner Krankheit erzählt und dabei sehr geweint hatte. Für das Fach Weltanschauung schrieb sie drei Jahre später in der Orientierungsstufe einen Aufsatz, in dem sie erzählte, wie sie diese Zeit erlebt hatte:

> Eine Sache hat mein Leben wirklich beeinflusst. Vor ein paar Jahren hatte mein Vater oft Bauchschmerzen. Meine Mutter machte sich Sorgen und schickte ihn zum Hausarzt. Der Hausarzt überwies ihn ins Krankenhaus. Dort haben sie ihm gesagt, dass er vielleicht Krebs habe oder eine Entzündung, aber am wahrscheinlichsten sei es, dass er Krebs habe, Bauchspeicheldrüsenkrebs. Die Operation ist sehr schwierig, weil die Bauchspeicheldrüse hinten im Bauch liegt. Bei einer Operation hätte er nur eine einprozentige Wahrscheinlichkeit, zu überleben. Wir waren schockiert. Der Einzige, der ganz ruhig blieb, war mein Bruder. In dieser Hinsicht bin ich wirklich neidisch auf ihn. Er dachte: »Ich glaube nur, was ich sehe.«

Sie sehen es: vier Personen, zudem alle aus derselben Familie, und trotzdem vier unterschiedliche Arten, mit schlechten Nachrichten umzugehen. Obwohl meine Frau die Ereignisse ganz anders verarbeitete als ich, kam es zwischen meiner Frau und mir nicht zum Streit. Ein wichtiger Grund dafür war, dass der belastende Zeitraum nur eine Woche dauerte. Ich lasse an dieser Stelle noch einmal meine Tochter zu Wort kommen, um zu erzählen, warum das so war.

> Eine Woche später mussten mein Vater und meine Mutter ins Krankenhaus; sie bekamen das Untersuchungsergebnis. Ich habe die ganze Zeit zu Hause gewartet und mir alle Fingernägel abgekaut. Mein Bruder machte in aller Ruhe seine Hausaufgaben. Nach einer Stunde, mir kam es vor wie zehn Stunden, kamen sie nach Hause. Ich stand auf und ging zur Tür. Ich erwartete, dass mein Vater und meine Mutter weinen würden, aber sie lachten. »Es war ein Irrtum!«, sagten Papa und Mama. Ich war sehr erleichtert und habe meinen Vater und meine Mutter umarmt. Mein Bruder sagte: »Das habe ich doch gleich gesagt!« Ich werde diese Woche nie vergessen. Es war eine traurige, bewegende, schöne Woche.

Es war in der Tat ein Irrtum: Die ursprüngliche Diagnose war falsch, auf dem Ultraschall war etwas zu sehen gewesen, das gar nicht da war … (Meine Frau hatte also recht, sofern man das in diesem Zusammenhang überhaupt sagen kann, sich nicht sofort ernsthafte Sorgen zu machen.)

Eine Woche war zu kurz, um sich zu streiten. Wir hatten in dieser Zeit beide genug andere Sorgen. Ich hätte trotzdem sehr enttäuscht sein können von meiner Frau. Warum war sie nicht zutiefst erschüttert? Warum war meine Frau umgekehrt nicht enttäuscht von mir, weil ich sofort vom denkbar schlechtesten Szenario ausging und schon mein Archiv aufräumte? Der wichtigste Grund dafür ist, dass sowohl meine Frau als auch ich wussten, dass es sehr viele unterschiedliche Arten gibt, um einschneidende Erfahrungen zu verarbeiten, und dass darüber hinaus die eine Art nicht besser ist als die andere. Wir gingen deshalb nicht automatisch davon aus, dass wir denselben Weg der Verarbeitung gehen würden, und wir wussten, dass es auch nicht gut war, den anderen dazu bewegen zu wollen. Stattdessen respektierten und akzeptierten wir, dass wir jeder auf unsere eigene Weise mit dieser Hiobsbotschaft umgingen.

Weil Beziehungen ohne das Wissen um Verarbeitungsstile scheitern können, möchte ich dieses Thema etwas näher beleuchten. In der Trauerliteratur teilt man die Verarbeitungsstile in der Regel in zwei Hauptgruppen ein: den *konfrontativen* und den *ausweichenden* Stil. Für den ersten Stil ist es charakteristisch, die Konfrontation anzugehen, indem man über die Wirklichkeit spricht und nachdenkt. Meine Reaktion und die meiner Tochter könnte man in diese Kategorie einordnen. Der ausweichende, eher passive Verarbeitungsstil, den meine Frau und mein Sohn einsetzten, zeichnet sich eher dadurch aus, dass man der Wirklichkeit aus dem Weg geht, zum Beispiel, indem man der Realität (vorübergehend) nicht ins Auge sieht, zu viel trinkt, hart arbeitet, bewusst nicht zurückschaut oder Urlaub nimmt. In nachfolgender Übersicht sehen Sie, über welches Verhalten oder welche Strategien sich diese beiden Verarbeitungsstile äußern.

Häufige Bewältigungsstrategien

Konfrontation: sich mit dem Problem beschäftigen

- reden
- über das Geschehene nachdenken
- den Bestattungen von Freunden oder Bekannten beiwohnen
- (tag)träumen
- ein Tagebuch führen oder das Geschehene aufschreiben
- Gedanken und Gefühle in Musik, Gedichten, Malereien usw. verarbeiten
- nach Lösungen für das Problem suchen und diese angehen
- (schwarzer) Humor oder Galgenhumor

Vermeidung: das Problem verdrängen

- sich zurückziehen und schweigen
- sich dazu zwingen, Gefühle zu unterdrücken (»Ich muss stark bleiben«)
- sich mit Sport und Entspannung ablenken

- hart arbeiten (um nicht daran denken zu müssen) und/oder sich auf Routinebeschäftigungen stürzen
- Gefühle abzuschwächen versuchen, indem man (mehr) raucht, isst oder trinkt, indem man (mehr) Medikamente nimmt, viele neue Sachen kauft oder dem Glücksspiel verfällt
- sich an anderen abreagieren: meckern, launisch werden, Streit suchen

Die meisten Menschen werden bei einem belastenden Ereignis oder einem Rückschlag nicht nur eine dieser Strategien anwenden, sondern in der Regel Strategien aus beiden Hauptgruppen wählen. Als ich die Diagnose erhielt, rief ich Freunde an (wodurch ich die Konfrontation suchte), und ich fing an, mein Archiv aufzuräumen (wodurch ich mir etwas Ablenkung zu verschaffen hoffte). Meistens wird der eine mehr Strategien aus der einen Kategorie wählen, während ein anderer mehr Strategien aus der anderen Kategorie wählt. Der eine wählt also einen eher ausweichenden Stil, der andere einen eher konfrontativen Stil.

Die Wahl wird zum Teil auch durch den aktuellen Zeitgeist beeinflusst. Im Jahr 1992 habe ich das Buch *Einde goed, allen goed? Een boek voor zorgenden in de palliatieve zorg* (Ende gut, alles gut? Ein Buch für Pflegende in der Palliativpflege) redigiert. Das Buch wurde auf einem großen europäischen Kongress in Den Haag vorgestellt, bei dem auch Königin Beatrix anwesend war. Nach der Vorstellung wurde ich zu meiner großen Überraschung der Königin vorgestellt, das Gespräch sollte höchstens zehn Minuten dauern. Der Mitarbeiter des Königshofs, der mich zur Königin lotste, bat mich darum, die Königin auf Englisch anzusprechen. »Neben der Königin steht der Vorsitzende des Kongresses. Er ist Brite und es wäre unhöflich, ihn auszuschließen.« Mein Herzschlag wurde schneller. Im Gymnasium hatte ich zwar gelernt, Englisch zu lesen, aber nicht zu sprechen. Und worüber sollte ich mich zehn Minuten lang mit der Königin unterhalten? Plötzlich hatte ich einen Einfall. Nachdem ich der Königin vorgestellt worden war, sagte ich in gebrochenem Englisch: »Wenn man ein Buch schreibt oder redigiert, lernt man viel mehr, als wenn man ein Buch liest. Eines der wichtigsten Dinge, die ich bei der Arbeit an diesem Buch gelernt habe, ist, dass die Art und Weise, wie wir mit Rückschlägen und dem Tod umgehen, nicht nur kultur- sondern auch zeitgebunden ist. Mir war vorher nicht bewusst, dass unsere Vorfahren und Eltern mit einer ganz anderen Art des Trauerns erzogen worden sind als wir heute. Ich erinnerte mich auf einmal daran, dass kurz nach der Ermordung von J. F. Kennedy seine Frau Jackie in den höchsten Tönen gelobt und als Vorbild gepriesen wurde. Aber warum war das so? Weil sie nicht weinte, als sie am Grab ihres Mannes stand. Wie oft hat man mir als Kind gesagt, dass man sich bei großem Kummer ›zusammenreißen sollte‹, was bedeutete, dass man in der Öffentlichkeit keine Gefühle zeigen sollte. Das war damals die Idealvorstellung. Es war die Zeit, in der es auch vollkommen normal war, einem Patienten gegenüber die Diagnose Krebs zu verschweigen. Aber die Zeiten haben sich geändert. Das wurde besonders deutlich, als Prinzessin Diana im August 1997 bei einem Autounfall ums Leben kam. Die Mitglieder des englischen Königshauses, die Windsors, gerieten nun in die Kritik, weil sie beim Begräbnis keine Tränen zeigten. Unsere westlichen Auffassungen über die angemessene Art, zu trauern, haben sich in den vergangenen 35 Jahren spürbar geändert.«

»Was ist aus psychologischer Sicht denn die beste Art, zu trauern, die von damals oder die heutige?«, fragte die Königin nach meiner Minivorlesung feinsinnig.

»Diese Frage hat mich auch lange beschäftigt«, sagte ich. »Der eine verarbeitet einen Verlust am besten, indem er sich zusammenreißt, ein anderer, indem er viel darüber spricht, wieder ein anderer, indem er beide Verarbeitungsstile kombiniert. Wahrscheinlich ist die dritte Art, die Mischung der beiden Strategien, der beste Stil. Und in den meisten Fällen *verarbeiten* wir Geschehnisse auch über diese Kombination. Das menschliche Gehirn sorgt in der Regel fast wie von selbst dafür, dass wir abwechseln: Manchmal nehmen wir uns zusammen und verdrängen unseren Schmerz, in anderen Momenten werden wir von unserer Trauer überwältigt. Denn wenn wir uns bemühen, nicht an einen großen Verlust zu denken, merken wir oft, dass die Trauer sich in einem unkontrollierten Augenblick doch einen Weg bahnt und wie eine Welle über uns hereinbricht. Und umgekehrt: Wenn wir unser Herz ausgeschüttet oder über unseren Verlust gegrübelt haben, dann verspüren wir oft automatisch das Bedürfnis, uns abzulenken und kurz nicht daran zu denken.«

Zurück zur Verarbeitung innerhalb einer Beziehung. Frauen haben, wie wir in Kapitel 2 gesehen haben, oftmals einen konfrontativeren, expressiveren Verarbeitungsstil und neigen von Natur aus eher dazu, über ihren Schmerz zu sprechen und Hilfe bei anderen zu suchen. Männer haben, wie auch schon erwähnt, meist einen Verarbeitungsstil, bei dem sie ihre Gefühle anderen gegenüber nicht zeigen. Oder wie es die bereits zitierte Psychiaterin Louann Brizendine so treffend ausgedrückt hat: »Seerohr einfahren. U-Boot in zwanzig Faden Tiefe auf Tauchstation. Lösung wird allein gesucht« (Brizendine, 2007). Männer neigen in dieser Situation auch mehr als Frauen dazu, hart zu arbeiten oder viel Sport zu treiben. (Man könnte daher behaupten, dass während des größten Teils des vergangenen Jahrhunderts der männliche Verarbeitungsstil vorherrschte und dass sich seit etwa zwanzig Jahren in unserer westlichen Gesellschaft der weibliche Stil durchgesetzt hat. Menschen, die über ihre Gefühle sprechen wollten, fühlten sich früher oft ausgeschlossen. Heute ist das anders. Nun sagt man den Menschen, die Stress lieber in aller Stille verarbeiten, dass sie darüber reden müssen.)

Da wir dazu neigen, unseren eigenen Verarbeitungsstil als den einzig richtigen zu betrachten, besteht die Gefahr, dass Paare gerade in den schwierigen Zeiten ihres Lebens voneinander enttäuscht sind. Frauen werden dann klagen: »Er will nicht darüber sprechen. Ich verstehe nicht, dass er sich jetzt schon wieder so auf seine Arbeit stürzen kann. Ist er denn schon darüber hinweg?« Männer hingegen werden nicht verstehen, dass Frauen sie einfach nicht in Ruhe lassen: »Warum soll man immer wieder über die Vergangenheit sprechen?« Männer verarbeiten ihre Schwierigkeiten in der Regel alleine und gehen davon aus, dass das auch für Frauen gilt.

Zum Verarbeiten schlimmer Erfahrungen ist wahrscheinlich, wie ich es auch der Königin erläutern durfte, eine subtile Mischung der beiden Stile am besten. Vermeidung ist kurz nach einem schweren Verlust eine sinnvolle Strategie. So verhindert man, dass man psychisch mehr ertragen muss, als man bewältigen kann. (Meine Frau erzählte mir später, dass sie aus diesem Grund meine Diagnose erst einmal »geparkt« hatte und sich die Angst und die Anspannung nach einer Woche in einem heftigen Weinkrampf lösten.) Eine solche Reaktion ist keineswegs ein Zeichen von Gefühllosigkeit, sondern eher eines für »ein Zuviel an Gefühl«. Es ist gut zu wissen, dass Ihr Partner, auch wenn er nicht (mehr) über seine Gefühle spricht, das Kapitel der für ihn schlimmen Erfahrung noch nicht abgeschlossen haben muss.

Ein zweiter, etwas seltener vorkommender Grund, warum einer der beiden Partner nicht über seine Trauer oder seinen Schmerz spricht, liegt darin, dass er seine Gefühle nur sehr schwer in Worte fassen kann. Etwa neun bis siebzehn Prozent der Männer und fünf bis zehn Prozent der Frauen leiden unter »Alexithymie« (Mattila et al., 2007) Die wörtliche Übersetzung dieses aus dem Griechischen abgeleiteten Worts lautet: »keine Worte für Gefühle«. Bei Alexithymie handelt es sich nicht um eine Frage des Wollens, sondern diese Menschen können nicht über Gefühle reden.

Eine dritte Möglichkeit, warum einer der beiden Partner nicht mehr über Gefühle spricht, kann darin liegen, dass er das Geschehene bereits verarbeitet hat, während der andere noch damit kämpft. Menschen unterscheiden sich nämlich nicht nur in der Art und Weise, wie sie etwas verarbeiten, sondern auch in der *Geschwindigkeit,* in der sie Geschehnisse verarbeiten. Die folgende jüdische Erzählung verdeutlicht diese Zusammenhänge.

Es war einmal ein Rabbi, der sich von den anderen Rabbis dadurch unterschied, dass er nicht nur Rabbi, sondern auch ein wohlhabender Kaufmann war. Eines Tages verrechnete er sich jedoch bei einem Geschäft und verlor all sein Geld. Von einem Tag auf den anderen war er bettelarm. Seine Lehrlinge, die die schlechten Neuigkeiten schon bald erfuhren, eilten zu seinem Haus und erwarteten, einen vollkommen niedergeschlagenen Rabbi anzutreffen. Aber zu ihrem großen Erstaunen war dieser, wie immer, ganz vertieft in seine Lehrbücher.

»Heiliger Rabbi«, fragten sie ihn voller Unverständnis, »Wie ist das nur möglich? Sie haben all Ihr Geld verloren und studieren dennoch seelenruhig die Bücher? Machen Sie sich denn überhaupt keine Sorgen?«

Der Rabbi schaute von seinem Buch auf und erwiderte: »Natürlich mache ich mir Sorgen, aber ich habe das Glück, dass Gott mich mit einem schnellen Geist gesegnet hat. Während ein anderer sich monatelang Sorgen macht, dauert es bei mir nur eine Stunde!«

Die Geschwindigkeit, mit der man etwas verarbeitet, hängt von vielen Faktoren ab: vom Maß persönlicher Belastbarkeit, vom Ausmaß der Veränderung und von deren Einfluss auf das eigene Leben, von der Menge anderer kritischer Ereignisse, die in derselben Periode verarbeitet werden müssen, und von der Unterstützung, die man von anderen erfährt. Dasselbe Ereignis, zum Beispiel die Nachricht, dass eine enge gemeinsame Freundin bei einem Verkehrsunfall ums Leben gekommen ist, kann bei Ihnen anders ankommen als bei Ihrem Partner. Möglicherweise sind Sie generell sensibler, die Freundin hat Ihnen mehr bedeutet als Ihrem Partner, Sie waren gerade schwanger oder hatten eine neue Stelle und vermissten am neuen Arbeitsplatz Menschen, mit denen Sie über Ihre Trauer hätten sprechen können. Sie wissen jetzt: Wenn Ihr Partner eine schmerzhafte Erfahrung anders oder schneller verarbeitet als Sie, dann sollten Sie diesen Unterschied respektieren.

Bislang habe ich über Ereignisse gesprochen, die sowohl Sie als auch Ihren Partner treffen. In einer Beziehung wird es jedoch zuweilen auch vorkommen, dass einer von beiden etwas erlebt, das den anderen nicht so sehr trifft. Im eben genannten Beispiel sprach ich von einer gemeinsamen Freundin, es hätte aber auch eine Freundin oder ein Freund sein können, die/der nur Ihnen wichtig war. In so einem Fall erwartet man Unterstützung von seinem Partner. Aber auch dann ist es weise, nicht zu viel zu erwarten. Meistens erhält man zwar ein gewisses Maß an Unterstützung, doch diese ist oft nur von kurzer Dauer.

Es gibt sehr viele Untersuchungen zur Unterstützung, die Menschen nach einem schweren Verlust erfahren, und in all diesen Untersuchungen hat sich gezeigt, dass Menschen in der nächsten Umgebung oft nur wenig Geduld mit dem Trauernden haben. Häufig hören die Nahestehenden ein paarmal zu, aber ihre Geduld ist danach schnell aufgebraucht. Sie verstehen auch nicht immer, was der Trauernde durchmacht. Und wie der russische Schriftsteller Dostojewski schon wusste, können wir Menschen niemals wirklich das Leiden eines anderen nachfühlen:

> Aber wir sind keine Götter. Angenommen, ich zum Beispiel wäre imstande, schweres Leid zu ertragen: Kein anderer könnte erkennen, in welchem Grad ich leide, weil er eben ein anderer ist und nicht ich. (F. M. Dostojewski, 1880)

Wenn man einen großen Verlust erleidet oder eine andere tief greifende Veränderung verarbeiten muss und feststellt, dass man weniger Unterstützung vom Partner erhält, als man erwartet und erhofft hat, dann können folgende Fragen helfen, die eigenen Erwartungen zu relativieren und dadurch etwas nachsichtiger mit ihm zu sein:

- Bevor Sie selbst mit diesem Ereignis konfrontiert wurden, war Ihnen bewusst, was man in dieser Situation durchmacht?
- Waren Sie selbst in der Vergangenheit immer geduldig und verständnisvoll, wenn jemand Ihnen erzählte, dass es ihm schlecht geht?

Es ist sehr wahrscheinlich, dass Sie diese beiden Fragen verneinen müssen. Und wenn Sie jemanden unterstützt haben, haben Sie das dann über einen langen Zeitraum hinweg durchgehalten? Wenn es

Ihnen gelungen ist, dann können Sie stolz auf sich sein, und Sie haben – um erneut mit Dostojewski zu sprechen – etwas Göttliches. Aber die meisten Menschen sind gewöhnliche Sterbliche. Das muss auch dieser Mann nach dem Tod seiner zu jung verstorbenen Freundin feststellen:

> Ich lernte, dass die Menschen eine Zeit lang die Verwirrung anderer ertragen, sie mit einer tiefen und sehr vorübergehenden Aufrichtigkeit bedauern, dann die Geduld verlieren beim Anblick eines stammelnden Unglücks: »Himmel noch mal, reiß dich zusammen, du gehst nicht mal mehr vor die Tür, du fängst an zu stinken, alter Junge! Mach die Fenster auf, sie hätte es dir gesagt, Flore hätte dir gesagt … man muss weitermachen, das Leben geht weiter, sie hätte es dir gesagt, ich schwör's dir …« (Philippe Claudel, 2005)

Menschen in Ihrer direkten Umgebung, und das schließt Ihren Partner mit ein, haben meistens nicht die Geduld und Ausdauer, jemanden in einer seelischer Notlage lange genug zu unterstützen oder zu trösten. Ihr Partner muss außerdem verarbeiten, dass Sie vorübergehend nicht dieselbe Person sind wie zuvor. So kennt er Sie nicht. Er erlebt diese Situation wie einen Verlust. Diesen Verlust muss er verarbeiten, und das bringt allerlei schmerzhafte Gefühle mit sich. Vielleicht reagiert Ihr Partner diese Gefühle auch an der Quelle des Elends ab: an Ihnen. Während Sie auf Verständnis und tröstende Worte hoffen, bekommen Sie möglicherweise einen Anschnauzer oder ein genervtes Brummen. Ja, wir alle haben unsere Schwächen.

Bis jetzt habe ich sehr allgemein über belastende Ereignisse gesprochen, die Ihnen und Ihrem Partner widerfahren können. Ich habe dazu die von Holmes und Rahe erstellte Liste kritischer Ereignisse verwendet. Ich habe einige Beispiele für solche Geschehnisse genannt, bin aber nicht näher auf diese eingegangen. Ich werde nun zwei Ereignisse genauer beleuchten und diese einzeln und auch etwas ausführlicher erörtern. Ich habe diese beiden gewählt, weil sie eine Beziehung sehr belasten können und weil auch hier falsche oder zu hohe Erwartungen dazu führen können, dass sich die Gemüter erhitzen. Durch realistischere Erwartungen lässt sich der Druck zwar nicht vollkommen beseitigen, Gefühle der Enttäuschung lassen sich jedoch abschwächen. Ich möchte an dieser Stelle folgende Ereignisse detaillierter behandeln:

- eine psychische Krise, insbesondere hervorgerufen durch Überlastung, Burn-out, Depression, gestörte Trauer, Angstbeschwerden, Suchtkrankheiten oder hypochondrische Beschwerden (Angst, an einer schweren Erkrankung zu leiden, obwohl dazu medizinisch gesehen kein Anlass besteht)
- die Geburt eines Kindes

»Hilfe, mein Partner steckt in einer Krise«

Stellen Sie sich vor, dass Sie kurz davor sind, zu heiraten, oder vor Kurzem geheiratet haben. Stellen Sie sich außerdem vor, dass Sie nach vier Jahren eine schwierige Zeit durchmachen: Sie sind überarbeitet, bekommen ein Burn-out oder erkranken an einer Depression, die ein halbes Jahr oder noch länger dauert. Sie sind dann schrecklich müde und antriebslos, der Geruch oder Geschmack Ihres Lebens verschwindet, und Sie können das Leben nicht mehr so genießen wie früher. Gehen Sie davon aus, dass Ihr Partner Sie in dieser Periode emotional unterstützen und Ihnen dabei helfen würde, die schwierige Zeit zu überstehen? Und stellen Sie sich dieses Szenario mit umgekehrten Rollen vor; würden Sie Ihren Partner dann unterstützen? Denken Sie kurz über diese Fragen nach, bevor Sie weiterlesen.

Es ist Dienstagabend, der 9. März 2010. Ich schaue mir die erste Folge der Fernsehsendung *40 dagen zonder jou* (40 Tage ohne dich) an, in der ein Psychologe einen letzten Versuch macht, Paare wieder zusammenzubringen, die kurz vor einer Scheidung stehen. Den Anfang machen Christel (34) und Roger (33), die seit elf Jahren ein Paar sind, seit mittlerweile neun Jahren verheiratet sind und drei Kinder haben. Während man die Familie sieht, sagt der Psychologe aus dem Off: »Roger hat einen rationalen Blick auf das Leben, er lässt sich von seinem Verstand leiten: er unterteilt alles in die Kategorien logisch oder unlogisch. Christel dagegen lebt mehr aus dem Bauch heraus. Es treibt sie in den Wahnsinn, wenn er wieder mit Lösungen kommt, obwohl sie eigentlich nur eine starke Schulter braucht, oder wenn er keine Ahnung hat, was in ihr vorgeht. Sie haben jeden Tag heftigen Streit, und von Nähe ist in ihrer Ehe nicht mehr zu sprechen.«

Nach dieser Einleitung erzählt Christel, dass sie unzufrieden ist mit ihrer Beziehung und dass sie ihrem Mann gesagt hat, dass sie so nicht mehr weitermachen kann und will. »Die Leidenschaft ist einfach weg. Ich fühle mich nicht mehr wohl. Meine Gefühle sind erloschen und ich habe Angst, dass sie nicht mehr zurückkommen.« Ihr Mann Roger gibt zu, dass die Beziehung in letzter Zeit sehr angespannt ist, aber an Scheidung hat er bis jetzt noch kein einziges Mal gedacht: »Ich möchte Christel nicht verlassen, aber sie hat zu mir gesagt, dass sie mich verlassen will.« Auf die Frage des Psychologen, warum sie so starke Zweifel an den Überlebenschancen der Beziehung habe, erwidert Christel: »Ich habe große psychische Probleme gehabt. Ich litt an einer postnatalen Depression. Ich habe damals schon gespürt, dass Roger sich sehr anstrengte, aber ich musste damals auch erkennen, dass es Dinge gibt, mit denen Roger nicht umgehen kann. Ich habe mich in dieser Zeit sehr auf meine Eltern verlassen.« Roger, der neben ihr auf dem Sofa sitzt, sagt daraufhin mit brüchiger Stimme: »Wenn Christel von dieser Zeit erzählt, mache ich alles noch einmal durch. Es fühlt sich an wie ein Vorwurf, dass ich damals nicht genug für sie da war.«

Nach diesem Gespräch beginnen für die beiden vierzig Tage, die sie ohne den anderen verbringen müssen. Christel bleibt zusammen mit den Kindern in ihrem vertrauten Haus, Roger zieht in eine andere Wohnung. Christel fällt die therapeutische Trennung zu ihrem eigenen Erstaunen nicht schwer, aber für Roger wird das Ganze zu einem wahren Belastungstest. Am 27. Tag sagt Roger in seinem Videotagebuch: »Ich kann jetzt nachvollziehen, dass Christel, wenn sie sich damals monatelang so gefühlt hat wie ich jetzt, an einem bestimmten Punkt völlig fertig und furchtbar enttäuscht von mir war. Das würde ich ihr schon gerne sagen, aber ich traue mich das jetzt nicht.«

Ich wusste, wenn ich die große Liebe finden würde, würde mein Leben sich ändern. Zum Besseren, dachte ich allerdings.

Fast eine Woche später, am 32. Tag ohneeinander, sehen Christel und Roger sich auf dem Sofa des Therapeuten wieder. Als Christel von Roger wissen möchte, wie es ihm in den letzten Wochen ergangen ist, sagt er: »Es war ein tiefes Tal. Aber ich habe auch viel gelernt. Ich habe gefühlt, was du wahrscheinlich schon seit Monaten und in unserer Beziehung schon seit Jahren fühlst. Ich habe gefühlt, wie sehr man in einer so schwierigen Zeit auf die Hilfe anderer angewiesen ist.« Und unter Tränen fügt er hinzu: »Ausgerechnet in einer Zeit, in der du mich so gebraucht hättest. Dafür möchte ich mich bei dir entschuldigen. Es tut mir leid.« Christel ist durch diese Worte sichtbar gerührt. In ihrem Videotagebuch sagt sie: »Ich hätte nicht gedacht, dass wir noch einmal an einen Wendepunkt kommen würden. Seine Reue und das Verständnis, das er damit gezeigt hat, sprechen für mich Bände. Es hat mir sehr gutgetan, dass er mich endlich versteht.«

Nach Ablauf der vierzig Tage versöhnen sich Christel und Roger miteinander. Und in derselben Kirche, in der sie neun Jahre zuvor geheiratet haben, versprechen sie sich feierlich, noch mal ganz von vorn anzufangen.

Laut einer groß angelegten Studie unter 6.646 Erwachsenen im Alter zwischen 18 und 65 Jahren sind 43 Prozent (!) aller Niederländer schon einmal psychisch erkrankt (de Graaf et al., 2010), wie es auch für die meisten anderen westlichen Gesellschaften gilt. Frauen tragen ein besonders hohes Risiko, eine Depression oder Angststörung zu bekommen, Männer sind anfälliger für Drogensucht oder Alkoholprobleme. 18 Prozent, also nahezu jeder Fünfte, hatten im Jahr vor der Studie mit einem psychischen Problem zu kämpfen. Die Wahrscheinlichkeit, dass Sie in Ihrer Beziehung mit einem derartigen Problem konfrontiert werden, ist also nicht gerade gering.

Ich habe diesen Abschnitt mit einigen hypothetischen Fragen eingeleitet. Ich möchte Ihnen eine weitere stellen. Angenommen, Sie wären Christel. Wäre in Ihnen auch etwas zerbrochen, wenn Ihr Partner Ihnen in dieser sehr schwierigen Zeit keine emotionale Unterstützung und Verständnis geboten hätte? Diese Frage ist äußerst wichtig, denn – wie es die Geschichte von Christel und Roger anschaulich gezeigt hat – mangelnder emotionaler Rückhalt kann eine Beziehung zerstören. Zumindest wenn man fest mit diesem Rückhalt gerechnet hat. Falls Sie zu dieser Gruppe gehören, sind Sie nicht allein. Die Wahrheit ist, dass die meisten Menschen in einer Beziehung blindlings und stillschweigend davon ausgehen, dass ihr Partner sie in schwierigen Zeiten unterstützen wird. Ich denke, Sie werden nun enttäuscht sein, vielleicht sogar entrüstet, denn die Geschichte von Roger und Christel bedarf weiterer Erklärungen. Es gibt *durchaus* Frauen und auch Männer, die in der Lage sind, ihren psychisch angeschlagenen Partner hinlänglich zu unterstützen.

Wenn Sie so einen Partner an Ihrer Seite haben, dürfen Sie sich sehr glücklich schätzen. Die Wahrheit ist jedoch, dass Sie zu einer »glücklichen« Minderheit gehören. Wenn Sie zur Mehrheit gehören, werden Sie irgendwann vor der Aufgabe stehen, sich mit weniger als dem zu begnügen, worauf Sie gehofft und womit Sie gerechnet hatten. Sie werden die Krise dann vor allem aus eigener Kraft überwinden müssen und auf die Unterstützung anderer Familienmitglieder und von Freunden angewiesen sein. Und wahrscheinlich auch auf professionelle Hilfe.

Sie werden weniger enttäuscht und wütend sein, wenn Sie hören, warum jemand, der psychisch in Schwierigkeiten geraten ist, von seinem Partner oftmals nicht die Unterstützung erfährt, die er sich wünschen würde. Ich möchte dies so konkret und anschaulich wie möglich erläutern und wähle daher ein Beispiel, in dem einer der Partner an Depression erkrankt. Wie das auch bei Christel der Fall war. Ich gehe dabei davon aus, dass es sich um eine depressive Episode handelt, die maximal zwei Jahre anhält. Die chronische Form der Depression lasse ich also außer Acht, da für diese andere Gesetze gelten. Diese darzulegen würde im Rahmen dieses Buchs zu weit führen. Meine Ausführungen gelten ebenso für andere psychische Probleme oder Erkrankungen wie Überlastung, Burn-out, gestörte Trauer, Angstbeschwerden und Suchtkrankheiten, wenn auch mit etwas anderen Schwerpunkten.

Der erste Grund, warum der Umgang mit einer psychischen Erkrankung so schwierig ist, liegt darin, dass man sich verändert. Dafür sorgt die Erkrankung. Wenn das Gespenst der Depression Sie in seine Fänge bekommt, beraubt es Sie Ihrer früheren Lebenslust und Ihrer Fähigkeit, das Leben zu genießen. Im Austausch dafür verschwindet Ihre Selbstachtung, Sie können sich schlecht konzentrieren, haben keinen Appetit mehr und leiden unter einer Müdigkeit, die sich auch nach einer guten Nachtruhe nicht bessert (schlechter Schlaf ist übrigens häufig einer der ersten Vorboten einer Depression). Bei Wetterumschwüngen werden Sie launisch, Sie vermeiden den Kontakt zu Freunden und Bekannten und haben keine Lust mehr auf Sex. Sie erkennen sich selbst nicht mehr wieder. Auch für

Ihren Partner sind Sie wie ausgewechselt; Sie sind nicht mehr derjenige, für den er oder sie sich einst entschieden hat.

Dazu kommt, dass Gefühle buchstäblich ansteckend sind (Christakis & Fowler, 2010). In einem Krimi, den ich vor Kurzem gelesen habe, wird das schön in Worte gefasst. Im Folgenden zitiere ich einen Abschnitt, in dem die Hauptperson, eine junge Violinistin, sich in einem Café die Geschichte eines Russen anhört, der ihr Avancen macht, dabei jedoch sehr ungeschickt vorgeht, da er ihr von den schwierigen Zeiten in seinem Leben berichtet:

> Ich nickte, ohne ihn dabei anzuschauen. Oh ja, ich verstand ihn. Ich wusste ganz genau, wovon er sprach. Ich hasste Geschichten über Depressionen. Meiner Ansicht nach war Depression ansteckend. Unheilbar und ansteckend. Es kam von einer Person zur anderen, und das ging ständig so weiter. Das warme Gefühl in meiner Brust war erloschen. Plötzlich verspürte ich eine starke Müdigkeit. Ich war so müde, dass ich nicht einmal die Energie haben würde, es nach Hause zu schaffen. Ich trank meinen Fingerhut Wodka aus und gähnte. (Claire Kilroy, 2006)

Wenn Sie depressiv sind, wird Ihr Partner sich bei all seinen Versuchen, Sie zu unterstützen und zu trösten, auch trauriger fühlen. Ihr Partner fühlt dann, dass der Kontakt mit Ihnen ihm keine Energie gibt, sondern ihn im Gegenteil Energie kostet. Aber da wir Menschen uns nicht gern mit dem Virus der Depression anstecken und die angeborene Neigung haben, uns vor allem zu schützen, was unsere Stimmung belastet und für negative Gefühle sorgt, wird Ihr Partner wahrscheinlich auch etwas auf Distanz zu Ihnen gehen. Und es ist genauso wahrscheinlich, dass sowohl er als auch Sie selbst nicht mit der neuen Situation umzugehen wissen und Sie daher auch schneller Streit bekommen. Eines der ersten Anzeichen dafür, dass Sie an einer Depression (oder einer anderen psychischen Erkrankung, wie Burn-out oder einer Suchterkrankung) leiden, ist darum auch, dass Sie und Ihr Partner sich öfter streiten und dass er Ihnen aus dem Weg geht.

Es gibt noch einen dritten Grund, warum es für Ihren Partner schwierig ist, Sie in einer depressiven Phase zu unterstützen. In vierzig Prozent aller Fälle ist den Betroffenen nicht bewusst, dass sie an einer Depression leiden. Die Müdigkeit, die Appetitlosigkeit und die Schmerzen im Rücken oder in einem anderen Körperteil (jeder dritte an einer Depression Erkrankte leidet unter Schmerzen) schieben Sie auf eine körperliche Erkrankung oder auf eine Krise, verursacht durch berufliche oder private Schwierigkeiten. Genauso wie Sie selbst bemerkt auch Ihr Partner in der Regel nicht, dass es sich um eine Depression handelt. Er nimmt zwar wahr, dass Sie anders sind als früher, aber auch er vermutet wahrscheinlich eine körperliche Ursache. Es kann jedoch auch sein, dass er denkt, er sei Ihnen nicht mehr so wichtig, und sich zurückgewiesen fühlt. Wie ich bereits sagte, Zurückweisung ist oftmals eines der auffälligsten Symptome einer Depression. Und jemandem Unterstützung zu bieten, der einen scheinbar zurückweist, ist besonders schwierig.

Unterstützung zu bieten bei einer Depression erfordert nicht nur Geduld, Nehmerqualitäten und Toleranz, sondern auch ein gewisses Wissen um das Krankheitsbild. Aus gutem Grund lernen Psychologen, Psychiater und psychiatrisches Pflegepersonal in ihrer langen Ausbildung, die verschiedenen psychiatrischen Krankheitsbilder zu unterscheiden, und werden ausgiebig auf den Umgang mit den Betroffenen geschult. Ihr Partner verfügt nicht über diese Kenntnisse und Fähigkeiten, es sei denn, er hat eine Ausbildung in diesem Bereich. (Und selbst wenn Ihr Partner Psychologe oder ein anderer Experte ist, so wird es für ihn trotzdem äußerst schwierig sein, dieses Wissen und diese Fähigkeiten im Privatleben einzusetzen. Wahrscheinlich würden Sie es umgekehrt auch gar nicht ertragen, wenn er mit Ihnen wie mit einem Patienten umgehen würde!)

Laien gehen oft davon aus, dass die Genesung von einer psychischen Erkrankung wie einer Depression eine Frage des Willens oder der Motivation ist. Sie wissen nicht, dass es genau umgekehrt ist und dass der Anlasser der eigenen Willenskraft stottert oder vollständig versagt. Wenn Ihr Partner das nicht weiß, ist es sehr wahrscheinlich, dass er Sie anspornen oder Ihnen wohlgemeinte Ratschläge geben wird. Wenn er das tut, werden Sie sich – so wie Christel – nicht verstanden fühlen.

Ich denke, Sie verstehen jetzt, dass es für Ihren Partner eine enorme, nahezu unmögliche Aufgabe ist, sich immer liebevoll und verständnisvoll zu zeigen. Und Sie verstehen hoffentlich auch, dass Ihnen das Äußerste abverlangt wird, wenn Ihr Partner an einer Depression erkrankt und Sie ihm helfen möchten. Für beide Partner wird es noch schwieriger, diese Periode zu überstehen, wenn Sie zu hohe Erwartungen aneinander hegen. Ich will damit keineswegs sagen, dass man überhaupt nichts von seinem Partner erwarten sollte, wenn man an einer Depression oder einer anderen Erkrankung leidet. Ich möchte vielmehr sagen, dass man in einem solchen Fall lieber davon ausgehen sollte, dass man von seinem Partner weniger und andere Unterstützung bekommen wird als erwartet. Führen Sie sich dann vor Augen, dass er guten Willens ist und nicht *absichtlich* versagt. Es macht einen himmelweiten Unterschied, ob Sie Unvermögen bzw. Unwissen oder Verweigerung und Gleichgültigkeit für sein Verhalten verantwortlich machen. Es kann verhindern, dass Sie sich einander in einer so schwierigen Zeit Vorwürfe machen und sich unnötigerweise auseinanderleben.

Als Christel in *40 dagen zonder jou* zu Roger sagt, dass er sie während ihrer Depression nicht ausreichend unterstützt habe, und Roger ihr zustimmt, kommt der Psychologe ins Bild und richtet sich mit folgenden Worten an den Zuschauer: »Man könnte sagen, dass Roger das Gefühl hat: Was ich auch tue, es wird nie genug sein, denn man kann nie genug tun, um das Leiden zu lindern. Roger wird lernen müssen, dass er das Problem einfach nicht lösen kann.« Ich möchte an dieser Stelle noch einen wichtigen Satz ergänzen: »*Christel* wird *akzeptieren* müssen, dass Roger niemals genug tun kann.« Wäre Christel sich dieser Tatsache früher bewusst gewesen, hätte sie trotzdem eine schwere Zeit durchlebt, aber ihre Enttäuschung wäre wahrscheinlich nicht so groß gewesen, dass sie sich fast von Roger getrennt hätte.

»Es freuen sich die glücklichen Eltern ...«

Es gab in meinem Leben und in unserer Beziehung keine schwierigere Zeit als die ersten Jahre nach der Geburt unserer beiden Kinder. Unser Sohn kam im Juli 1994 zur Welt, unsere Tochter fast drei Jahre später, im April 1997. Ein halbes Jahr nach der Geburt unseres Sohnes gab ich meine Funktion beim sozialen Pflegedienst in Breda auf. Meinen Titel als klinischer Psychologe wollte ich behalten, daher bewarb ich mich als leitender Therapeut, Projektleiter und Forscher (in der Tat, drei Funktionen in einer Stelle) bei einer Einrichtung des staatlichen psychologischen Gesundheitsdienstes in Den Dolder, einem kleinen Dorf bei Utrecht. Meine Frau arbeitete zu dieser Zeit in Teilzeit als Gemeindeschwester und als Dozentin für Krankenpflege beim sozialen Pflegedienst und wollte auch weiterhin in diesen Funktionen arbeiten. Wir waren uns einig, dass ein Baby, eine neue Stelle und ein Umzug zu viel des Guten wären. Da ich nach dem Bestehen der Führerscheinprüfung im Alter von 21 Jahren nie mehr Auto gefahren bin, aber eigentlich eher, weil ich lieber mit öffentlichen Verkehrsmitteln reis(t)e als mit dem Auto, musste ich jeden Tag um viertel nach sechs aufstehen, um rechtzeitig in Den Dolder zu sein. Abends um halb acht kam ich von der Arbeit nach Hause. Da ich tagsüber nur ausgeschlafen bin, wenn ich acht Stunden geschlafen habe, musste ich knapp drei Stunden später auch schon wieder ins Bett. Aber oft musste ich auch viel früher als viertel nach zehn ins Bett. Unser Sohn war ein echtes Schreikind und brachte sowohl mich als auch meine Frau jede Nacht einige Stunden um den Schlaf. Tagsüber war ich zuweilen so müde, dass mir in Arbeitsbesprechungen nicht die richtigen Antworten einfallen wollten, wenn Kollegen mich um meine Meinung zur Behandlung eines Patienten baten. Notgedrungen schlief ich manchmal auf einer Luftmatratze in meinem Büro, um den Schlaf nachzuholen und die Arbeit durchhalten zu können. Auch am Wochenende mussten wir immer viel Schlaf nachholen. Die Situation entspannte sich, zumindest in Bezug auf das Pendeln, als wir im August 1998 nach Tilburg zogen.

Der amerikanische Psychologe John Gottman hat die Geburt eines Kindes als »Notstand für die Eltern« bezeichnet. Ich kann voll und ganz nachvollziehen, was er damit meint. Meine Frau und ich haben uns unheimlich über die Geburt unseres Sohns gefreut. Und obwohl unser Sohn so viel weinte und wir geschlaucht waren von den vielen unterbrochenen Nächten, waren wir mindestens genauso glücklich über die Geburt unserer Tochter. Aber dennoch waren die ersten Jahre nach der Geburt unserer Kinder schwierige Jahre. Zuvor hatten wir uns die erfreulichen Seiten des Elternseins ausgemalt – ja, da haben wir sie wieder, die Erwartungen –, aber wir waren uns nicht wirklich darüber im Klaren gewesen, dass damit auch weniger erfreuliche Seiten verbunden sein sollten, die Erstere zeitweilig überschatten würden.

Vor der Geburt unserer Kinder hatten wir alle Zeit der Welt füreinander. Wir mussten auf nichts und niemanden Rücksicht nehmen außer auf die Wünsche des anderen. Jeden Abend, jedes Wochenende, jeden freien Tag oder Urlaub konnten wir nach eigenem Belieben gestalten. Durch die Geburt unseres Sohnes und danach unserer Tochter hatten wir nicht nur viel weniger Freizeit, wir hatten auch viel weniger Zeit füreinander. Unsere Kinder machten mir außerdem unvermeidlich viel von der Liebe abspenstig, die meine Frau zuvor ausschließlich mir geschenkt hatte. Und andererseits blieb wegen der Zeit und Aufmerksamkeit, die ich ihnen widmete, auch weniger davon für meine Frau übrig. »Wir verbringen nur noch so selten Zeit miteinander«, beschwerte sich meine Frau in regelmäßigen Abständen. Ich nahm zwar wahr, dass meine Frau den Kindern sehr viel Liebe und Zärtlichkeit geben konnte, und ich bemerkte auch, dass nun viel weniger für mich übrig blieb, aber ich war mir in dem Moment nicht darüber im Klaren, dass sie von mir gerade jetzt wahrscheinlich mehr Unterstützung und Aufmerksamkeit brauchte als vor der Geburt der Kinder. In dieser Zeit musste ich auch oft an das chinesische Sprichwort über Sex denken, das ich einmal gehört hatte: Wenn man in den ersten zehn Jahren für jeden Sex eine Erbse in einen Topf legt und danach für jeden Sex mit diesem Partner wieder eine Erbse herausholt, dann wird der Topf niemals leer werden. Ich kannte meine Frau damals noch keine zehn Jahre und dachte, dass die Chinesen eigentlich nicht von den ersten zehn Jahren, sondern von der Zeit vor dem ersten Kind hätten sprechen sollen.

Wenn wir den Menschen aus unserem näheren Umfeld – unseren Familienmitgliedern, Freunden und Kollegen – erzählten, dass meine Frau schwanger war, wurden wir stets beglückwünscht. Jeder sprach von den schönen Seiten des Elternseins und das setzte sich fort, als die Kinder auf der Welt waren. Die meisten sagten, dass Babys und kleine Kinder so wunderbar seien und das Glück vergrößerten, unter anderem, weil man mit ihnen die eigene Kindheit noch einmal erlebt. Andere behaupteten, sie seien durch die Geburt eines Kindes als Partner enger zusammengewachsen. Auch wir dachten in erster Linie in Kategorien wie »bekommen« und eher weniger an »geben« oder »aufgeben«. In den Romanen, die ich gelesen hatte, und in den Filmen, die ich gesehen hatte, erlebte man zwar oft genug streitende oder unzufriedene Ehepaare mit kleinen Kindern, aber es war nie zu mir durchgedrungen, dass ihre Streitereien und Vorwürfe auch direkt mit dem Familienzuwachs zusammenhingen.

Wir mussten feststellen, dass das Leben nun oft eine Hetzerei war: Essen machen, essen, kurz fernsehen, eine Geschichte vorlesen, die Kinder ins Bett bringen, sie trösten, wenn sie weinten. Nebenbei mussten wir außerdem die Aufgaben verteilen und uns darüber einig werden, wie wir unsere Kinder erziehen wollten. Ich fühlte mich oft gleich an mehreren Fronten als Versager: als Vater, weil ich nicht genug Zeit mit meinen Kindern verbrachte und meiner Frau zu viel aufbürdete, als Partner, weil ich meiner Frau zu wenig Zeit und Aufmerksamkeit schenkte, meinen Eltern, Brüdern, Schwestern und Freunden gegenüber, weil ich viele Geburtstagsfeiern und Partys absagen musste. Darüber hinaus hatte ich in meinem Beruf das Gefühl, die in mich gesetzten Erwartungen nicht erfüllen zu können. Gleichzeitig beobachtete ich voller Erstaunen andere Eltern, denen all das problemlos zu gelingen schien. »Warum schaffen andere Eltern das wohl?«, rief meine Frau manchmal verzweifelt und sprach damit sowohl ihre eigenen als auch meine Gedanken laut aus.

Ich blättere gerade in einem Buch, das sich an alle Paare richtet, die eine Familie gründen wollen. Es trägt den Titel *I'd Trade My Husband for a Housqeeper: Loving Your Marriage after the Baby Carriage.* Die Autorinnen, Trisha Ashworth und Amy Nobile, haben für dieses Buch mit Hunderten von Vätern und Müttern gesprochen. Auf der Rückseite des Buchs lese ich folgenden Satz: »Warum halten alle der Außenwelt gegenüber den Schein aufrecht?« Ein paar Zitate aus diesem Buch veranschaulichen die Kämpfe und Probleme junger Eltern. Achten Sie darauf, wie oft sich die Probleme wiederum auf Erwartungen zurückführen lassen:

> Jessica (acht Jahre in einer Partnerschaft, zwei Kinder): »Ich musste meine Erwartungen an meine Ehe überdenken, als wir Eltern wurden. In der Tat, wir stritten, und nein, wir hatten keinen Sex mehr, aber ich dachte: ›Gut, das ist wirklich schwierig. Aber bleib du selbst, und das soll er auch tun, und erinnert euch daran, warum ihr euch füreinander entschieden habt.‹ Aber es kostete mich die größte Mühe, mir das zu vergegenwärtigen.«

> Melissa (neun Jahre in einer Partnerschaft, vier Kinder): »Ich finde es so schwierig, eine ›perfekte Ehefrau und Mutter‹ zu sein. Er erwartet gar nicht, dass ich jeden Abend ein Essen mit mehreren Gängen koche. Aber ich erwarte es von mir selbst. Wenn ich eine Mutter sein möchte, die nicht arbeitet und sich ausschließlich um die Kinder kümmert und meine Mutter das geschafft hat, dann muss ich das auch schaffen.«

Nach diesen beiden Frauen folgen nun die Aussagen zweier Männer:

> Boris (acht Jahre verheiratet, zwei Kinder): »Soweit ich mir bewusst bin, halte ich alle Regeln ein, aber vielleicht nimmt meine Frau das nicht immer so wahr. Ich laufe wie auf Eiern und ich verstehe immer noch nicht so recht, was eigentlich von mir erwartet wird. Einander Halt geben und zusammen über kleinere Probleme lachen, das gelingt uns nicht mehr.«

Davis (sechs Jahre verheiratet, zwei Kinder): »Der Moment war gekommen: Ich war endlich Vater. Und ich war in keinster Weise emotional darauf vorbereitet, was das für mich bedeuten sollte. Hätte ich damals nur gewusst, dass letztendlich alles irgendwann wieder besser als ›es geht einigermaßen‹ werden würde!«

In den ersten Jahren einer Beziehung produziert das Gehirn in erster Linie Dopamin, das Hormon der leidenschaftlichen Liebe, das Kuschelhormon. Studien am Gehirn haben ergeben, dass nach durchschnittlich zwei bis drei Jahren Schaltkreise im Gehirn aktiv werden, die für das kritische Urteilen zuständig sind. Die Kinder kommen meistens zu einem Zeitpunkt, an dem die bedingungslose Verliebtheit einer kritischen, fordernden Liebe gewichen ist. Durch die Geburt von Kindern wird man mit neuen Aufgaben und einer Verantwortung konfrontiert, auf die man nicht vorbereitet ist. Dazu kommt, dass ein Baby einen meistens auch noch um den Schlaf bringt. Damals wurde ich oft an eine Aussage erinnert, die ich einmal irgendwo gehört oder gelesen hatte: Nichts trägt stärker zu einer glücklichen Ehe bei als eine gute Nachtruhe. Die Auswirkungen von Schlafmangel sind denn auch vergleichbar mit einem schweren Kater: Man bekommt schlechte Laune, ist empfindlicher, man kann sogar anfälliger für eine ausgewachsene Depression werden. Jeder der beiden Partner hat zudem oft unausgesprochene Vorstellungen davon, wie mit den neuen Anforderungen umzugehen ist. Wenn diese Vorstellungen nicht übereinstimmen, kommt es unvermeidlich zu Streitigkeiten. Wie bei Jane und Theo, deren erstes Kind, Emily, vor acht Wochen geboren wurde:

»Stimmt irgendetwas nicht, Theo?«
»Warum sollte es?«
»Ich spüre, wie du dich immer mehr von hier entfernst. Von uns.«
»Das ist mir neu. Ich bin schließlich jeden Abend hier.«
»Aber irgendetwas bedrückt dich.«
»Dich doch auch.«
»Wie meinst du das?«

»Du bist mit den Gedanken häufig woanders«, sagte er.
»Das nennt man Beruf und Familie miteinander vereinbaren.«
»Genau das tue ich auch.«
»Aber nicht in dem Ausmaß wie ich.«
»O bitte, wir wollen uns doch jetzt nicht ernsthaft darüber streiten, wer von uns mehr arbeitet?«
»Na ja, in den ersten beiden Monaten nach Emilys Geburt hast du mich völlig alleingelassen.«
»Das stimmt nicht. Ich habe nur woanders übernachtet, weil wir uns darauf geeinigt hatten, dass ich als Berufstätiger …«
»Wir hatten uns auf gar nichts geeinigt. Du hast einfach beschlossen, zu gehen, und ich war so dumm, dir das durchgehen zu lassen.«
»Wenn dich das so gestört hat, hättest du mir das damals sagen müssen.«
(Douglas Kennedy, 2010)

Es kommt nicht von ungefähr, dass das Risiko einer Ehescheidung in dieser Phase einer Beziehung am höchsten ist. Die Zahlen sprechen für sich. Im Jahr 2010 liegt das durchschnittliche Alter, in dem Frauen heiraten, bei 33 Jahren, bei Männern liegt es bei 36 Jahren. Beide Geschlechter erreichen acht Jahre später das Alter, in dem es statistisch gesehen zu den meisten Ehescheidungen kommt (Frauen sind dann 41, Männer 44). Das riskanteste Jahr ist das fünfte Ehejahr: sechs Prozent aller Ehen werden danach geschieden. Es ist offenkundig, dass Ehescheidungen am häufigsten vorkommen, wenn Paare noch kleine, schulpflichtige Kinder haben.

Bei der Hochzeit denkt man noch, dass das Glück nun auf einen wartet und dass die Geburt der Kinder die Vollendung dieses Glücks sein wird. Es gibt mit Sicherheit Paare, für die dieses Märchen wahr wird. Verlassen Sie sich aber lieber nicht allzu sehr darauf, dass das auch für Sie gilt. Wenn Sie die Messlatte Ihrer Erwartungen zu hoch ansetzen, sind Sie nicht so gut auf Ihre Zukunft vorbereitet und werden schneller enttäuscht sein. Es ist sehr wahrscheinlich, dass Sie diese Enttäuschung vor allem an der Person abreagieren, von der Sie in dieser Zeit am meisten Unterstützung erwartet hatten: Ihrem

Partner. Verlassen Sie sich schon gar nicht darauf, dass Kinder Ihr Glück vergrößern werden. Studien haben ergeben, dass sie das Glück eher etwas dämpfen. Es hat sich gezeigt, dass Eltern die Erziehung und das Sorgen für ihre Kinder genauso viel Spaß machen wie Hausarbeiten wie Staubsaugen und Abwaschen. Wenig also. Kinder sorgen jedoch »zum Glück« schon dafür, dass man sein Leben als sinn- oder wertvoll erachtet. Und vermutlich stimmt es auch, dass sie einem erst Glück verschaffen, wenn die Aufgabe vollbracht ist und die Kinder aus dem Haus sind. Darüber hinaus ist es erwiesen, dass Kinder, die sich um ihre pflegebedürftigen Eltern gekümmert haben, sich im Nachhinein – nach dem Tod der Eltern – glücklicher fühlen als andere. Forscher haben beobachtet, dass sich diese Menschen danach sehr zufrieden fühlen, sie erhalten sozusagen eine nachträgliche Belohnung für ihre Mühe. »Ich bin froh, dass ich das tun konnte und durfte.« Möglicherweise gilt das auch für die Erziehung Ihrer Kinder, und Sie erhalten die große Belohnung erst, wenn Sie Ihre Enkelkinder in die Arme schließen dürfen.

Schwierige Zeiten sind der Prüfstein einer jeden Beziehung. In diesen Momenten wird deutlich, wie sehr man einander liebt, aber sie zeigen noch viel mehr, wie viel man von der Liebe und voneinander erwartet. Alle Ursachen für konträre Erwartungen und die sich daraus ergebenden Enttäuschungen und Beziehungskonflikte, die in diesem und den vorhergehenden Kapiteln zur Sprache kamen, lassen sich letztlich auf die EINE große Erwartung zurückführen: Was erwartet man von der Liebe? Diesem Thema widmet sich das folgende Kapitel.

5

Und von da an lebten sie glücklich und zufrieden?

»Märchen haben uns vergiftet.«
– Anaïs Nin (1903–1977)

Träume von der einen großen Liebe

Erinnern Sie sich noch daran, welche Auffassung Sie in Ihrer frühen Jugend von der Liebe hatten? Wissen Sie noch, welche Erwartungen Sie an die Liebe hatten, welche Sehnsüchte Sie hatten? Glaubten Sie an die eine große Liebe? Glaubten Sie, dass die Liebe Ihnen das große Glück bringen würde? Glaubten Sie auch, dass sie nie enden würde? Und haben Sie sich jemals die Frage gestellt, inwieweit diese frühe Vorstellung von Liebe Ihre spätere Partnerwahl beeinflusst hat? Ich werde mit gutem Beispiel vorangehen und versuchen, diese Fragen selbst zu beantworten. Ich hoffe, dass Sie das motiviert, das Gleiche zu tun.

Ich bin das fünfte Kind aus einer Familie mit zwölf Kindern, neun Jungen und drei Mädchen. Genau so, wie Freud es auch wollte oder beschrieben hat, war ich als Kind sehr verliebt in meine Mutter. Im Grundschulalter tat ich alles dafür, um die Liebe meiner Mutter zu gewinnen. Wenn es um Liebe geht, will das Kind, wie Freud es ausgedrückt hat: *Ausschließlichkeit*. Jedes Kind möchte das Einzige sein, die Nummer eins. Auch diesem freudschen »Gesetz« leistete ich

Gehorsam. In einer Familie mit zwölf Kindern ist das jedoch eine nahezu unmögliche Aufgabe, vor allem, wenn nach einem selbst immer neue Brüder und Schwestern geboren werden, die viel Liebe und Aufmerksamkeit beanspruchen.

So klein ich auch war, mir war durchaus bewusst, dass mein ältester Bruder der ganze Stolz meiner Mutter war. Wie in sehr vielen großen katholischen Familien der damaligen Zeit war mein Bruder dazu »berufen«, Priester zu werden. Er besuchte das bischöfliche Knabenseminar, und wenn er alle zwei Monate nach Hause kam, wurde er zu Hause wie ein kleiner Prinz empfangen. Im »besten Zimmer« des großen Hauses, in dem ich aufwuchs, wurde dann eigens für ihn der Tisch gedeckt. Und wenn er nicht zu Hause war, sprach meine Mutter immer sehr liebevoll über ihn. Da ich denselben Platz einnehmen wollte wie mein ältester Bruder, wusste ich, was ich zu tun hatte: Auch ich musste eine Ausbildung zum Priester machen. Und das tat ich schließlich auch. Ich beschloss, Missionar zu werden, so wie mein Onkel, der bei den Papuas in Neuguinea arbeitete und bei seinen kurzen Besuchen in den Niederlanden immer spannende Geschichten über seine Missionarstätigkeit zu erzählen hatte. So ging auch ich im Alter von zwölf in das bischöfliche Knabenseminar.

Als ich jedoch mit vierzehn in die Pubertät kam und die Mädchen »entdeckte«, kam mir meine Berufung abhanden. Ich wusste sofort, dass ich das Opfer des Zölibats nicht würde bringen können. In meiner Fantasie malte ich mir immer wieder aus: »Irgendwo auf der Welt gibt es ein Mädchen, das ganz für mich bestimmt ist. Wenn ich das Internat verlassen habe, muss ich sie nur noch finden.« Wie ich das anstellen sollte, wusste ich damals noch nicht, aber darum wollte ich mich später kümmern. Eines der vielen Unterrichtsfächer im Gymnasium war »Religion«, ein Fach, das in den Niederlanden in den Achtzigerjahren in den meisten Schulen durch das Fach »Weltanschauung« ersetzt werden sollte. In der dritten Klasse erzählte der Religionslehrer uns etwas, das bei mir, durch und durch Romantiker, sofort auf fruchtbaren Boden fiel. Ich erinnere mich noch Wort für Wort daran, was der Priester, der uns unterrichtete, uns wieder und wieder sagte: »Man darf sein Leben als gelungen bezeichnen, wenn es einem gelingt, mindestens einen Menschen in seinem Leben glücklich zu machen.« Ich meine mich zu erinnern, dass er diese Lektion mit dem zweiten Gebot Jesu verknüpfte (»Du sollst deinen Nächsten lieben wie dich selbst«). »Ja, ein Mensch erscheint wenig«, sagte er feurig, »aber das ist schon eine enorme Aufgabe. Man braucht dafür alle Fähigkeiten, die man besitzt. Es ist schwieriger, als Präsident eines großen Landes zu werden.« Ich denke, ich erinnere mich so gut daran, weil ich bei den Worten meines Lehrers sofort an das Mädchen aus meinen Träumen denken musste, über die ich in meiner Zeit als Neo-Teenager täglich fantasierte (obwohl ich sie noch gar nicht kannte). Nichts erschien mir erstrebenswerter als dieses Mädchen meiner Träume glücklich zu machen, und dass das so schwierig sein sollte, das konnte ich mir einfach nicht vorstellen. Es war für mich selbstverständlich, dass meine Prinzessin auch mich glücklich machen würde. Davon träumte ich genauso viel, wenn nicht sogar noch mehr.

Die Idealvorstellung von Liebe und Glück, die ich in meiner frühen Jugend ausformte, hat bis weit in mein Leben als Erwachsener hinein meinen Blick auf Beziehungen und auf die Ehe oder Partnerschaft geprägt. Wenn ich mich verliebte, schwang im Hintergrund immer die Frage mit: »Kann ich sie glücklich machen?« Und auch: »Kann sie mich glücklich machen?« Denn natürlich sollte es auf Gegenseitigkeit beruhen. Von einer festen Beziehung würde man erst sprechen können, so dachte ich, wenn man einander in höhere Sphären erhob. Nur wenn man einander vervollständigte, hätte man die wahre Liebe gefunden. Ich verwendete dies sogar als Maßstab oder Kriterium für mein Urteil über die Qualität meiner eigenen Ehe und der aller anderen festen Beziehungen.

In meiner Jugend war »Crossroads« vom amerikanischen Sänger Don McLean (vor allem bekannt geworden durch die Lieder »American Pie« und »Vincent«) eines meiner Lieblingslieder. Die folgenden Zeilen berührten mich besonders:

Can you find my pain? Can you heal it?
Then lay your hands upon me now

And cast this darkness from my soul
You alone can light my way
You alone can make me whole once again.

Nein, ich war nicht depressiv, aber solche Texte fassten meinen Traum und meine Idealvorstellung perfekt in Worte. Vor allem die Schlusssätze »Nur du kannst meinen (Lebens-)Weg erhellen« und »Nur du kannst mich wieder ganz machen« berührten mich jedes Mal aufs Neue. Und ich gebe zu, dass sie mich auch heute noch berühren. Ich dachte damals nicht nur, dass die Liebe das Wichtigste im Leben ist (das denke ich immer noch), sondern auch, dass Liebe ausreicht. Ich glaubte an den Mythos, dass Liebe genug sei, um eine gute Beziehung zu führen und glücklich zu sein; ich glaubte, dass man sich dann auch nie streiten würde, und vor allem, dass Liebe etwas Dauerhaftes sei. Ich wusste zwar, dass Verliebtheit vorübergeht, aber ich war davon überzeugt, dass sie fast von allein der Liebe weichen würde. Wenn ich die große Liebe einmal gefunden hätte, dann würde der Rest wie von selbst laufen.

Così fan tutte

Ich gebe es offen zu, ich schäme mich dafür, dass ich in Liebesdingen so naiv war. Aber seien Sie ehrlich: *Così fan tutte?* Oder: Sind wir das nicht alle? Ist diese Idealvorstellung nicht bei uns allen schon seit frühster Jugend fest verankert? Durch die Filme und Fernsehserien, die wir schauen, die Romane, die wir lesen, die Dating-Shows, die wir im Fernsehen sehen, die Ideale, die uns in Zeitschriften präsentiert werden. Der englische Schriftsteller D. H. Lawrence hat das in *Lady Chatterley's lover* (1928), einem der bekanntesten Liebesromane des vorigen Jahrhunderts, sehr treffend in einem einzigen Satz ausgedrückt: Die Hauptperson sagt darin: *»For me it's the core of my life, if I have a right relationship with a woman.«* Also: »Eine gute Beziehung reicht nicht, sondern es geht darum, die eine wahre Liebe zu finden; das ist die Essenz oder der Kern des Lebens.«

Die romantische Idealvorstellung oder die Idee, an die ich früher so fest glaubte, ist auch heutzutage noch weitverbreitet. So ergab eine Umfrage des renommierten Markt- und Meinungsforschungsinstituts Gallup aus dem Jahr 2001, dass von 1.003 amerikanischen Junggesellen im Alter zwischen 20 und 29 Jahren gut 94 Prozent glaubten: »Wenn man heiratet, möchte man, dass der Partner ein Seelenverwandter ist« (William Henry Pritchett, 2005). Und neunzig Prozent dachten außerdem, genau wie ich früher, dass »jemand Besonderes, ein Seelenverwandter, irgendwo auf einen wartet«. Die Mehrheit war zuversichtlich gestimmt, »die wahre Liebe« irgendwann auch zu finden.

Die Umfrage wurde in den USA durchgeführt, aber denken wir hierzulande heute noch genauso? Ja! Anfang 2010 führte die Psychologiezeitschrift *Mind* eine Umfrage unter 537 Niederländern durch. Daraus ergab sich, dass Niederländer nicht viel nüchterner sind als Amerikaner (Deirdre Enthoven, 2010). Denn siebzig Prozent der Niederländer glauben an die wahre Liebe. Das sind zwar zwanzig Prozent weniger als in der amerikanischen Umfrage, aber das liegt wahrscheinlich daran, dass bei der amerikanischen Umfrage Junggesellen unter dreißig befragt wurden, während die Zeitschrift *Mind* verheiratete Personen zwischen dreißig und fünfzig befragte, die also schon die erforderliche Lebens- und Beziehungserfahrung hatten. Kurz gesagt, auch die Niederländer scheinen unglaubliche Romantiker zu sein. Männer scheinen in Sachen Partnerwahl noch romantischer veranlagt zu sein als Frauen: 83 Prozent der befragten Männer glaubt an die Liebe, aber nur 76 Prozent der Frauen.

Sich schwer entscheiden können

Ist es schlimm, dass wir alle an die eine wahre Liebe glauben, die uns das große Glück bringen wird? Ja und nein. Nein, weil das romantische Ideal uns zu schönen Träumen verhilft und dafür sorgt, dass wir uns vollständig und vorbehaltlos der Verliebtheit hingeben. Gibt es etwas Schöneres im Leben? Ich glaube nicht. Ja, weil das romantische Ideal auch zu großen Enttäuschungen und Verletzungen führen kann (und das geschieht auch tatsächlich, wie ich gleich aufzeigen werde). Die Erwartungen, die man aufgrund seiner Idealvorstellung hegt, sind so groß, dass kein Wesen sie jemals erfüllen könnte. Wenn man so hoch ansetzt, ist es sehr schwierig, jemanden zu finden, der diesen Ansprüchen genügt.

Wahrheit:
Ihre Seelenverwandtschaft wird all ihre ungelösten Konflikte zum Vorschein bringen.

Ich weiß noch genau, dass diese Vorstellung von der einen großen Liebe, der einen Frau, die ich glücklich machen würde und die auch mich glücklich machen würde, mir selbst bei der Wahl einer Partnerin sehr im Weg stand. Obwohl ich mir während meines Psychologiestudiums das notwendige ernüchternde Wissen über Partnerwahl und Liebe angeeignet hatte, hatte sich an meinem romantischen Traum seit der frühen Pubertät nichts geändert. Ich war sehr wählerisch und anspruchsvoll, daran erinnere ich mich noch sehr gut. In meiner Jugend war ich immer auf der Suche nach einem Mädchen, das mindestens so hübsch sein sollte wie meine Schwestern (die bekannt waren für ihre Schönheit; eine von ihnen hat sogar einmal am örtlichen Schönheitswettbewerb teilgenommen und diesen auch prompt gewonnen). Außerdem sollte das Mädchen meiner Träume so liebevoll und fürsorglich sein wie meine Mutter. Dieser Wunschzettel war fatal für jemanden, der selbst nicht gut aussah (ich hatte Sommersprossen, rötliche Haare und Pubertätspickel), schüchtern war, stotterte und beim geringsten Anlass errötete. Und so dauerte es denn auch bis zu meinem 24. Lebensjahr, bis ich zum ersten Mal ein Mädchen kennenlernte, das meine feste Freundin wurde. Ein hübsches und liebes Mädchen. Aber nach sechs Wochen beendete ich die Beziehung. Nach so vielen Jahren schäme ich mich immer noch fürchterlich für den Grund, aus dem ich Schluss machte. Wenn wir uns küssten, roch sie ein bisschen nach Schwefel und das mochte ich nicht. (In meinem Psychologiestudium hatte ich gelernt, dass Geruch und Verliebtheit viel miteinander zu tun haben, aber damals dachte ich, das gelte nur im positiven Sinn.) Als ich ein Jahr später an einer Salbe roch, die einer meiner jüngeren Brüder zur Bekämpfung seiner Akne gekauft hatte, wurde mir klar, dass der unangenehme Geruch meiner ersten Freundin nicht ihr eigener Geruch war, sondern von eben dieser Salbe kam. Ja, ich hatte lächerlich hohe Ansprüche, meine Erwartungen waren viel zu hoch.

Ich darf mich wirklich glücklich schätzen, dass ich letztendlich doch noch eine liebe und hübsche Frau gefunden habe. Ich bin wahrscheinlich ein Extrembeispiel dafür, wie das romantische Ideal uns bei der Suche nach einem Partner im Weg stehen kann. Aber in etwas geringerem Ausmaß leiden wir fast alle darunter. Und beinahe niemandem bleibt es erspart, dass man eben wegen dieser Idealvorstellung sich selbst und anderen beim Suchen und Finden eines Partners viele Schmerzen zufügt oder man dabei selbst oft verletzt wird. Wahrscheinlich tragen auch Sie aus diesem Grund schon die unvermeidlichen Narben auf Ihrer Seele.

Ich kann nicht mit dem Mann mithalten, den sie aus mir machen möchte.

Letzte Woche fand ich in einem meiner Romane einen Zettel meiner sechzehnjährigen Tochter. Als ich ihr den Zettel zurückgab, sagte sie von sich aus: »Oh ja, ich habe das Buch für die Schule gelesen. Es ist kein Problem, wenn du den Zettel gelesen hast, die Sache ist schon ein halbes Jahr her.« Lachend fügte sie hinzu: »Wenn du möchtest, kannst du das sogar für die deutsche Ausgabe deines Beziehungsbuchs verwenden.« In unleserlicher Schrift hatte sie auf den Zettel die Plus- und Minuspunkte eines Jungen gekritzelt, in den sie verliebt war. Bei den Pluspunkten war sie zu folgender Aufzählung gekommen:

> Er ist lieb und weiß genau, was er sagen muss.
> Er ist ehrlich und zuverlässig.
> Er schikaniert niemanden, sucht keinen Streit und macht bei Schlägereien nicht mit.

Er hat das schönste Lachen der Welt.
Er ist fröhlich und überhaupt nicht launisch.
Seine Eltern mögen ihn.
Gut in langen Beziehungen
Ich fühle mich wohl bei ihm.
Er ist witzig und verrückt.
Kein Macho und nicht aufdringlich

Die Liste mit den Minuspunkten war viel kürzer:

Er raucht ab und zu.
Ungeschickt und verlegen
Möchte manchmal zu gerne dazugehören
Weiß manchmal nicht, was er will
Hat zu wenig Zeit für Verabredungen
Kann nicht küssen

Die Beziehung dauerte vier Monate. Dann ließ meine Tochter den Jungen fallen. In der Liebe können Menschen einander genauso sehr verletzen wie im Krieg. Was meine Tochter getan hatte, rief bei mir schmerzhafte Erinnerungen und große Beschämung hervor. Im Alter von 31 habe auch ich eine solche Liste erstellt. Es ging um eine Frau, mit der ich damals seit drei Jahren zusammen war. Ich machte die Liste, weil mir Zweifel gekommen waren. Die Pluspunkte nahmen zwei Seiten in Anspruch, Minuspunkte wollten mir auch nach drei Jahren noch nicht viele einfallen. Dennoch habe ich die Beziehung schließlich beendet. Die Gründe konnte ich meiner Freundin damals nicht wirklich erklären (wodurch die Trennung für sie noch viel schmerzhafter wurde). Heute, so viele Jahre später, wird mir erst klar, warum ich damals so gehandelt habe: Ich stellte vollkommen unrealistische Forderungen an sie. Ich hatte zum Teil sogar Forderungen an sie, die gegensätzlich waren, zum Beispiel: Sie sollte geheimnisvoll und aufregend sein, gleichzeitig aber ein offenes Buch (was sie in hohem Maße war). Kurzum, ich legte die Messlatte der romantischen Idealvorstellung viel zu hoch an.

Ist Ihnen das auch schon passiert, haben Sie Ihrem zukünftigen Partner auch schon das Unmögliche abverlangt? Oder machen Sie sich dessen vielleicht immer noch schuldig? (Ein Beziehungstherapeut hat einmal gesagt, dass der wichtigste Grund, aus dem Menschen sich scheiden lassen, darin liegt, dass die Partner nicht akzeptieren wollen, dass der andere ein Mensch ist und folglich Fehler und Unzulänglichkeiten hat.) Haben Sie selbst auch schon einmal einen unrealistischen Wunschzettel geschrieben? Vielleicht kommt Ihnen der Wunschzettel der jungen niederländischen Schriftstellerin Renske de Greef (2007) bekannt vor: »Er muss groß sein, aber nicht schlaksig, gut aussehen, aber nicht à la Ken (die männliche Barbiepuppe, HB), fröhlich sein, aber nicht überdreht, intelligent, aber nicht abgehoben, komisch, aber kein Klassenclown, selbstständig, aber kein Einzelgänger, und außerdem sensibel und sozial, aber auf keinen Fall zu sehr. Das wär's so ungefähr.« (Kurz darauf ergänzt sie noch offenherzig: »Wir [Frauen] wollen alles und geben uns nicht mit weniger zufrieden. Unser Mann muss unseren Anforderungen entsprechen. Und falls nötig, schleifen wir noch etwas nach. Wir sind raffiniert, gewieft und hinterhältig. Wir machen uns die Welt so, wie wir sie haben wollen.«)

Wie dem auch sei, jeder hat einen »Wunschzettel«, wenn er auf Partnersuche ist. Vielen ist jedoch nicht bewusst, dass man anhand einer einfachen statistischen Berechnung vorhersagen kann, dass die Wahrscheinlichkeit sehr klein ist, jemanden zu finden, der all diesen Wünschen entspricht. Im folgenden Abschnitt erfahren Sie, wie klein diese Wahrscheinlichkeit ist.

Warum wir nur selten den idealen Partner finden

Was halten Sie vom idealen Mann, wie ihn die 34-jährige Schauspielerin Carice van Houten beschreibt: »Humor steht an erster Stelle«, zählt sie auf. »Er muss auch selbstsicher sein, darf aber nicht arrogant sein. Und er muss musikalisch sein. Am liebsten sollte er Klavier oder Gitarre spielen. Und er sollte ein Auto haben, am besten einen Oldtimer. Er muss gut riechen, das ist auch nicht unwichtig. Und sein Äußeres? Leuchtende Augen und einen schönen Mund« (Zagt, 2010).

Angenommen, Sie hätten denselben Wunschzettel wie Carice van Houten und würden über eine Kontaktanzeige einen Partner suchen:

»Gut aussehende Frau (34 Jahre) mit Kinderwunsch sucht musikalischen, gut riechenden, selbstbewussten – aber nicht arroganten – Mann mit leuchtenden Augen und schönem Mund, Besitzer eines Oldtimers. Sinn für Humor ist ein absolutes Muss.«

Nehmen wir außerdem an, dass jede der genannten sieben Eigenschaften bei lediglich zehn Prozent der männlichen Bevölkerung vorkommt und dass die genannten Eigenschaften darüber hinaus nicht miteinander in Verbindung stehen, sondern unabhängig voneinander auftreten. Wenn wir dann noch davon ausgehen, dass zehn Millionen Männer im Alter zwischen 30 und 50 Ihre Kontaktanzeige lesen und dass all diese Männer in der Lage wären, selbst zu beurteilen, ob sie einen schönen Mund und leuchtende Augen haben, selbstbewusst sind und gut riechen (ich weiß, dass das unmöglich ist, aber das ist unerheblich für unser Experiment): Wie viele von ihnen würden dem Profil entsprechen und dürften sich melden?

Lassen Sie uns das zusammen durchrechnen. Von den zehn Millionen Männern ist nur eine Million musikalisch. Von dieser einen Million erfüllen nur 100.000 auch das zweite Kriterium, und nur 10.000 davon sind selbstbewusst, ohne arrogant zu sein. Nach weiteren vier solcher »Auswahlrunden« (leuchtende Augen, schöner Mund, Oldtimer, Humor) bleibt nur noch ein Mann übrig. Aber die Voraussetzung dafür, dass dieser Traummann sich auf die Anzeige meldet, ist natürlich, dass er auch noch frei sein muss. Darüber hinaus muss Ihr Profil wiederum den Vorstellungen entsprechen, die er von seiner Traumfrau hat. Wenn dieser eine verbliebene Mann beispielsweise keinen Kinderwunsch hat, dann werden Sie nicht eine einzige Antwort auf Ihre Anzeige erhalten. (Und wenn Sie, wie Carice, auf die eine oder andere Art sehr erfolgreich wären und das beim ersten Rendezvous erzählen würden, dann wäre die Wahrscheinlichkeit sehr hoch, dass dieser ideale Mann Sie sofort abschreiben würde. Denn Männer mögen erfolgreiche Frauen nicht besonders. Ein klarer Beweis für diese Tatsache ist, dass von den Schauspielerinnen, die in den vergangenen zwölf Jahren den Oscar für die beste Hauptdarstellerin bekamen, ganze elf innerhalb weniger Monate nach der Verleihung dieser Auszeichnung das Ende ihrer Beziehung bekannt geben mussten.)

Ich denke, es ist nun klar geworden, warum so wenige Menschen die Frau oder den Mann finden, die vollkommen ihren Idealvorstellungen entsprechen. Wenn Sie, wie die Mehrheit der Bevölkerung, einen Partner haben, der nicht alle Eigenschaften Ihres Wunschprofils aufweist, dann tröstet es Sie vielleicht, dass die meisten der Eigenschaften, die Menschen in ihren Kontaktanzeigen aufzählen, geringen oder überhaupt keinen Einfluss auf die Erfülltheit oder den Erfolg einer Beziehung haben. Es wurde beispielsweise nie nachgewiesen, dass Eigenschaften wie Humor, Selbstsicherheit, Musikalität oder die Farbe der Haare oder Augen mit dem Eheglück in Verbindung stehen. Auch gutes Aussehen und guter Charakter … haben keine Auswirkungen.

Beziehungen in früheren Zeiten

Den meisten Menschen gelingt es, so wie auch mir, trotz der romantischen Idealvorstellung schließlich doch, einen Partner zu finden. Fast alle machen dazu bei ihren Wünschen einige Abstriche. Sie begreifen früher oder später, dass sie selbst auch nicht Brad Pitt oder Angelina Jolie sind und dass sie sich darum nicht all das wünschen können, was sie gerne hätten. (Bei den meisten kommt diese Einsicht etwas früher als bei mir.) Aber obwohl wir alle unsere Wünsche etwas anpassen, bleibt die romantische Idealvorstellung von großem Einfluss, auch wenn wir längst verheiratet sind oder zusammenwohnen. Oder besser gesagt: gerade dann. Denn in der Zeit, in der wir verliebt sind, ist die erträumte Romantik oft noch vorhanden, aber später, wenn die Verliebtheit nachlässt, meldet sich das alte Ideal wieder zu Wort und mischt in der Beziehung kräftig mit.

Ich möchte verdeutlichen, wie und warum das geschieht. Zu diesem Zweck nehme ich Sie mit in frühere Zeiten, in die Zeit, als es die romantische Idealvorstellung noch nicht gab. Wie so häufig lässt sich auch in diesem Fall die Gegenwart besser verstehen, wenn man zunächst in die Vergangenheit blickt. Ich beginne mit der weit zurückliegenden Vergangenheit, viele Jahrhunderte vor unserer Zeit. Um etwas genauer zu sein: Ich begebe mich dazu an einen exotischen Ort unserer Welt, an dem sich das Leben heute noch so abspielt wie vor langer Zeit bei uns.

In ihrem Buch *Das Ja-Wort* (2010) beschreibt die Autorin Elizabeth Gilbert, die durch den Bestseller *Eat Pray Love* Berühmtheit erlangte, eine Begegnung mit Frauen aus einem Dorf in Nordvietnam, die zum Volk der Hmong gehören. Die Hmong sind eine kleine ethnische Gruppe, die im Hochgebirge auf der Grenze zwischen Nordvietnam und China lebt. Als sie von einem jungen Mädchen der Hmong, die ihr als Reiseführerin zur Seite steht, zu einem kleinen Haus mit nur einem Zimmer geführt wird, erzählt diese ihr, dass hier ihre ganze (aus zwölf Personen bestehende) Familie wohnt und dass sie alle nebeneinander auf dem Boden schlafen. Das Mädchen erzählt ihr außerdem, dass es in der ganzen Wohnung nur einen einzigen Privatraum gibt, der nicht viel größer ist als eine Abstellkammer. Später liest Gilbert in einem Buch, dass dieses Zimmer auch der Ort ist, an dem frisch vermählte Ehepaare der Familie die ersten Monate ihrer Ehe verbringen dürfen. Hier machen sie zusammen die ersten sexuellen Erfahrungen. Nach den ersten Monaten gesellt sich das junge Ehepaar wieder zur Familie, und für den Rest ihres Lebens schlafen sie neben den anderen auf dem Boden. Gilbert erfährt außerdem, dass Männer und Frauen in der Gesellschaft der Hmong nur sehr wenig Zeit miteinander verbringen, auch wenn sie verheiratet sind. Nach den Erzählungen der Hmong-Frauen, mit denen sie spricht, skizziert sie das Eheleben der Hmong in einigen Sätzen.

> Gewiss, man hat einen Gatten. Und natürlich schläft man auch mit ihm. Seine Besitztümer teilt man ebenfalls. Und Liebe kann es durchaus geben. Doch abgesehen davon ist das Leben der Männer und Frauen

gemäß ihren geschlechtsspezifischen Aufgaben ziemlich strikt in klar aufgeteilte Bereiche getrennt. Männer arbeiten und verbringen ihre Freizeit mit anderen Männern, Frauen arbeiten und genießen den geselligen Umgang mit anderen Frauen. Typisches Beispiel: An jenem Tag traf ich in der Nähe von Mais Haus nicht einen einzigen Mann an. Was immer die Männer trieben (Feldarbeit, Trinken, Palavern, Spielen), sie taten es irgendwo anders, für sich und abseits des Universums der Frauen.

Als Hmong-Frau erwartet man daher nicht unbedingt, dass der Ehemann auch bester Freund, engster Vertrauter, psychologischer Ratgeber, intellektuell ebenbürtig und in schweren Zeiten Halt und Trost ist. Vielmehr erhalten Hmong-Frauen reichlich emotionalen Beistand von anderen Frauen – von Schwestern, Tanten, Müttern, Großmüttern.

Den größten Teil unserer Geschichte haben wir Menschen so gelebt wie die Hmong. Bis vor etwa 150 Jahren war das in der westlichen Welt nicht anders. Die US-amerikanische Historikerin Nancy F. Cott (1977) studierte Zeitungen, Tagebücher und Briefe der aufstrebenden Mittelklasse des 19. Jahrhunderts. Sie entdeckte, dass eine Ehe eine kulturelle Einheit darstellt, die aber in sich gespalten ist. Der Mann musste mit anderen Männern in den harten Konkurrenzkampf um Arbeit, Status und Geld eintreten. Die Frau musste sich mit Mutterschaft und Wohltätigkeit oder anderen emotionalen, »palliativen« Beschäftigungen im Dienste der Gesellschaft zufriedengeben. Die tiefste Vertrautheit erfuhren beide nicht mit ihrem Partner, sondern mit ihren Geschlechtsgenossen. Das ist auch noch deutlich zu erkennen, wenn man seinen Urlaub in einem südeuropäischen Land wie Griechenland verbringt. Männer und Frauen scheinen dort immer noch in unterschiedlichen Welten zu leben. Wenn man abends durch Straßen oder Parks läuft, sieht man Männer und Frauen in getrennten Grüppchen beieinandersitzen. Während bei uns Mann und Frau abends zusammen im Wohnzimmer sitzen, meistens vor dem Fernseher, scheinen die Welten von Männern und Frauen dort noch überwiegend getrennt zu sein.

In der Wochenzeitschrift *Vrij Nederland* beschrieb Stephan Sanders (2010) in seiner Kolumne, wie sehr die Welten verheirateter Männer und Frauen im heutigen Surinam immer noch getrennt sind und warum eine solche Trennung auch für unsere westlichen Ehen eine gute Idee sein könnte. Er beginnt seine Kolumne mit dem unbehaglichen Gefühl, das ihn überkommt, wenn sein homosexueller Partner während des Urlaubs rund um die Uhr zu Hause ist:

> Es ist doch irgendwie ungewohnt, wenn man morgens so lange in der Küche rumhängt. »Musst du denn nicht los?«, möchte ich die ganze Zeit sagen, aber das muss er ja nicht. Auch bei einer langen, dauerhaften Liebe wie der unseren ist es doch komisch, wenn man so viel Zeit miteinander verbringt. Dann erst wird einem bewusst, dass unser niederländischer Alltag daraus besteht, zusammenzuwohnen, aber getrennt zu sein, und zwar den weitaus größten Teil des Tages. In Surinam hat man eine dauerhafte Lösung für dieses Problem gefunden. Meine Schwiegereltern sind beide in Rente, sie könnten einander folglich den lieben langen Tag schweigend gegenübersitzen, aber so läuft es nicht. Der Mann geht aus dem Haus, auch wenn er nicht mehr arbeitet, denn der Mann geht in den Wald. Was er da macht? Das ist nicht ganz klar, ich glaube, der Mann geht mit Freunden auf die Jagd, und manchmal bringen sie aus Versehen auch etwas Wild mit nach Hause, aber der Clou ist, dass der Mann geht und der Frau das Haus überlässt (und ihre Freiheit).

In früheren Zeiten, als der Mangel alltäglich und die Armut eine ständige Bedrohung war, heirateten Menschen, um überleben zu können, um den Fortbestand der Familie zu sichern und Kinder zu bekommen. Menschen heirateten nicht, weil sie einander liebten, diesen Luxus konnten sie sich schlichtweg nicht leisten. So wurden Ehen auch in der Regel von den Eltern arrangiert. Ihre »Wahl« basierte auf praktischen Gesichtspunkten wie Reichtum, Macht oder Grundbesitz, den der zukünftige Partner mit in die Familie bringen konnte. Die Ehe war eine strategische Allianz mit anderen Menschen: Indem man Fremde zu Verwandten machte, konnte man Mittel oder Besitztümer in der Familie halten. So kam es auch, dass man immer einen Partner heiratete, der derselben gesellschaftlichen Klasse angehörte wie man selbst. Für die Liebe war in diesen Angelegenheiten kein Platz. Erst recht nicht, da man bis ins neunzehnte Jahrhundert hinein davon ausging, dass Männer und Frauen unterschiedliche Wesen seien; es wurde gar nicht in Betracht gezogen, dass die beiden Geschlechter sich verstehen könnten.

Arrangierte Eheschließungen in nicht westlichen Ländern

All dies scheint weit hinter uns zu liegen. Dennoch wird die Hälfte aller Ehen auf unserem Planeten noch immer durch die Eltern und die Familie arrangiert. Viele Ausländer, die in der Türkei, in Marokko, Indien oder einem anderen nicht westlichen Land aufgewachsen und in die Niederlande oder nach Deutschland eingewandert sind, kennen dies aus ihrer Jugend. Wie die ehemalige niederländische Justizstaatssekretärin Nebahat Albayrak:

> »Aber die Liebe, ja, das ist immer noch ein Thema, über das ich mit meinen Eltern nur schwer sprechen kann. Sie gehören einer Generation an, für die wahre Liebe zwischen Mann und Frau fast nicht existierte. Alles war rational geprägt: mit wenig zurechtkommen, für die Zukunft der Kinder arbeiten. Dass Liebe der Mittelpunkt des Lebens sein soll, etwas, wofür man alles opfern würde, das ist ihnen unbegreiflich.« (Arjan Visser, 2006)

Wie steht es um die Qualität dieser arrangierten Beziehungen? Die soeben zitierte ehemalige Staatssekretärin Nebahat Albayrak wäre wahrscheinlich sehr erstaunt – und Sie sind es womöglich auch –, wenn sie erfahren würde, dass arrangierte Ehen oft nicht unglücklicher sind als Ehen, bei denen gegenseitige Liebe der wichtigste Grund ist, eine feste Beziehung einzugehen. So hat eine indische Studie der Psychologen Gupta und Singh (1982) ergeben, dass arrangierte Ehen zwar oft auf kleinerer Flamme beginnen, dass sie aber bereits nach fünf Jahren die westlichen, aus Liebe geschlossenen Ehen in puncto Zufriedenheit und Liebe überholen. Nach weiteren fünf Jahren war die Liebe im Durchschnitt sogar doppelt so innig.

Meine Friseuse, eine 50-jährige Frau marokkanischer Herkunft, hat mir einmal erzählt, dass ihr Vater sie als junges Mädchen verheiraten wollte, sie sich aber erfolgreich dagegen gewehrt habe. Ihre ältere Schwester hatte, so berichtete sie mir, dem Druck ihres Vaters nachgegeben. Als ich neulich bei ihr war, fragte ich sie daher: »Stell dir vor, du hättest damals auf deinen Vater gehört, so wie deine Schwester. Wärst du in deiner Ehe dann glücklicher oder unglücklicher gewesen?« Sie musste nicht lange über die Antwort nachdenken: »Viel glücklicher! Da bin ich mir sicher. Es ist noch gar nicht so lange her, da war ich kurz davor, mich scheiden zu lassen. Ich war zwanzig, als ich meinen Mann kennenlernte. Aber was wusste ich denn damals vom Leben? Mein Vater war natürlich älter als ich und hatte viel mehr Lebenserfahrung und Menschenkenntnis. Er kannte meinen Charakter und auch den Charakter des Mannes, den ich nach seinem Willen hätte heiraten sollen. Er hatte ein besseres Gefühl dafür, zu wem ich passen könnte, als ich selbst. Aber ja, davon wollte ich damals natürlich nichts wissen. Ich war verliebt und ich wollte meinen eigenen Willen durchsetzen. Im Nachhinein hätte ich das lieber nicht tun sollen.«

Die romantische Idealvorstellung und die Partnerschaft

Heutzutage ist es in weiten Teilen der Welt üblich, aus Liebe zu heiraten. Märchen enden oft mit der Hochzeit, worauf anschließend der Schlusssatz folgt: »Und sie lebten glücklich und zufrieden bis an ihr Lebensende.« Aber stimmt das denn? Oder ist dieses Glück nur der Ehe im Märchen vorbehalten? Kurzum, was passiert nach der Hochzeit mit der Liebe und dem Glück? Beeinflusst die romantische Idealvorstellung unseren Blick auf die Beziehung und das Eheglück, genau wie bei der Partnerwahl? Um diese Frage beantworten zu können, muss ich zunächst erläutern, was diese romantische Idealvorstellung im Einzelnen beinhaltet.

Die Essenz der romantischen Idealvorstellung habe ich bereits dargelegt: die eine große Liebe, die uns glücklich macht. Aber ich habe nicht dazu gesagt, was ein Paar tun muss, um dieses Glück zu erlangen. Es ist wichtig, sich hierüber Gedanken zu machen, denn die Erwartungen, die wir an eine Beziehung haben, hängen eng damit zu zusammen. Nun, dies ist das Credo der romantischen Idealvorstellung (Wijnberg, 2010):

- Die Partner akzeptieren einander nicht nur vorbehaltlos und vollständig so, wie sie sind, sondern sie bewundern einander auch. Kurzum, sie sind der Meinung, dass sie es gut miteinander getroffen haben.
- Die Partner sind gleich gesinnt. Sie haben zwar zwei Seelen, aber einen Gedanken, ein Gefühl, eine Sehnsucht.
- Die Partner verspüren ein unstillbares Bedürfnis, physisch, emotional und geistig alles miteinander zu teilen.
- Überdies haben sie das Gefühl, dass nur die Anwesenheit des anderen sie mit Glück erfüllt. Zusammen sein ist alles, was sie brauchen. Die Arbeit und andere Verpflichtungen des Lebens sind eigentlich nur notwendige Übel und nichts mehr als nebensächlich.

In seinem Krimi *Onmacht* (Ohnmacht) (2010) fasst der Schriftsteller Charles den Tex dieses Glaubensbekenntnis treffend in einem Satz zusammen: »Darin bestand ihr Ideal: die Vervollkommnung des Lebens durch die Verschmelzung mit einem anderen Menschen.«

Nun denken Sie bestimmt: »Nein, so naiv bin ich doch nicht! So eine Vorstellung von Liebe, das ist etwas für Träumer.« Und doch lassen sich die meisten Enttäuschungen in einer Beziehung auf dieses Ideal zurückführen. Höchstwahrscheinlich gilt das auch für die Enttäuschungen, die Sie in Ihrer Beziehung erleben (oder die Sie möglicherweise in der Zukunft noch erleben werden). Die Erwartungen sind jedoch oft so gut im täglichen Leben »verborgen«, dass Sie nicht einmal merken, dass Ihre Enttäuschung letztendlich auf die romantische Idealvorstellung zurückzuführen ist.

Ich möchte ein Beispiel für eine solche Situation nennen: Heute, an dem Tag, an dem ich dieses Kapitel schreibe, ist meine Frau von einer Woche Urlaub zurückgekehrt. Sie war mit zwei Freundinnen in der Toskana wandern. Bei ihrer Ankunft vor acht Stunden begrüßte sie mich herzlich, aber noch keine Minute später hatte ihre Freude schon nachgelassen. Als ich sie fragte, was los sei, sagte sie, sie habe sich einen anderen Empfang vorgestellt. »Unsere Tochter hat heute Morgen die Spülmaschine nicht ausgeräumt, im Wohnzimmer, in der Küche und im Flur liegen überall Bücher- und Zeitschriftenstapel von dir herum, und in der Woche, in der ich weg war, haben die Maler zwar das Haus gestrichen, aber auf der Treppe liegt überall noch Staub, weil ihr nicht gesaugt habt.« Kurzum, meine Frau sprach etwas aus, das Millionen anderer Frauen überall auf der Welt ihren Männern auch sagen (und viele Millionen nach ihnen werden das wahrscheinlich auch noch tun): Sie war enttäuscht. Sie hatte erwartet, dass ich in ihrer Abwesenheit nicht nur den Haushalt erledigen und Ordnung halten würde, sondern dass ich außerdem wie ein moderner Märchenprinz auf dem Pferd alles tun würde. So wie auch sie es für mich getan hätte. Die Enttäuschung entsprang also der romantischen Idealvorstellung. Diese macht sich in unserer Beziehung wieder und wieder bemerkbar. Das Verhalten des Geliebten wird immer anhand dieser Annahme beurteilt: »Der Richtige kennt meine Sehnsüchte, ohne dass ich ihm genau erklären muss, welche das sind. Und weil er der Richtige ist, erfüllt er meine Bedürfnisse und beweist mir so seine Liebe.« Da meine Frau die wesentliche Botschaft dieses Buchs bereits kannte, sagte sie, nachdem sie ihrer Enttäuschung Luft gemacht hatte: »Ich weiß: Es waren unausgesprochene Erwartungen, aber trotzdem … Ja, wenn es um den Haushalt geht, muss ich lernen, weniger von dir zu erwarten. Oder ich muss in Zukunft noch deutlicher sagen, was ich von dir möchte. Aber das ist alles nicht so einfach.« Ich konnte ihr nur recht geben.

Ein weiteres Beispiel: Stellen Sie sich vor, Sie haben eines Abends Lust, mit Ihrem Partner ins Kino zu gehen. Voller Begeisterung machen Sie ihm folgenden Vorschlag: »Hast du vielleicht Lust, heute Abend mit mir ins Kino zu gehen? Und danach gehen wir irgendwo noch ein Glas Wein trinken?« Stellen Sie sich nun außerdem vor, dass Ihr Partner hierauf zurückhaltend reagiert und die Steuerformulare anführt, die er noch ausfüllen muss, oder ein Fußballspiel erwähnt, das heute im Fernsehen übertragen wird. Wären Sie enttäuscht? Wenn Sie diese Frage bejahen, dann liegt das daran, dass Sie von einer bestimmten Annahme ausgingen: zwei Seelen, ein Gedanke. Oder Sie dachten tief in Ihrem Inneren: »Mit mir zusammen ausgehen, meine Anwesenheit, das muss ihn glücklich machen.« Oder Sie dachten: »Was gibt es Schöneres, als etwas miteinander zu teilen? Das ist doch die Essenz einer Beziehung?« Möglicherweise dachten Sie auch: »Als wir einander gerade erst kennengelernt hatten, hast du so gern mit mir angegeben. Warum möchtest du das jetzt nicht mehr?« Eine zurückhaltende Reaktion könnten Sie also als ein Zeichen dafür verstehen, dass Ihr Partner Sie nicht genug liebt: »Die Steuererklärung, die er heute machen will, oder das Fußballspiel, das er nachher im Fernsehen schauen möchte, sind ihm also wichtiger als ich.«

Ein drittes Beispiel: Sie gehen zu einer Hochzeit und haben sich mit Ihrem Äußeren sehr viel Mühe gegeben. Sie fragen Ihren Partner: »Nimmst du mich so mit?« Ihr Partner versteht das wörtlich und sagt: »Aber natürlich, Schatz.« Sie sind enttäuscht, weil Ihr Partner nicht auf Ihre versteckte Botschaft eingegangen ist und Ihnen kein Kompliment gemacht hat.

Das waren lediglich drei Beispiele. Wahrscheinlich haben Sie inzwischen durchschaut, dass alle Beispiele für Enttäuschungen, die ich in den vorhergehenden Kapiteln beschrieben habe, auch auf die romantische Idealvorstellung zurückzuführen sind. Ich möchte Ihnen einige davon in Erinnerung rufen:

- Sie sind traurig und Ihr Mann tröstet Sie nicht. Mehr noch, und schlimmer: Er *sieht* nicht einmal, dass Sie traurig sind.
- Ihre Frau sagt, dass sie traurig ist und wirft Ihnen vor, dass Sie sie nicht getröstet haben.
- Sie legen die saubere Wäsche auf die Treppe und hoffen, dass Ihr Mann sie mitnimmt, wenn er nach oben geht.

- Ihre Frau wirft Ihnen vor, dass Sie die saubere Wäsche auf der Treppe nicht mit nach oben genommen haben.
- Sie haben Lust auf Sex, aber Ihre Frau möchte lieber schlafen.
- Sie möchten schlafen, aber Ihr Mann hat Lust auf Sex.

In all diesen Fällen ist Enttäuschung darüber im Spiel, dass Sie sich nicht vollständig ineinander hineinversetzen können, dass Sie nicht nur zwei Seelen haben, sondern auch zwei Gedankenwelten und dass Sie nicht alles teilen können oder wollen.

Die niederländische Zeitschrift *Psychologie Magazine* führte Mitte 2010 eine Umfrage unter 720 Lesern durch und befragte sie nach störenden Angewohnheiten ihrer Partner. Nach der Lektüre der vorherigen Abschnitte werden Sie über das Ergebnis nicht erstaunt sein. Über ein Viertel der Befragten scheint sich täglich über den Partner zu ärgern, und beinahe einer von zehn Befragten ärgert sich sogar mehrmals am Tag. Frauen geben an, sich am meisten über die Gleichgültigkeit ihres Partners zu ärgern, Männer verabscheuen vor allem aufdringliches Verhalten ihrer Partnerin, so zum Beispiel Kritik, Bevormundung oder Besitzdenken.

Für Männer steht »Nörgeln« an erster Stelle. Zum Thema Nörgeln hat die britische Zeitung *The Daily Mail* eine Umfrage unter 3.000 Menschen durchgeführt. Mit welchem Ergebnis? Frauen jammern ihren Männern gegenüber jedes Jahr im Schnitt 7,92 Minuten lang über die Arbeit im Haushalt (insbesondere darüber, dass diese ihren Teil der Arbeit nicht erledigen), über ihre Gesundheit und die Trinkgewohnheiten des Mannes. Das entspricht zweieinhalb Stunden Nörgeln pro Woche oder aber fünfeinhalb Tagen Nörgeln pro Jahr. Die meisten Männer (83 Prozent) gaben zu, dass ihre Frau oftmals recht hatte. Die Hälfte kam den Wünschen ihrer Frau daher innerhalb einer halben Stunde nach, und 21 Prozent gab sich nach einigen Stunden geschlagen. Von den Frauen gaben 87 Prozent zu, dass sie ihrem Mann das Leben manchmal schon sehr schwer machten.

Paare können Ärgernisse und Irritationen für sich behalten oder diese aussprechen und austragen. Letzteres geschieht regelmäßig. Eine britische Umfrage unter 3.000 verheirateten Paaren hat ergeben, dass diese im Schnitt zweimal pro Woche streiten. Aus diesem Grund sprechen sie jede Woche mehr als zwei Stunden gar nicht oder kaum miteinander. In der Summe ergibt das fast fünf Tage Schmollen pro Jahr. Lediglich die Hälfte aller Paare gibt zu, dass sie für die schlechte Stimmung mitverantwortlich sind, weil sie zu kritisch sind oder überempfindlich reagieren.

Beunruhigende Studien

Die Rolling Stones sangen es bereits 1972:

> I need a love to keep me happy.
> I need a love to keep me happy.
> Baby, baby keep me happy.
> Baby, baby keep me happy.

Menschen heiraten einander, um glücklich zu werden. Aber was wird daraus? Die Psychologinnen Trisha Ashworth und Amy Nobile waren auch neugierig auf diese Antwort und sprachen mit dreihundert verheirateten Frauen. In dem bereits zitierten Buch *I'd Trade My Husband For A Housekeeper* (2009) berichten sie von dieser Untersuchung. Von den dreihundert Frauen sagten 240, dass sie glücklicher sein könnten. Im Schnitt gaben sie ihrer Beziehung – erschrecken Sie nicht – sechs von zehn Punkten. All diese Frauen meinten, die Einzigen zu sein, die so darüber dachten.

Leider ist das Ergebnis dieser Untersuchung keine Ausnahme. Vor dreißig Jahren interviewten zwei andere amerikanische Psychologinnen, Judy Todd und Ariella Friedman – auf der Suche nach dem Geheimnis einer guten Ehe – Paare, die ihre goldene Hochzeit feierten (zitiert in Wilson, 1983). Die meisten Ehemänner und Ehefrauen erzählten, dass sie unglücklich seien und das schon seit Jahren. Nur die Überzeugung, dass eine Ehescheidung falsch sei, so schlecht die Ehe auch sein mochte, hielt sie zurück. Eine weitere, für manche zu hohe Hemmschwelle war die Angst vor Veränderungen.

Das gilt auch für dieses Ehepaar, das der Schriftsteller und Schauspieler Herman Koch in seinem Buch *De ideale schoonzoon* (Der ideale Schwiegersohn) (2010) beschreibt:

> Mark und Ingrid gehören übrigens nicht zu der Kategorie von Ehepaaren, die »wegen der Kinder« zusammenbleiben. Erstens hätten sie sich dann schon viel früher trennen müssen, denn jetzt ist der Schaden (für die Kinder) irreparabel. Aber bei ihnen ist es anders.

Sie sind zusammengeblieben, weil sie nach all den Jahren schlichtweg zu träge sind, für welche Veränderung auch immer. Sie kommen gar nicht erst auf den Gedanken, sie könnten ohneeinander besser dran sein.

Die beiden zuvor genannten Psychologinnen, die auf der Suche nach dem Geheimnis einer guten Ehe waren, gerieten durch die Interviews übrigens selbst aus der Fassung: »Wir waren nach einem derartigen Gespräch oft so traurig, dass wir zwei Tage lang keine Interviews mehr führten.«

Eine kürzlich durchgeführte Umfrage stimmt auch nicht unbedingt optimistischer. Die britische Zeitung *The Daily Mail* befragte im Mai 2010 dreitausend Paare. Sechs von zehn Paaren waren unglücklich mit ihrer Beziehung. Die Umfrage ergab außerdem, dass einer von zehn Befragten kein Vertrauen mehr in seinen Partner hatte. Für ihr Liebesleben vergaben die Paare im Schnitt sechs von zehn Punkten. Ermutigend ist nur, dass sechzig Prozent den eigenen Partner nett finden und genauso viele den eigenen Partner witzig finden. Die unglücklichen Paare klagen vor allen Dingen über den Mangel an Romantik, die zu Anfang der Beziehung noch vorhanden war. Mehr als die Hälfte aller Befragten findet, dass der Partner nicht mehr so liebevoll ist wie zu Beginn der Beziehung, und einer von dreien vermisst spontane Liebesbekundungen, beispielsweise einen Strauß Lieblingsblumen mitzubringen oder den Partner mit einem Wochenendtrip oder einem Essen zu überraschen. Nachstehend finden Sie die zehn häufigsten Klagen in einer Beziehung:

Top Ten der Klagen in einer Beziehung*

1. Mangel an Spontaneität
2. Mangel an Romantik
3. Grauenhaftes Liebesleben

* Quelle: http://www.dailymail.co.uk/news/article-1282851/Six-10-couples-unhappy-relationship.html#ixzz0pc1bXSkP

4. Keine Zeit für Aufmerksamkeiten
5. Mangel an Gesprächszeit
6. Unterschiedliche Zukunftspläne
7. Fehlendes Vertrauen
8. Mangel an Zuneigung
9. Nicht mehr verrückt sein aufeinander
10. Keine Ehrlichkeit

Sie sehen es: Beinahe alle Beschwerden haben mit Erwartungen zu tun, die sich aus der romantischen Idealvorstellung ergeben.

Die romantische Liebe und Ehescheidungen

Die eben zitierte britische Umfrage unter dreitausend Paaren ergab auch, dass vier von zehn Befragten in Erwägung ziehen, den eigenen Partner zu verlassen. Jeder weiß, dass es oft nicht bei der Überlegung bleibt. Viele Ehen enden in einer Scheidung. Paradoxerweise sind die Scheidungsraten in den Gesellschaften am höchsten, in denen Paare einander wählen können und aus Liebe heiraten. In den Niederlanden scheitert gut eine von drei Ehen, und in den USA, der Nation, die in allen Bereichen die Trends setzt, sind es sogar fast zwei von drei. Die romantische Liebe hat dieser Entwicklung den Weg bereitet.

Obwohl es die romantische Liebe hier bereits seit 150 Jahren gibt, sind die Scheidungsraten erst in den Sechzigerjahren des vergangenen Jahrhunderts explodiert. Das lag in erster Linie daran, dass die Kirche Ehescheidungen immer verboten hatte (*»Du sollst nicht ehebrechen«* und *»Was Gott verbunden hat, das darf der Mensch nicht trennen«)*, nun aber der Gesellschaft ihre Normen und Werte nicht länger vorschreiben konnte, da die Menschen ihr in Scharen den Rücken kehrten. Dazu kam, dass im selben Zeitraum mehr und mehr Frauen einer Erwerbstätigkeit nachgingen und so ökonomisch in zunehmendem Maße unabhängig wurden. Und dann gab es noch einen dritten Grund, der oft vergessen wird, wenn eine Erklärung für die Zunahme von Ehescheidungen gesucht wird. Dieser dritte

Grund hängt mit der romantischen Liebe zusammen: Es ist die Zunahme der freien Zeit. Die Vorstellung der romantischen Liebe geht davon aus, dass verheiratete Paare viel Zeit miteinander verbringen. Zeit für gemeinsame Unternehmungen, die uns glücklich machen. Aber diese Zeit hatte man früher nicht. Um zu verdeutlichen, was die heutige Zeit und die heutige Ehe ausmacht, erlaube ich mir einen zweiten Ausflug in die Vergangenheit – dieses Mal in die jüngere Geschichte.

Die Ehen unserer Eltern und Großeltern

Im neunzehnten Jahrhundert und im überwiegenden Teil des zwanzigsten Jahrhunderts arbeiteten Männer und Frauen fast rund um die Uhr. Wenn man die Biografien von Menschen aus der Arbeiterschicht und ihren Partnern liest, dann bestand ihr Leben aus Arbeit, Arbeit und nochmals Arbeit. Sie arbeiteten von frühmorgens bis spätabends. Sie hatten einfach nicht die Zeit, sich zu kabbeln oder sich in den Haaren zu liegen. Meine Mutter erzählte mir zuweilen die Geschichte ihrer eigenen Großeltern, die sowohl ein Café als auch eine Bäckerei besaßen. »Meine Großmutter war manchmal sogar so müde, dass sie auf ihrem Bett einschlief, bevor sie sich ausziehen konnte. Morgens musste sie immer um vier oder halb fünf aufstehen, um Brot zu backen, und wenn das Café dann um ein Uhr zumachte, kam sie erst um halb zwei ins Bett. Und das nicht nur ein einziges Mal, sondern unzählige Male im Jahr. Wie hat sie das nur durchgehalten?«

Aber dieser letzte Satz traf auch auf meine Mutter zu. Erst seit meine Mutter vor fünf Jahren an Demenz erkrankte, sehe ich sie etwas tun, das sie in meiner Jugend fast nie tat: auf einem Stuhl sitzen. Wenn ich in meinen Erinnerungen wühle, dann war sie immer in Bewegung. Sogar bei den Mahlzeiten stand sie meistens am Tisch, eifrig damit beschäftigt, die Teller zwölf hungriger Kinder zu füllen. Sie saß eigentlich nur, wenn sie mit der Nähmaschine zugange war und Kleider für ihre Kinder nähte oder wenn sie eines meiner jüngeren neugeborenen Geschwister stillte. Sie war jeden Tag bis ein Uhr beschäftigt und stand morgens um viertel nach sechs schon wieder auf.

Mein Vater war in dieser Hinsicht das Pendant zu meiner Mutter. Er stand morgens zusammen mit meiner Mutter auf und machte sich sofort an die Arbeit. Hühner füttern, Eier einsammeln, Schweine füttern oder hinaus auf die Felder, um zu säen, zu pflügen, zu eggen, Unkraut zu hacken, Bäume zurückzuschneiden, Spargel zu stechen, Bohnen, Erdbeeren oder Gurken zu ernten, Salat zu stechen usw. Mein Vater war ein Landwirt, der neben seinem Ackerland und seinem Gewächshaus auch noch einen Obstgarten hatte (mit 350 Birnbäumen) sowie ein paar für damalige Verhältnisse große Hühnerställe und gut zwanzig Schweine. Ob Sommer oder Winter, er hatte immer unglaublich viel Arbeit zu erledigen. Abends bei Einbruch der Dunkelheit ging er in die Scheune, um Brennholz für die Holzöfen im Haus zu hacken, sein Werkzeug zu pflegen und andere notwendige Arbeiten zu verrichten. In den Sommermonaten kam es sogar manchmal vor, dass mein Vater erst gar nicht ins Bett ging. Er sortierte dann mit den anderen Bauern Tomaten, Gurken und Spargel, und es gab Tage, an denen das bis vier oder fünf Uhr morgens dauerte. Seiner Meinung nach lohnte es sich dann nicht mehr, ins Bett zu gehen. Es war ohnehin schon wieder hell und an so einem Tag musste meist sehr viel geerntet werden.

Der Samstagabend war sein freier Abend, aber den verbrachte er auch nicht zu Hause. Dann ging er zum Bügelsport: ein regionaler Sport, bei dem ein hölzerner Ball auf einer Lehmbahn mithilfe eines Schlagholzes durch einen Eisenring geschlagen werden muss. Dieser Sport wird in den niederländischen Provinzen Limburg und Brabant sowie in den angrenzenden Teilen von Belgien und Deutschland ausgeübt. Mein Vater ist darin sogar einmal »Weltmeister« geworden. Zum Bügelsport ging mein Vater auch am Sonntagmorgen nach dem Hochamt. Mein Vater war daher nur sonntagmittags zu Hause, aber dieser Mittag war sehr kurz, denn wir waren erst um zwei Uhr mit dem Mittagessen fertig und um vier Uhr gingen wir schon wieder zur Andacht. Dazwischen mussten auch noch die Hühner gefüttert werden.

Mein Vater und meine Mutter sahen einander eigentlich nur bei den Mahlzeiten, aber während der Erntezeit dauerten diese oft nur kurz. Während ein paar von uns noch an ihrer Suppe saßen, aß mein Vater manchmal schon seine Nachspeise (den Pudding), um danach so schnell wie möglich wieder nach draußen zu eilen. Es erübrigt sich, zu sagen, dass meine Eltern nie Urlaub gemacht haben. Meine Mutter hat sogar nie das Meer gesehen – ja, sie war sogar noch nie nördlich des Rhein-Maas-Deltas.

Kurzum, wann hätten meine Eltern sich miteinander streiten sollen? Abends im Bett hatten sie auch keine Zeit dazu. »Dein Vater hatte nie Probleme mit dem Einschlafen, er lag noch keine drei Minuten im Bett, da war er schon eingeschlafen.« Die einzigen Tage im Jahr, an denen meine Eltern Zeit hatten für Streitigkeiten, waren die Feiertage mit zwei aufeinanderfolgenden gebotenen freien Tagen: Weihnachten, Ostern und Pfingsten. Und ausgerechnet an diesen

Tagen, an denen es eigentlich harmonisch hätte sein sollen, gab es dann zuweilen auch Spannungen und Streit zwischen meinen Eltern. Mein Vater sprach dann manchmal zwei Tage lang fast oder überhaupt nicht mit meiner Mutter. »Das liegt daran, dass er nicht arbeiten darf. Davon bekommt er schlechte Laune«, sagte meine Mutter dann beschönigend.

Ich beschäftige mich so ausführlich mit dem Leben meiner Eltern, weil dieses Modell stellvertretend für die Art und Weise steht, wie verheiratete (und nicht verheiratete) Menschen von alters her gelebt haben. Sie arbeiteten von frühmorgens bis spätabends, auch an Samstagen. Der einzige Ruhetag war der Sonntag, aber der war meistens dem Gebet gewidmet. Auch meine Schwiegereltern, die einen Bauernhof hatten und mittlerweile 92 und 84 Jahre alt sind, haben mir bestimmt schon tausendmal erzählt, dass ihr Leben bis vor dreißig Jahren aus Arbeit und nochmals Arbeit bestand.

Der Roman *Oprechter trouw* (2001) (Aufrechte Treue) von Henk Romein Meijer handelt von einem etwa achtzigjährigen Ehepaar, das schon seit 25 Jahren geschieden ist, aber noch immer im selben Haus wohnt. Die weibliche Hauptperson erinnert sich wehmütig an die Ehe ihrer Eltern: »Diese beiden Menschen hatten einander und sie gaben sich Halt und fanden den anderen immer liebenswert: Sie nörgelten nicht darüber, was besser sein könnte, diesen Luxus kannten sie nicht, *dafür hatten sie schlichtweg keine Zeit*«.

Menschen lassen sich in der Tat erst scheiden, wenn sie Zeit haben, sich auf der Pelle zu sitzen und miteinander herumzustreiten. So lässt sich auch erklären, warum die ersten Liebesdramen in der Literatur des neunzehnten Jahrhunderts, wie *Anna Karenina* (von Tolstoi) und *Madame Bovary* (von Flaubert), in der höheren Gesellschaft spielten.

Die Bedürfnispyramide

Früher waren verheiratete Menschen lediglich mit einer Sache beschäftigt: Überleben. Sie mussten den Unterhalt für sich selbst und für ihre Kinder verdienen. Für andere Bedürfnisse blieb keine Zeit.

Im Jahr 1943 führte Abraham Maslow die sogenannte Bedürfnispyramide ein. Der amerikanische humanistische Psychologe stellte die These auf, dass jedes Lebewesen dieselben Bedürfnisse hat und dass diese Bedürfnisse hierarchisch geordnet sind. Das Maslow-Modell hilft uns verstehen, warum uns die Ehe in der heutigen Zeit so große Probleme bereitet und warum sie für so viele eine schwierige Aufgabe ist.

Die Basis der Bedürfnispyramide bilden, so Maslow, die fundamentalen Lebensbedürfnisse wie Essen, Trinken, Stuhlgang und Sex. Auf dem nächsthöheren Niveau findet sich das Bedürfnis nach Sicherheit: Wohnen, Arbeit. Wenn ein Bedürfnis befriedigt ist, tritt das nächste Niveau in den Vordergrund. Wenn eine Stufe fehlt oder wegbricht, muss der Mensch zunächst dieses Bedürfnis stillen, bevor er weiter aufsteigen kann. Es ist nicht möglich, einzelne Niveaus zu überspringen. Jemand, der in der sengenden Sonne einen Spaziergang durch eine wunderschöne Landschaft unternimmt (Suche nach Schönheit) und dann durstig wird (physiologisches Bedürfnis), wird erst seinen Durst zu stillen versuchen, bevor er weiter nach Schönheit sucht. Wenn er starken Durst bekommt, kann er die Landschaft nicht mehr genießen. Wenn er getrunken hat, wechselt er wieder zurück zum fünften Niveau, da die Bedürfnisse aller dazwischenliegenden Niveaus noch immer gestillt sind.

Ich habe soeben geschrieben, dass Paare früher kaum Zeit hatten, um sich miteinander zu streiten. Bis vor Kurzem waren Menschen immer damit beschäftigt, die Bedürfnisse der niedrigsten zwei Ebenen zu befriedigen. Zum ersten Mal in der Geschichte der Menschheit ist es dem größten Teil der Bevölkerung in der westlichen Welt gelungen, sich zum Stillen der höher angesiedelten Bedürfnisse hochzuarbeiten. Für das Bedürfnis nach sozialem Kontakt, Liebe und Zuneigung bildete die romantische Idealvorstellung die Richtschnur oder den Rahmen. Dieselbe romantische Idealvorstellung musste darüber hinaus auch noch ein höheres Bedürfnis erfüllen, nämlich das Bedürfnis nach Wertschätzung und Anerkennung. Menschen möchten zwar Wertschätzung und Anerkennung von den Menschen in ihrer näheren Umgebung (von ihrem Vorgesetzten, ihren Kollegen, Freunden und Familienmitgliedern), aber in erster Linie wünschen sie sich diese von ihrem Partner. Und zu guter Letzt muss der Partner auch noch helfen, die Rahmenbedingungen für ihre Selbstverwirklichung zu schaffen.

Die Bedürfnispyramide von Maslow

Vor allem bei Frauen steht letzterer Wunsch ganz weit oben auf dem Wunschzettel. In ihrem Buch *Das Ja-Wort* (2010), aus dem ich in einem früheren Kapitel bereits zitiert habe, führt Elizabeth Gilbert eine kürzlich unter amerikanischen Frauen durchgeführte Umfrage an. Diese Umfrage hat ergeben, dass Frauen heutzutage bei der Partnersuche – mehr als alles andere – auf der Suche sind nach einer bestimmten Eigenschaft: Der Mann muss sie »inspirieren«. Dieselbe Umfrage wurde in den Zwanzigerjahren des vergangenen Jahrhunderts unter jungen Frauen im selben Alter durchgeführt. Damals hatte sie ergeben, dass man seinen Partner auf der Grundlage von Eigenschaften wie Anstand, Ehrlichkeit oder seiner Fähigkeit, eine Familie zu ernähren, wählte.

Ich lasse Gilbert dazu nun selbst zu Wort kommen:

Doch das reicht heute nicht mehr. Nun wollen wir von unseren Gatten inspiriert werden! Täglich! Streng dich an, Süßer! Aber genau das habe ich früher von der Liebe erwartet (Inspiration, himmelhoch jauchzendes Glück), und nun schickte ich mich an, dasselbe noch einmal von Felipe (der neuen Flamme und dem Verlobten von Gilbert, HB) zu erwarten – dass wir irgendwie für das gesamte Glück und Wohlbefinden des anderen verantwortlich sein sollten. Dass unsere Jobbeschreibung als Ehepartner schlicht und einfach forderte, dem anderen Ein und Alles zu sein.

Die fast schon rhetorische Frage lautet nun: Welcher Partner kann all diesen Erwartungen, diesem »dem anderen Ein und Alles sein«, entsprechen? Um diese Frage zu beantworten, komme ich auf die zwei Psychologinnen zurück, die dreihundert Paare interviewten, um herauszufinden, wie glücklich diese in ihren Ehen waren. In diesen Gesprächen machten die Psychologinnen folgende Entdeckung: Achtzig Prozent der Frauen, die gern glücklicher sein wollten, hatten eine unrealistische Vorstellung von ihrem Zusammenleben und hatten außerdem zu hohe Erwartungen. Die Psychologinnen sprachen auch mit den Männern, und diese waren im Durchschnitt viel glücklicher als ihre Partnerinnen. Sie hatten auch eine viel weniger romantisch geprägte Vorstellung von der Ehe als ihre Frauen. Während Frauen eher in Kategorien wie »bekommen« dachten (einen Liebhaber, Kumpel, Coach, Vater für die Kinder usw., oder wie eine Frau es ausdrückte: »Ich dachte, dass wir als Familie alles zusammen unternehmen würden, zusammen lesen, zusammen spielen, aber durch unsere Arbeit, den Haushalt und unsere Kinder bleibt dafür überhaupt keine Zeit«), dachten die Männer eher in Kategorien wie »Dinge aufgeben«, insbesondere ihre Freiheit.

Wie ich bereits in einem vorhergehenden Kapitel erwähnte, suchen Frauen Anschluss an andere, während Männer in ihrem Leben in erster Linie Autonomie und Unabhängigkeit suchen. Ein polnisches Sprichwort lautet denn auch: »Eine Frau weint kurz vor der Hochzeit, ein Mann danach.« Frauen denken, dass sie nach der Hochzeit das Schwierigste hinter sich haben (nämlich die Suche nach dem richtigen

Partner) und dass ihnen nun, da sie das Hauptziel im Leben erreicht haben, eine schöne Zeit bevorsteht. Schließlich haben sie nun jemanden gefunden, mit dem sie ihr Leben teilen können. Männer wissen am Tag der Hochzeit, dass es jetzt aus ist mit ihrer Freiheit und dass das erwachsene Leben mit der dazugehörigen Verantwortung jetzt erst so richtig losgeht. Ihre bereits verheirateten Freunde warnen sie davor auch am Tag des Junggesellenabschieds, kurz vor der Hochzeit: »Willkommen im Club.« Dies alles erklärt, warum Frauen öfter über ihre Beziehung klagen und häufiger die Scheidung einreichen als ihre Partner (und es erklärt, warum Männer in solchen Fällen oft nicht verstehen, womit Frauen in ihrer Beziehung so unzufrieden sind).

Veränderte Werte

Parallel zu unseren sich immer weiter nach oben verschiebenden Bedürfnissen ändern sich nicht nur die Werte, die Männern und Frauen bei der Partnerwahl wichtig sind, sondern auch die Werte, auf die Partner in einer festen Beziehung Wert legen. In einer groß angelegten deutschen Studie wurde Ehepaaren im Jahr 1965 die Frage gestellt: »Was macht eine Ehe dauerhaft?« (Nuber, 2009). Mehr als die Hälfte (52 Prozent) sah vor fast einem halben Jahrhundert Pflichtgefühl, Toleranz und Nachsicht an erster Stelle. Dieselbe Studie wurde im Jahr 1997 erneut durchgeführt. Mit welchem Ergebnis? Nur noch vierzig Prozent der Ehepaare hielten diese Werte für die wichtigsten. Aber wo Verlierer sind, gibt es auch Gewinner. Werte wie Zuneigung, Liebe, Kameradschaft, Treue und Vertrauen belegten 1965 nur bei kümmerlichen acht Prozent der Ehepaare den ersten Platz; in den Neunzigerjahren hingegen bildeten diese Werte für fast die Hälfte (49 Prozent) der Paare die wichtigsten Werte. Und in aktuelleren Studien haben Ehepaare angegeben, dass Gefühle, Liebe, Zärtlichkeit und Verständnis die wichtigsten Grundvoraussetzungen für ihre Beziehung bilden (Nuber, 2009).

Damit ist die romantische Idealvorstellung zu einem charakteristischen Merkmal der wahren Liebe geworden. Wurde in früheren

Zeiten nur den *happy few* der Luxus zuteil, Gefühle als wichtigsten Wert in einer Beziehung zu sehen – denken Sie nochmals an *Anna Karenina* und *Madame Bovary* – kann sich in unserer Zeit nahezu jeder diesen Luxus erlauben. In seinem Buch *Das Ende der Liebe* (2009) behauptet der deutsche Journalist Sven Hillenkamp denn auch, dass die romantische Liebe im 21. Jahrhundert ihren Höhepunkt erreicht habe.

Streben nach Perfektion

Ein anderes Merkmal unserer Zeit setzt die Partnerbeziehung noch weiter unter Druck: Wir streben auf allen Gebieten des Lebens nach Perfektion und halten diese Perfektion für erreichbar. Aber warum ist das so? Weil wir so viele Auswahlmöglichkeiten haben. Auch in der Ehe. War die Ehe früher für immer, so ist die Ehe heute eine Entscheidung, die sich widerrufen lässt, wenn sie nicht das erhoffte oder erwartete Glück mit sich bringt: »Ich verdiene etwas Besseres als das« oder »So habe ich mir das nicht vorgestellt«. Wir haben zu Beziehungen heute dieselbe Einstellung wie zu einer Jeans: Im Laden hat man die Auswahl aus einer nahezu unbegrenzten Anzahl von Modellen, und wenn eine nicht passt, dann tauschen wir sie gegen eine andere. »Wenn diese Beziehung nicht passt, dann mache ich mich eben auf die Suche nach der einen, die wie maßgeschneidert sitzt. Es muss jemanden mit der perfekten Passform geben. (Aus gutem Grund hat die niederländische Schriftstellerin Yvonne Kronenberg einem ihrer Bände über Männer und Frauen und ihren Umgang miteinander folgenden Titel gegeben: *Kann ich ihn noch umtauschen?*) Wenn das hohe Ideal der perfekten romantischen Beziehung nicht erreicht wird, schleichen sich nagende Zweifel ein.

Letzte Woche unterhielt ich mich bei einem Promotionsempfang mit einer ehemaligen Kollegin. Als ich sie fragte, wie es ihr gehe, sagte sie, dass sie frisch geschieden sei.

»Darf ich fragen, was der ausschlaggebende Grund für die Scheidung war?«, fragte ich sie. »Ja, das darfst du. Mein Mann ist der Meinung, dass wir uns immer nur zu achtzig Prozent verstehen und dass es uns einfach nicht gelingt, die letzten zwanzig Prozent auch noch zu erreichen. So wollte er nicht weitermachen. Er vermisst mich, das hat er vor Kurzem noch gesagt, und ich konnte ihm ansehen, dass er das wirklich ernst meinte. Ich habe sogar eine Psychoanalyse gemacht, um unsere Ehe zu retten, aber es hat nicht geholfen. Ich bin am Boden zerstört.«

Dieses Beispiel verdeutlicht, dass eine Scheidung selten oder nie eine impulsive Entscheidung ist (meistens dauert es mindestens vier Jahre, bis man eine solche Entscheidung trifft). Es zeigt auch, dass diese Entscheidung für beide Seiten sehr schmerzhaft ist; und nicht nur für sie, sondern auch für die Kinder, Eltern, Schwiegereltern und Freunde. (Darum stimmt der Vergleich mit dem Umtauschen einer Jeans in dieser Hinsicht auch nicht.) Aber wie schmerzhaft eine Scheidung auch sein mag, sie scheint die einzige Option zu sein, wenn sich die Erwartungen nicht erfüllen, die die romantische Idealvorstellung uns vorgaukelt.

Paare, die sich scheiden lassen, sprechen nur selten über Erwartungen, die sich nicht erfüllt haben. Sie rechtfertigen diese schwierige Lebensentscheidung mit Sätzen wie: »Die Chemie stimmte nicht mehr«, »Mein Partner konnte sich nicht richtig in mich hineinversetzen«, »Er kann einfach nicht über seine Gefühle sprechen« oder – wie in der Geschichte meiner Kollegin – »Wir haben uns nicht hundertprozentig verstanden«, »Für mich selbst blieb überhaupt keine Zeit mehr«, »Ich habe mich selbst in meiner Beziehung verloren«, »Ich musste mehr geben, als ich bekommen habe«, »Es ging nicht mehr«, »Ich habe keine Liebe mehr gefühlt«, »Unser Liebesleben war eingeschlafen«, »Unsere Bedürfnisse nach Nähe und Freiheit waren zu unterschiedlich«, »Einer von uns hat sich in jemand anderen verliebt«, »Die Leidenschaft war weg«. In dem Scheidungsroman *Weg* (2009) begründet die lesbische Hauptperson, das Alter Ego der schreibenden Psychiaterin Minke Douwesz, das Scheitern ihrer Beziehung folgendermaßen: »Es ist uns nicht gelungen, über uns selbst hinauszuwachsen, ein Auffangnetz zu erschaffen, wie kann man das ausdrücken, so ein Gummiband, gegen das man sich fallen lassen und zurückfedern kann, dieses Spiel, das man früher mit Freundinnen spielte. Da gähnte eine Leere.« All diese Aussagen beziehen sich auf das Scheitern der romantischen Idealvorstellung.

In dem Buch *Barack And Michelle: A Portrait of an American Marriage* (Christopher Andersen, 2009) gesteht die heutige *First Lady* der USA, dass auch sie in der Vergangenheit »einen Zustand der Verzweiflung« erreicht hatte, als sie Vollzeit arbeitete, den größten Teil des Familieneinkommens bestritt und zwei Kinder erzog, während sie ihren Ehemann nur selten zu Gesicht bekam, weil dieser als Senator die meiste Zeit der Woche fern von zu Hause verbrachte; eine Tätigkeit, die wenig Perspektiven zu bieten schien und schlecht bezahlt war. »Ihre ständige Kritik bringt mich noch um«, klagte Barack. »Sie wirkt immer so verbittert, so wütend.« Und sie ärgerte sich über ihn, weil er »zu denken scheint, dass er einfach losziehen kann, um seinen Traum zu verwirklichen, und mir die harte Arbeit überlassen kann«. Solche Aussagen aus dem Mund einer Frau wären vor etwa fünfzig Jahren, zu Kennedys Zeiten, selten oder nie zu Papier gebracht worden. So wie es damals auch nicht passierte, dass prominente Politiker sich – wie wir es heutzutage manchmal erleben – aus der Politik verabschiedeten, weil sie mehr Zeit mit ihrer Familie verbringen wollten. Warum nicht? Damals waren nicht nur die Rollen von Männern und Frauen klar voneinander getrennt (der Mann verdiente den Unterhalt und war außer Haus, die Frau kümmerte sich um die Kinder und blieb zu Hause), der Imperativ »Macht einander in der Ehe glücklich« lastete damals auch noch nicht so bleischwer auf den Schultern der Eheleute wie heutzutage.

Schlussfolgerung

Liebe, Wertschätzung, Anerkennung, die Rahmenbedingungen für Selbstverwirklichung schaffen, um es kurz zu machen, unsere Glückserwartungen, unser höchstes Glück, geben wir heute zum größten Teil in die Hände einer einzigen Person. Können wir mehr von jemandem fordern? Das Tragische daran ist, dass wir all das von einer Person fordern, die auf sehr vielen Gebieten ganz anders ist als wir selbst und die uns aus diesem Grund oft auch nicht versteht.

Wie Sie in den vorherigen Kapiteln erfahren haben, hat unser Partner einen anderen Charakter; er hat selten genau dieselben Normen und Werte wie wir, er interpretiert Vereinbarungen, Versprechen und Regeln nicht immer auf die gleiche Weise wie wir, er sieht die Welt durch die Brille des anderen Geschlechts und er hat oftmals auch andere Bedürfnisse als wir, kommuniziert verbal und nonverbal nicht immer so eindeutig, dass wir die Botschaft verstehen, er bedient sich einer anderen Liebessprache und geht häufig anders mit Rückschlägen und Kummer um als wir selbst. Dazu kommt noch, dass wir unser Glück in die Hände einer Person legen, die nie gelernt hat, unsere Sehnsüchte und Erwartungen zu ergründen und sich auf sie einzustellen. Männer und Frauen haben den größten Teil der Geschichte der Menschheit in zwei voneinander getrennten Welten gelebt. Sogar in meiner Jugend war das größtenteils noch der Fall: Ich war in der Oberschule nie in einer gemischten Schulklasse. Die Software des Gehirns, die über Millionen von Jahren entstanden ist, ist immer noch hauptsächlich auf das Leben mit Geschlechtsgenossen abgestimmt: Männer mit Männern, Frauen mit Frauen. (Diese Software kann sich nicht in einer, zwei oder drei Generationen verändern, sie braucht Millionen von Jahren, um sich an die Anforderungen der neuen Zeit anzupassen.)

Letzten Endes gehen viele Paare mit einer unrealistischen Vorstellung vom Glück in die Ehe. Elizabeth Gilbert hat das schön in Worte gefasst:

> Mich dagegen hatte man stets gelehrt, dass das Streben nach Glück mein natürliches (ja sogar nationales) Geburtsrecht sei. Es ist geradezu das emotionale Markenzeichen meiner Kultur, nach Glück zu streben. Und zwar nicht nach irgendeinem, sondern nach umfassendem Glück, ja, sogar himmelhoch jauchzendem. Und was könnte einem Menschen wohl mehr himmelhoch jauchzendes persönliches Glück bescheren als die romantische Liebe? Ich jedenfalls hatte von meiner Kultur stets eingebläut bekommen, die Ehe solle ein fruchtbares

Treibhaus sein, in dem die romantische Liebe ohne Einschränkungen gedeihe. Und so hatte ich im etwas wackeligen Treibhaus meiner ersten Ehe Reihe um Reihe großer Erwartungen gepflanzt. Ja, ich war ein veritabler Hans Apfelkern der großen Erwartungen, erntete jedoch trotz all meiner Mühen nur bittere Früchte.

Die ebenfalls bereits mehrfach zitierten Psychologinnen Ashworth und Nobile (2009) schlussfolgerten denn auch, nachdem sie mit vielen Männern und Frauen tief gehende Gespräche über deren Beziehungen geführt hatten, dass in einer glücklichen Beziehung eine realistische und gemeinsame Vorstellung von der Beziehung an oberster Stelle stehen sollte. Gilbert brauchte eine Ehe und eine Scheidung, um zu entdecken, dass Glück weder ein anhaltender Zustand von Verliebtheit noch ein permanenter Zustand von Glückseligkeit ist.

Um zu erfahren, was Glück ist, kann man ein Buch zu diesem Thema kaufen und so versuchen, weiser zu werden. Sie werden feststellen, dass die Auswahl nahezu unendlich ist, denn zu keinem psychologischen Thema sind in den vergangenen zehn Jahren so viele Bücher erschienen. (Dies sagt viel aus über die Zeit, in der wir leben, und über unsere Lebensziele. Ich kann mich nicht erinnern, dass diesem Thema in meinem Psychologiestudium jemals große Aufmerksamkeit zuteil geworden wäre.) Aber anstatt sich ein Buch zu kaufen, können Sie auch, oder eigentlich noch lieber, mit Menschen sprechen, die an Krebs oder einer anderen schweren Krankheit erkrankt waren und davon genesen sind. Glück ist, so werden diese Menschen ihnen sagen, die Gabe, einfache alltägliche Dinge zu genießen, die so gewöhnlich sind, dass man sie oft nicht weiter beachtet. Ohne Schmerzen, Jucken oder Angst aufstehen können, zusammen mit der Familie Kaffee trinken oder einen Spaziergang unternehmen, mit den Kindern eine Fernsehsendung schauen oder ein Spiel spielen, ein schönes Telefonat mit einem Freund oder einer Freundin führen, eine Partie Tennis spielen können … Sie sehen es, oftmals braucht man seinen Partner nicht, um Glück zu erleben. Sie sehen außerdem, dass Glück oft an der Oberfläche des Lebens zu finden ist und weniger in höheren Dingen wie einem tief gründigen Gespräch mit Ihrem Partner. (Letzteres kann sogar der Auslöser für Ärger sein ...)

Um konträre Erwartungen und sich daraus ergebende Streitigkeiten zu verhindern, muss man als Paar sehr gut gerüstet sein. In den westlichen Ländern sagen wir daher auch oft, dass Liebe Arbeit ist; es ist harte Arbeit, die Minen zu entschärfen, die die romantische Idealvorstellung fortwährend unter unsere Beziehung legt. Wenn uns das gelingen soll, dann müssen wir zuerst unsere eigenen Erwartungen und verborgenen Sehnsüchte besser kennenlernen und sie mit unserem Partner besprechen. Davon handelt der zweite Teil dieses Buchs.

In den vorherigen Kapiteln habe ich über konträre Erwartungen gesprochen. In diesem Kapitel habe ich in erster Linie das Ideal der romantischen Liebe erläutert. Den Alltag der Liebe habe ich – anhand einiger Beispiele und mit dem Verweis auf vorherige Kapitel – nur an einigen wenigen Stellen skizziert. Ich habe jedoch noch nicht hinreichend dargelegt, womit die Idealvorstellung der romantischen Liebe kollidiert. Das kommt im nun folgenden Kapitel zur Sprache.

6

Was man Ihnen auf dem Standesamt verheimlicht

Ob bewusst oder unbewusst, wir scheinen immer mehr von der Ehe zu fordern, als sie uns geben kann.
Wir idealisieren denjenigen, den wir heiraten, so überzeugt wir auch davon sein mögen, dass wir die Dinge klar sehen. Wir nehmen unsere verborgenen Erwartungen mit in den Stand der Ehe. Wir sind nicht auf den Schmerz vorbereitet, den wir einander bereiten können. Wir sind uns auch nicht der Tatsache bewusst, dass die Liebe den Hass nicht ausschließt. Und wenn die Idealisierungen einstürzen und das unausweichliche Gewicht der Realität unsere verborgenen Erwartungen zerschmettert hat, kann es durchaus vorkommen, dass wir uns dasselbe fragen: Wer ist dieser Mann – oder diese Frau? Und: Was mache ich hier eigentlich?
Und wenn unsere Antwort auf diese letzte Frage lautet: verheiratet bleiben – dann müssen wir uns überlegen, wie das funktionieren kann. Dann beginnt die echte Arbeit, nämlich: Wir müssen lernen, unseren unvollkommenen und zuweilen versagenden Partner zu akzeptieren; wir müssen einige – nicht alle, aber hoffentlich eine ausreichende Anzahl – unserer größten Meinungsverschiedenheiten beilegen; wir müssen lernen, mit dem zu leben, was wir nicht voneinander bekommen können und niemals bekommen werden.
Das kostet jedoch Zeit, und in der Zwischenzeit können wir uns fragen, wo der Partner ist, den wir uns erhofft hatten, und vor allem, wo die innige Kameradschaft ist, die wir in unserer Ehe zu finden gehofft hatten. (Judith Viorst, 2003)

Kinder glauben an Märchen. Erwachsene tun das nicht mehr. Doch es gibt ein Märchen, für das Erwachsene gern eine Ausnahme machen: das von der romantischen Liebe. Also die Sorte von Kindermärchen, die meistens mit dem Satz endet: »Und sie lebten glücklich und zufrieden bis an ihr Lebensende.« Die Botschaft des vorherigen Kapitels war, dass dieses Märchen für Erwachsene viele Enttäuschungen bereithält, weil wir seinetwegen zu hohe Erwartungen an eine intime, feste Beziehung haben.

In diesem Kapitel möchte ich elf realistische Erwartungen erläutern und anhand dieser die Wirklichkeit umreißen, mit der Ihre romantischen Träume kollidieren werden. Mehr als in den vorhergehenden Kapiteln werde ich Ihnen Tipps und Perspektiven an die Hand geben, die Ihnen helfen sollen, mit der zuweilen harten Realität umzugehen. Ich tue dies nicht nur, um nur verhindern, dass Sie nach ein paar Seiten schon entmutigt mit dem Lesen aufhören oder um die Wirklichkeit zu verharmlosen, sondern auch, um Ihnen zu zeigen, dass Sie die Hindernisse, denen Sie in Ihrer Beziehung begegnen werden, überwinden können; manchmal können ebendiese Ihre Beziehung auch glücklicher und stärker machen. Obwohl ich in Sachen langjährige Beziehung aufgrund meiner persönlichen Erfahrung allmählich zu einem Experten werde, maße ich mir nicht an, die Antworten auf sämtliche Herausforderungen zu kennen, mit denen wir in einer Beziehung konfrontiert werden. Bis auf eine Ausnahme werden alle Tipps und Perspektiven, die ich anführe, von anderen Menschen stammen, die aus eigenen Erfahrungen auf diesem Gebiet schöpfen.

Gehen Sie davon aus, Eigenschaften und Dinge am anderen zu entdecken, die Sie unangenehm oder schwierig finden

Die bekannte deutsche Fernsehmoderatorin Sarah Kuttner:

> »Wir wurden ein Paar und stritten schon nach sehr wenigen Wochen regelmäßig und heftig. Sehr schnell störten mich tausend Kleinig- und Großigkeiten: das Rotze-hochzieh-Geräusch, das Philipp im Bad machte, und seine ausgeprägte Eitelkeit. Wenn ich sprach, hörte Philipp nie richtig zu. Er zappelte immer nervös herum und blickte gehetzt in alle möglichen Ecken des Raumes, nur nie in mein Gesicht. Ich hatte immer das Gefühl, beim Reden gejagt zu werden. Auf der anderen Seite forderte er aber völlige Aufmerksamkeit, wenn er von sich sprach. Und er sprach viel. Dauernd gab es etwas zu meckern und zu hassen. Mit Philipp konnte man nie lästern, denn zum Lästern gehören Spaß und ein schamvolles Grinsen. Aber Philipp schämte sich nicht, und er hatte keinen Spaß.« (Kuttner, 2009)

Wenn die erste Verliebtheit verschwunden ist und die Anwesenheit des anderen Ihnen nicht mehr diesen enormen Kick wie am Anfang gibt, dann werden Sie feststellen, dass Ihr Partner nicht perfekt ist. Sie werden genau wie Sarah Kuttner Eigenschaften oder Charakterzüge entdecken, die Ihnen überhaupt nicht gefallen – ja, die Sie sogar stören. Das können triviale Dinge sein, wie »ein Rotze-hochzieh-Geräusch im Badezimmer«, Essensreste am Mund oder Kinn haben und diese nicht wegwischen (beispielsweise weil man es einfach nicht spürt), vor dem Essen die Hände nicht waschen, sich Essen auftun und mit dem Essen anfangen, ohne auf den anderen zu warten, oder auf dem Sofa fortwährend mit den Beinen wippen. Es kann aber auch etwas Wichtiges sein, zum Beispiel aufbrausend reagieren oder schnell beleidigt sein wegen Dingen, über die Sie sich gar keine Gedanken machen, nach einem Streit tagelang schweigen oder mürrisch bleiben, oder – wie im Beispiel von eben – ausgeprägte Eitelkeit und sich in erster Linie für sich selbst und seine eigene Welt interessieren.

Eine amerikanische Studie unter 180 Paaren, die zuerst eine Fernbeziehung geführt hatten und dann näher zusammengezogen waren, hat ergeben, dass die Wahrscheinlichkeit, eine negative Eigenschaft am anderen zu entdecken, nach der räumlichen Veränderung viermal höher war als die Wahrscheinlichkeit, eine positive Eigenschaft zu entdecken (Stafford et al., 2006). Sehr häufig werden Sie feststellen, dass gerade die Eigenschaften, die Sie zu Anfang so an Ihrem Partner schätzten oder die vielleicht sogar der Grund dafür waren, dass Sie sich in ihn verliebten, nun die Eigenschaften sind, über die Sie sich zunehmend ärgern. Ein »anders sein als andere« kann später beispielsweise umschlagen in »sich nicht anpassen können«, oder »sein eigenes Ding durchziehen« kann zu »keine Rücksicht auf andere nehmen« werden. Selbstsicherheit kann zu Arroganz werden, ruhig und entspannt sein kann zu Langweiligkeit werden, Intelligenz zu Besserwisserei, Abenteuerlust zu Ruhelosigkeit, Großzügigkeit zu Verschwendungssucht, Bescheidenheit zu mangelndem Ehrgeiz und eine ehrgeizige Person kann sich in einen Workaholic verwandeln.

Vor Kurzem berichtete eine Frau mir Folgendes: »Ich habe mich von meinem ersten Mann scheiden lassen, weil er *verhätschelt* werden wollte. Nach einer Weile hat mich das unglaublich gefrustet. Seit vier Jahren habe ich eine neue Beziehung mit einem Mann, der sehr genau weiß, was er will, und der sein Leben selbst in die Hand nimmt. Das fand ich am Anfang herrlich. Aber jetzt stelle ich fest, dass auch diese Eigenschaft eine Schattenseite hat. Mein Mann ist Innenarchitekt und er bestimmt die Einrichtung unseres Hauses. Aber darüber hinaus bestimmt er auch, welches Auto wir fahren, wo wir Urlaub machen usw. Ich lasse das alles einfach geschehen, ich erkenne mich selbst nicht wieder. Ich liebe diesen Mann sehr, aber manchmal wünschte ich, er wäre weniger dominant und bestimmend.«

Eine Psychiaterin, die viel vom Leben gelernt hat, sagt daher: »Mit 16 darfst du noch daran glauben, dass jemand dich für immer lieben wird, was auch geschehen mag. In Wirklichkeit darfst du höchstens auf die nicht nachlassende Bereitschaft eines anderen zählen, deine Eigenarten zu tolerieren« (Douwesz, 2009).

Aber bevor Sie jetzt das Handtuch werfen: Denken Sie daran, dass Ihr Partner auch Angewohnheiten oder Charakterzüge an Ihnen entdecken wird, die er unangenehm findet.

Am Anfang warst du mein Traum, aber jetzt bist du mein Albtraum.

Gehen Sie davon aus, auch über sich selbst Dinge zu erfahren, die Sie sich nur schwer eingestehen können

Der 2009 verstorbene niederländische Schriftsteller Martin Bril:

»Ich hätte nicht gedacht, dass es so schwierig sein würde, verheiratet zu sein. Ich tue mein Bestes, bin gern zu Hause, gehe nie aus, denke nichts anderes und dennoch … Ich habe einen anderen Biorhythmus als meine Familie. Ich habe versucht, meiner Frau und meinen Töchtern diesen Rhythmus aufzuzwingen, und jetzt haben sie die Nase voll von mir, ich kann das gut verstehen. Sie leiden unter meiner Unruhe. Ich kann schon für den Unterhalt meiner Familie sorgen – ich weiß auch, wie ich sie verwöhnen kann –, aber es ist mir nicht gelungen, sie so glücklich zu machen, wie ich es mir ausgemalt hatte. Für mich ist das eine große Niederlage, eine sehr große Niederlage. Ich sehne mich nach dem Gewöhnlichen, dem Normalen, dem Logischen, dem Selbstverständlichen, aber alles scheint sich außerhalb meiner Reichweite zu befinden. Das kann so nicht weitergehen. Ich habe den Eindruck, dass ich meine Frau unglücklich gemacht habe. Und das war natürlich nicht meine Absicht. Ich dachte immer: An mir liegt es nicht, aber ich bin zu der Einsicht gelangt, dass ich offensichtlich ein Mensch bin, mit dem man nur schwer zusammenleben kann.« (Visser, 2006)

Haben auch Sie sich wie Martin Bril schon einmal die Frage gestellt, wie es denn wäre, mit Ihnen eine Beziehung zu führen? Kennen Sie Ihre schlechten Gewohnheiten, Ihre Neurosen? Sind Sie nachsichtig, tolerant, geduldig oder eher leicht aufbrausend, kritisch, unruhig und gehetzt?

In der Phase der ersten Verliebtheit sehen Sie nur die schönen Seiten Ihres Geliebten, und Ihr Geliebter sieht nur Ihre angenehmen Seiten. Sie tauschen ständig Komplimente und Lobesäußerungen aus. Ihr Selbstwertgefühl wird befeuert. Aber diese Phase der gegenseitigen Verehrung dauert nicht ewig. Je länger Sie einander kennen, desto häufiger werden Sie auch anderes Feedback bekommen. Der andere hält Ihnen einen Spiegel vor, verbal und nonverbal. Verbal tut er das, indem er Sie auf Ihre schwächeren Seiten hinweist und Ihnen sagt, was ihn stört. Das bedarf keiner weiteren Erklärung. Das nonverbale Feedback, das er Ihnen gibt, ist subtiler, aber es trifft Sie meistens härter, vor allen Dingen, weil Sie sich weniger gut dagegen wehren können. Über seinen Gesichtsausdruck, die Körperhaltung und die Art, zu reden (reagiert er begeistert auf das, was Sie sagen und tun, oder eben nicht?), teilt er sich Ihnen ebenfalls mit. Selbst kleine Veränderungen in seinem Gesichtsausdruck nehmen Sie unbewusst wahr und fügen daraus das Bild zusammen, das Sie von sich selbst haben.

Aber auch durch seine Taten und seine Art, mit dem Leben umzugehen, hält Ihr Partner Ihnen einen Spiegel vor. Martin Bril musste unter anderem feststellen, dass sein Biorhythmus – seine durchgearbeiteten Nächte – nicht mit dem seiner Frau und seiner beiden Töchter zu vereinbaren war. Wenn Sie genau und lange genug in den Spiegel schauen, den Ihr Partner Ihnen vorhält, werden auch Sie ähnliche Entdeckungen machen. Wenn Ihr Partner beispielsweise immer pünktlich ist und Sie hingegen immer zu spät kommen, werden Sie womöglich feststellen, dass es keine so angenehme Angewohnheit ist, alle auf Sie warten zu lassen. Und wenn Ihr Partner seine Kleidung immer ordentlich zusammenlegt, können Sie zu dem Schluss kommen, dass Sie in dieser Hinsicht anders sind: »Ich bin ein Schludrian, der immer alles herumliegen lässt. Genau wie der kleine Däumling hinterlasse ich eine Spur, nicht aus Kieselsteinen oder Brosamen, sondern aus den Dingen, die ich herumliegen lasse.« Wenn Sie merken, dass Ihr Partner anderen ihre Fehler schnell nachsieht, dann werden Sie vielleicht feststellen, dass Sie selbst nicht so nachsichtig sind und dass Sie womöglich nicht ganz so nett sind, wie Sie immer dachten.

Dass Ihr Partner Ihnen den Spiegel vorhält, kann anfangs schmerzhaft sein, aber es bietet Ihnen auch die Gelegenheit, zu wachsen, ja sogar, mit Ihrem Partner enger zusammenzuwachsen. So, wie es dem niederländischen König Willem-Alexander erging: »In dem Moment, in dem Máxima anfing, mich auf meine Unzulänglichkeiten hinzuweisen, wurde ich von einem verliebten Mann zu einem Mann, der wusste, dass wir füreinander bestimmt waren« (Cohen, 2009).

Gehen Sie davon aus, dass die Beziehung sich verändern wird

Der Pfarrer Nico van der Linden (der die Ehe von Willem-Alexander und Máxima einsegnete):

> »Je länger ich darüber nachdenke, desto komplizierter erscheint mir die Ehe. Die Aufrechterhaltung der Ehe ist ›the name of the game‹,

und das kann Fluch und Segen zugleich sein. Ich bin der Letzte, der Menschen Vorwürfe machen würde, die es nicht schaffen. Im Verlauf einer Ehe ändern sich die Dinge nun einmal, und die Frage ist, ob es dann beiden gelingt, sich an die veränderten Gegebenheiten anzupassen. Ja, bis jetzt ist es uns gelungen, aber Sie sollten nicht denken, dass so etwas mühelos gelingt. Es gibt keinen Partner, der immer all den Ansprüchen genügt, die man an ihn oder sie hat, und dann muss man sich auch noch der Tatsache bewusst sein, dass man selbst auch so ein Partner ist, der nicht allen Ansprüchen genügt, die der andere hat.« (Visser, 2006)

Sind Sie noch dieselbe Person, die Sie im Alter von 18 waren? Nein, denn man verändert sich. Das gilt nicht nur für Sie, sondern auch für Ihren Partner. Und daher auch für Ihre Beziehung.

Psychologen, die Paare im fortgeschrittenen Alter zur Qualität ihrer Ehe befragten, haben entdeckt, dass man über einen längeren Zeitraum gesehen im Großen und Ganzen fünf Beziehungsmuster unterscheiden kann.

Das erste Muster ist die *stabil positive Beziehung,* die durch ein hohes Maß an Zufriedenheit und Liebe während des gesamten Lebens gekennzeichnet ist. Den Paaren, deren Beziehung diesem Muster entspricht, gelingt es offenbar, Veränderungen die Stirn zu bieten und ihr Eheglück auf einem anhaltend hohen Niveau zu halten. Der Sänger und Kabarettist Herman van Veen benötigt in seiner Autobiografie nur wenige Sätze, um zu erläutern, dass seine Eltern zu dieser privilegierten Gruppe gehören. Denn als er die Sprache auf seinen Vater bringt, errichtet er der Ehe seiner Eltern dieses beneidenswerte Denkmal: »Die Krone seiner Liebe galt meiner Mutter. Er liebte sie von ganzem Herzen. Was sie sagte, tat, ließ, gab, nahm, fragte, er teilte es mit ihr, dreiundsechzig Jahre. Immer, immer suchten sich ihre Hände. Sie lagen umarmt im Bett« (van Veen, 2010).

Das Gegenstück einer solchen Ehe ist die *stabil negative Beziehung,* die gekennzeichnet ist durch viel Feindschaft, Konflikte und Gleichgültigkeit. Ganz im Sinne des Sprichworts »Nicht mit dir, aber auch nicht ohne dich«: Diese Partner bekämpfen sich sprichwörtlich bis aufs Blut, aber doch bleiben sie zusammen. Richtige Streitpaare also. Georges Simenon beschreibt in seinem Roman *Die Katze* (1967) ein solches Ehepaar, für das die Ehe seiner Eltern als Vorbild diente.

Das dritte Muster ist das der *langsamen Entfremdung*. Die Beziehung beginnt mit viel Zuneigung, schläft aber allmählich ein, und die Partner finden keinen Weg, daran etwas zu ändern. Oft enden solche Beziehungen mit einer Scheidung.

Das vierte Muster ist die *stabil neutrale Beziehung*. Das Ehepaar ist zufrieden miteinander, nicht mehr und auch nicht weniger. Es gibt keine Höhepunkte und ebenso wenig Tiefpunkte. Mann und Frau leben fast wie Bruder und Schwester.

Beim fünften und letzten Muster ähnelt der Weg des Eheglücks einer *U-Form*. Nach einem Höhepunkt in den ersten Jahren setzt eine schnelle Talfahrt ein, die oft mit der Geburt der Kinder zusammenfällt. Wenn die Kinder aus dem Haus gehen, nimmt die Zufriedenheit in der Ehe langsam wieder zu. Es ist übrigens nicht sicher, ob der Abfall und Anstieg wirklich mit den Kindern zusammenhängen. Diese Kurve lässt sich nämlich auch bei kinderlosen Paaren beobachten. Dieses auf den ersten Blick trostlos anmutende Bild hat auch eine erfreuliche Seite: In dem Buch *The World Book of Love* äußert die US-amerikanische Liebes- und Beziehungswissenschaftlerin Elaine Hatfield die Vermutung, dass die leidenschaftliche Liebe der ersten Jahre im Laufe der Zeit einer kameradschaftlichen Liebe weicht, einem zarten Gefühl, das aus großer Verbundenheit, Nähe und Treue besteht. (Hatfield & Forbes, 2013).

Die fünf Muster beschreiben nicht alle möglichen Beziehungsformen. So gibt es auch Ehen mit einem W-förmigen Muster oder sogar einem WWW-Muster, die von mehreren Hochs und Tiefs geprägt sind. Wie dem auch sei, die genannten Muster veranschaulichen, dass die meisten Beziehungen im Laufe der Zeit Veränderungen durchmachen, erst recht, wenn man bedenkt, dass die ersten vier Muster stark in der Minderheit sind; sogar wenn man diese vier addiert, liegen sie in der Häufigkeit weit abgeschlagen hinter der U-Form. Natürlich möchte jeder am liebsten eine dauerhaft positive Beziehung führen, aber dies ist höchstens zehn Prozent aller Paare vorbehalten (siehe dazu den im Folgenden zitierten Artikel aus dem *NRC Handelsblad*). Wenn Sie sich für eine feste Beziehung entscheiden, wird diese aller Wahrscheinlichkeit nach der U-Form folgen. Das bedeutet, dass Sie drei oder vier Jahre lang glücklicher sind als jemals zuvor, aber es bedeutet auch, dass das Glück mit dem Verschwinden der Verliebtheitshormone aus Ihrem Körper schnell abnimmt und sie anschließend für eine lange Zeit in eine Plateauphase geraten. Nach etwa 20 Jahren geht es dann wieder bergauf mit Ihrer Beziehung.

Da dieses Muster häufig vorkommt, sowohl bei Paaren mit Kindern als auch bei kinderlosen Paaren, liegt die Erklärung nahe, dass es Jahre dauert, bis man sich an die gegenseitigen Unzulänglichkeiten und Angewohnheiten gewöhnt, sich nach ihnen zu richten lernt und seinen Frieden mit der Realität macht: »Da eine Trennung jetzt nicht mehr infrage kommt, sollten wir einfach das Beste daraus machen.«

Es gibt jedoch noch eine andere Erklärung, die plausibler erscheint. Diese hebe ich für das Ende dieses Kapitels auf.

Für immer verliebt: Es ist auf jeden Fall möglich

Veröffentlicht: 13. Januar 2009 11:46 | Geändert: 30. Januar 2009 von der Wissenschaftsredaktion des NRC Handelsblad

Rotterdam, 13. Januar. In den Gehirnen von Menschen, die schon zwanzig Jahre oder länger zusammen sind und von sich behaupten, immer noch verliebt zu sein, scheinen in der Tat noch die gleichen Gehirnbereiche aktiv zu sein wie bei frisch verliebten Paaren. Das haben der US-amerikanische Psychologe Arthur Aron und seine Kollegen von der Stony Brook University in New York nachgewiesen. Die Psychologen scannten die Gehirne von Menschen, die im Schnitt zwanzig Jahre zusammen waren und von sich selbst behaupteten, immer noch verliebt zu sein. Dabei zeigten die Forscher den Menschen ein Bild ihres Partners. Die Studie, deren Ergebnis vor Kurzem auf einem Kongress in Washington vorgestellt wurde, zeigte, dass dadurch die gleichen Gehirnbereiche aktiviert wurden wie bei frisch verliebten Paaren, ohne dass dabei die Gefühle von Angst und Stress entstanden, die man bei einer neuen Verliebtheit empfindet. Wahrscheinlich bleibt jedes zehnte Paar so lange verliebt.

Gehen Sie nicht davon aus, dass der andere sich ändern wird

Es ist eines der hartnäckigsten Missverständnisse unter Menschen, die eine feste Beziehung eingehen, dass sie die weniger angenehmen Seiten ihres Partners ändern könnten. Es gibt sogar zahlreiche Bücher, die beschreiben, wie das gelingen soll. Aber sollten Sie auch (noch) dieser Überzeugung sein, dann führen Sie doch einmal eine Umfrage unter Paaren aus Ihrem direkten Umfeld durch und fragen Sie diese, ob sie es versucht haben und was das Ergebnis war. Mein bereits zitierter Lehrmeister Professor Munnichs hat die Studien auf dem Gebiet der Persönlichkeitsentwicklung im Verlauf eines Lebens einmal kurz und prägnant in zwei Sätzen zusammengefasst: »Wenn Menschen älter werden, bleiben sie gleich. Sie werden nur etwas schlimmer.« Mit anderen Worten: Menschen ändern sich mit zunehmendem Alter nicht oder kaum, ihre Eigenschaften verstärken sich eher. Menschen, die früher schon freundlich und zuvorkommend waren, werden das noch mehr, wenn sie älter werden; Menschen, die in ihrer Jugend misstrauisch waren, werden noch misstrauischer. Untersuchungen zur Wirkung von Psychotherapie haben ergeben, dass sogar Menschen, die viele Jahre lang viermal in der Woche eine Stunde auf der Couch ihres Therapeuten lagen, sich dadurch kaum verändert haben: auf einer Skala von null bis zehn Punkten nicht mehr als einen halben Punkt. Bedenken Sie, dass es dabei um Menschen geht, die motiviert waren, etwas an ihrer Persönlichkeit zu ändern und die professionelle Unterstützung von Experten erhielten, die wiederum durch eine mehrjährige Ausbildung dazu befähigt waren, an der Persönlichkeit eines Menschen zu arbeiten.

Haben Sie schon einmal versucht, einen Namen oder eine tiefe Kerbe, die in den Stamm einer Eiche geritzt war, zu entfernen und die Rinde des Baumstamms wieder in ihren ursprünglichen, unberührten Zustand zu versetzen? Ich denke nicht. Aber versuchen Sie sich einmal vorzustellen, Sie würden das tun. Was würde geschehen, wenn Sie diese Herausforderung ernsthaft angingen? Wahrscheinlich würden Sie genauso wie ich feststellen, dass die einzige Wirkung, die Sie erzielen könnten, eine noch tiefere Kerbe wäre. So ergeht es Ihnen auch, wenn Sie versuchen, den Charakter eines anderen zu ändern. Ihre Versuche haben sogar einen gegenteiligen Effekt. Aus diesem Grund habe ich den Vergleich zu Kerben in einem Baumstamm gezogen. Die Wörter »Charakter« und »kerben« sind miteinander verwandt. Ihr Charakter ist Ihnen eingekerbt und lässt sich daher kaum verändern. Sowohl Ihr eigener Charakter als auch der Ihres Partners sind fast genauso widerspenstig wie Eichenholz. Es macht keinen Sinn, darauf zu hoffen, dass Ihr Partner sich schon ändern wird, und es macht erst recht keinen Sinn, Energie zu investieren, um ihn von seinen Charakterschwächen zu befreien. Ihr Partner wird sich dann nur auf Sie und Ihren Charakter stürzen und Sie auf Ihre eigenen Unzulänglichkeiten hinweisen. Die Folge davon ist, dass Sie beide unglücklich sind, weil Sie nicht Sie selbst sein dürfen.

Auch Gewohnheiten lassen sich kaum ändern. Es handelt sich dabei nämlich um Verhaltensweisen, über die der andere nicht nachdenkt und die schon seit Jahren typisch für ihn sind. Eine neue Verhaltensweise zu lernen ist vergleichbar mit dem Bauen eines neuen Hauses an einer Stelle, an der noch ein Haus steht. Zuerst muss man das alte Haus abreißen (was Monate dauert) und erst danach kann man mit dem Bau des neuen anfangen. Auch das dauert wieder viele Monate. Und kostet viel Blut, Schweiß und Tränen. Meistens wird Ihr Partner Sie jedoch spüren lassen: »Warum sollen wir überhaupt ein neues Haus bauen, ich fühle mich hier wohl.« Wenn Sie die Gewohnheiten Ihres Partners ändern wollen, wird er nicht mitarbeiten.

Eine alte Weisheit besagt, dass es nur eine einzige Person gibt, die Sie ändern können: sich selbst. Aber es ist sehr wahrscheinlich, dass Sie das nicht wollen oder nicht können. Können Sie es dann von Ihrem Partner verlangen? Die amerikanische Glücksjournalistin Gretchen Rubin (2010) hat es folgendermaßen ausgedrückt: »Tatsache ist jedoch, dass man nur sich selbst ändern kann. Das ›Ehe-Mantra‹ einer Freundin lautet: ›Ich liebe Leo so, wie er ist.‹ Ich liebe Jamie so, wie er ist. Ich kann ihn nicht dazu bringen, sich besser um Aufgaben im Haushalt zu kümmern, ich kann nur aufhören, an ihm herumzunörgeln – und das macht mich glücklicher. Wenn man nicht länger erwartet, dass der Partner sich ändert (innerhalb eines vernünftigen Rahmens), nehmen Zorn und Verärgerung ab, sodass in der Ehe eine liebevolle Atmosphäre vorherrschen kann.«

Nicht, dass ich ihn ändern wollte, aber er wäre so viel besser, wenn er anders wäre.

Das wusste auch schon Shakespeare. In *Maß für Maß* bietet ein Herzog einer der Hauptpersonen (Mariana) Geld an, damit sie sich einen besseren Mann kaufen möge. Sie weigert sich jedoch mit den einfachen Worten: »[...] ich verlange keinen andern und keinen bessern Mann.« In diesem kurzen Satz enthüllt sie das wahrscheinlich wichtigste Geheimnis einer erfolgreichen Partnerschaft: den anderen so zu akzeptieren, wie er ist. Kann es einen größeren Liebesbeweis, ein großzügigeres Geschenk geben, das man seinem Partner machen könnte? Und das Besondere daran ist, dass ein solches Geschenk Ihnen selbst am meisten Freude bereiten kann.

Ich habe soeben gesagt, dass man einen anderen Menschen nicht ändern kann, diese Aussage möchte ich etwas differenzieren. Das Paradoxe ist, dass Ihr Partner sich in fast allen Fällen zu seinem Vorteil ändern wird, wenn Sie ihn so nehmen, wie er ist. Wenn Sie Ihren Partner mit einem positiveren Blick betrachten, dann wird er das sofort spüren und positiv darauf reagieren. Das erinnert mich an einen Bericht über eine außergewöhnliche Studie in einem amerikanischen Pflegeheim, den ich vor zwanzig Jahren gelesen habe. In diesem Pflegeheim lebten ein paar Bewohner, die beim Pflegepersonal besonders unbeliebt waren. Es waren Ältere, die so viel klagten und meckerten, dass das Personal ihnen möglichst aus dem Weg ging. Die Forscher baten das Pflegepersonal, sich an folgendem Experiment zu beteiligen: »Versuchen Sie sich vorzustellen, dass genau diese Bewohner die nettesten und beliebtesten Bewohner des Pflegeheims sind, und versuchen Sie, diese Bewohner in den kommenden zwei Wochen so zu betrachten. Sie müssen sie nicht anders behandeln.« Als die Forscher ein paar Wochen später zurückkehrten, waren sie erstaunt. Das Pflegepersonal fand diese bislang unbeliebten Bewohner mittlerweile wirklich nett und lieb!

In seinem Buch *Einwandfrei: ›A Complaint Free World‹ – Wie Sie aufhören, über Gott und die Welt zu klagen und stattdessen anfangen, wirklich das Leben zu genießen* (2008) lässt der Schriftsteller Will Bowen viele Menschen zu Wort kommen, die erläutern, wie ein derartiges Gedankenexperiment auch in einer Beziehung positive Auswirkungen haben kann. Bowen fasst die Essenz dieser Geisteshaltung in folgendem Satz zusammen: »Klagenfreie Beziehungen sind keine Frage des Lernens, was man *tun* muss, es geht darum, wie man *sein* muss.«

Gehen Sie davon aus, dass Sie manchmal gelangweilt sein werden

»Wir hatten einfach genug voneinander. Wir hatten uns nichts Neues mehr zu erzählen. Ich hatte ihr Buch gelesen, sie meines. Warum sollte man dann noch länger zusammenbleiben? Das haben wir deswegen auch nicht getan.« Eine ähnliche Aussage haben Sie in Ihrem Umfeld bestimmt auch schon mal gehört. Und wenn nicht, dann haben Sie bestimmt schon mal einen Artikel oder ein Interview gelesen, in dem ein Prominenter erklärte, er lasse sich scheiden, weil der Lack ab sei und die Langeweile zugeschlagen habe. Wie der flämisch-niederländische Schriftsteller Jeroen Brouwers, der in einem Interview bekannte, dass er dem Monster der Langeweile mehr als einmal begegnet sei:

> »Auch ich war irgendwann, wie alle anderen, verheiratet, vollzog den Akt der Ehe und so weiter, bis das Ganze anfing, mich zu langweilen. Langeweile, einfach nur Langeweile! Das kann doch passieren! Voilà! Und dann machte ich das Fenster auf und schaute mich draußen um, ob nicht noch etwas anderes im Angebot war. Ich habe bestimmt 15 Jahre lang völlig zügellos gelebt. (...) Aber irgendwann hat man genug Sex gehabt, genug geredet. Es gibt dann nichts Neues mehr. Das ist der Haken an der Sache. Was dann bleibt, ist Einsamkeit.« (Visser, 2006)

Leider kommt in jeder Beziehung der Moment, in dem sich die Langeweile Bahn bricht und Sie das Gefühl überkommt, dass Sie nur noch ein Anhängsel Ihres Partners sind. Die Ehe lässt sich mit einer Stelle vergleichen. In den ersten Jahren ist alles neu und spannend, aber nach fünf bis sieben Jahren (abhängig von dem Beruf, den Sie ausüben), werden Sie entdecken, dass Sie auf bekannten Pfaden wandeln und die Arbeit Ihnen nur noch selten Herausforderungen bietet. Dann können Sie sich eine neue Stelle suchen, aber Sie werden irgendwann feststellen, dass das Muster sich wiederholen wird. Dasselbe geschieht, wie Jeroen Brouwers feststellen musste, wenn Sie eine

Beziehung beenden und eine neue Beziehung eingehen. Der Grund dafür, dass früher oder später der Alltag oder die Langeweile zuschlägt, hängt mit dem Gesetz der »hedonistischen Adaption« zusammen. Man gewöhnt sich an Glück. Sogar wenn Sie Ihren Traumpartner finden, wird Gewöhnung nicht ausbleiben.

Als mir sogar sein Atmen auf die Nerven ging, wusste ich, dass ich ihn verlassen musste.

Auch der ehemalige niederländische Fußballprofi René van der Gijp hat auf diesem Gebiet Erfahrungen gesammelt:

> »Es ist besser, Freunde zu haben als eine Beziehung. Wenn man einem Freund einen Überraschungsbesuch abstattet, sagt dieser: ›Wie schön, dass du an mich gedacht hast.‹ Wenn man ausgesprochen aufmerksam und nett zu einer Frau ist, dann ist das für sie schon nach drei Monaten die normalste Sache der Welt.« (Kouters, 2010)

Darum kann man, anstatt sich scheiden zu lassen, der Langeweile auch zuvorkommen oder sie bekämpfen, sobald sich die ersten Anzeichen bemerkbar machen. Fangen Sie neue Hobbys an, entdecken Sie neue Interessen. Zusammen, aber auch jeder für sich. Sorgen Sie dafür, dass Sie genügend Gesprächsstoff haben. Und bleiben Sie neugierig aufeinander, arbeiten Sie an sich und an Ihrer Beziehung. Kurz gesagt, tun Sie dasselbe wie die Menschen, die schon zwanzig Jahre dieselbe Arbeitsstelle haben und trotzdem noch mit viel Freude zur Arbeit gehen. Ihr Geheimnis liegt in der Regel darin, dass sie sich ständig weiterentwickeln, dass sie sich auf die Suche machen nach neuen Betrachtungswinkeln und Einsichten, andere Teilaufgaben annehmen (wie die Einarbeitung oder das Coaching neuer Mitarbeiter, Mitwirken im Betriebs- oder Aufsichtsrat) und auch in ihrer Freizeit nach inspirierenden Beschäftigungen suchen.

Ein anderes Geheimnis glücklicher Paare ist, dass sie zusammen *neue* Dinge unternehmen, zum Beispiel zusammen Kanu fahren gehen oder Tanzunterricht nehmen, wenn sie das vorher noch nie getan haben. Wissenschaftler haben herausgefunden, dass es nicht reiche, einfach nur Zeit miteinander zu verbringen, um die Qualität einer Beziehung zu verbessern, und dass es wertvoller sei, zusammen spannende Dinge zu unternehmen, als angenehme und entspannende Dinge zu tun (Kashdan, 2009). Paare, die anderthalb Stunden pro Woche aufregenden Beschäftigungen nachgingen, waren zufriedener mit ihrer Beziehung als Paare, die in dieser Zeit unterhaltsame Dinge unternahmen, oder Paare, die keine derartigen Aktivitäten unternahmen (Koomen, 2012). Sogar Paare, die schon dreißig Jahre zusammen sind, können durch eine Extraportion Spannung mehr Zufriedenheit aus ihrer Beziehung schöpfen. Der Grund dafür, dass das Unternehmen neuer, idealerweise spannender Dinge der Liebe guttut, hängt mit der Arbeitsweise unseres Gehirns zusammen. Das Gehirn produziert in solchen Situationen Stoffe, die das Herz schneller schlagen lassen. Und zufälligerweise handelt es sich um genau denselben Cocktail an Substanzen, der auch bei Verliebtheit freigesetzt wird. Es kann also sein, dass Sie wieder Schmetterlinge im

Bauch spüren, wenn Sie in fortgeschrittenem Alter zusammen Skiunterricht nehmen. Dazu kommt, dass unser Gehirn die monotonen Tage des Glücks sehr schnell vergisst, aber auf seiner Festplatte alles speichert, was anders und neu ist. Das erklärt auch, warum ein Wochenende, an dem Sie viele neue Dingen unternehmen, Ihnen viel länger vorkommen kann als die ganze vorherige Woche, in der Sie nichts Besonderes unternommen haben.

Langeweile ist genau wie Streit etwas, woran beide Partner schuld sind. Wenn Sie sich in Ihrem bequemen Beziehungssessel zurücklehnen und denken: »Der andere soll mich unterhalten und meine Bedürfnisse und Sehnsüchte erfüllen«, dann wird die Langeweile Sie schon bald einholen. Niemand ist dazu in der Lage. Sogar dem besten Entertainer gelingt das nicht. Seien Sie ehrlich: Sind Sie selbst dazu in der Lage? Wie würden Sie es finden, wenn sich die Rollen umkehrten und Ihr Partner sich darauf verließe, dass Sie all seine/ihre Wünsche und Erwartungen, ob groß oder klein, erfüllten? Wären Sie immer bereit zum Schmusen, wenn es Ihrem Partner gerade danach wäre? Würden Sie es schaffen, immer auf den Fernsehfilm oder den Sportwettkampf zu verzichten, auf den Sie sich so gefreut haben, wenn Ihrem Partner an diesem Abend der Sinn nach einem guten Gespräch stünde?

Langeweile ist oftmals auch eine Einstellung, die auf falschen Annahmen beruht: »Ich kenne meine Partnerin jetzt schon zehn Jahre, also muss ich sie doch wohl kennen.« Aktuelle Studien haben gezeigt, dass die Fähigkeit, die Gedanken des anderen zu lesen, nach ein paar Ehejahren nicht zunimmt, sondern sogar abnimmt (Ickes & Aronson, 2003). Der Grund dafür ist, dass die Partner sich dann wieder verstärkt auf sich selbst konzentrieren und nicht mehr so interessiert sind am Befinden des anderen. Sie verlassen sich zu sehr auf ihre eigene Sichtweise und projizieren ihre eigenen Gefühle und Gedanken auf den Partner. Ich denke, es ist klar, welche Lehre wir daraus ziehen sollten: Bleiben Sie interessiert und schalten Sie nicht den geistigen Autopiloten ein, denn dann werden Sie schon bald genug haben von Ihrem Partner. Denn anstatt Ihren Partner besser kennenzulernen, sehen Sie dann nur das Spiegelbild Ihrer eigenen Gedanken.

Machen Sie sich außerdem bewusst, dass Langeweile und Routine auch ein Segen sein können. Wie könnten Sie sich auf Ihre Arbeit, die Erziehung Ihrer Kinder, Ihre Freunde konzentrieren, wenn Ihre Ehe immer spannend und aufregend wäre? Würden Sie so ein Leben überhaupt durchhalten?

Gehen Sie davon aus, dass Sie ab und zu zweifeln werden

Da es Perioden oder Momente gibt, in denen Ihr Partner Sie langweilen wird und da Beziehungen sich ändern, werden Sie manchmal von Zweifeln geplagt werden: »Habe ich die richtige Entscheidung getroffen? Will ich denn überhaupt mit diesem Mann/dieser Frau alt werden?« Es gibt zahlreiche Anlässe, die solche Zweifel in Ihnen auslösen können. Natürlich ist da der heftige, sich über Tage hinziehende Streit über eine Angelegenheit, die ständig wieder auftaucht und die Sie zusammen anscheinend einfach nicht in den Griff bekommen. Aber Zweifel können sich auch wegen kleinerer Dinge auftun, zum Beispiel der Lektüre eines romantischen Buchs oder einer schönen Liebesgeschichte, oder weil Sie sehen, was für ein beneidenswertes Glück Ihre betagten Nachbarn miteinander teilen.

Verfallen Sie deswegen nicht in Panik. Zweifel und Liebe gehören zusammen, fast so wie der Strand zum Meer gehört oder die Ebbe zur Flut. Wenn eines in ehrlichen Interviews oder Autobiografien von Nonnen und Priestern deutlich wird, dann, dass sogar die gläubigsten Menschen – Menschen, die ihr ganzes Leben in den Dienst des Glaubens gestellt haben – Momente voller Zweifel durchmachen. Sogar Jesus erlebte kurz vor seinem Tod (im Garten von Gethsemani) solch einen Moment. Warum sollten Sie dann nicht auch ab und zu solche Zweifel spüren?

Das beste Gegenmittel gegen Zweifel ist es, sich auf die positiven Seiten des Partners zu konzentrieren, auf die gemeinsamen schönen Erinnerungen. Denken Sie in solchen Momenten auch noch einmal über Ihre Erwartungen nach und prüfen Sie, inwiefern diese realistisch sind.

Gehen Sie davon aus, dass Ihr Partner Sie nicht nur lieben, sondern manchmal auch hassen wird (und dass es Ihnen zuweilen genauso gehen wird)

Als mein Vater an Demenz erkrankte und geistig immer weiter abbaute, nahm er eines Tages das Brotmesser in die Hand, ging – das Messer vor sich ausgestreckt – auf meine Mutter los und beschuldigte sie des Ehebruchs: »Du dreckige Hure, ich weiß, dass du es mit anderen treibst.« Tief in seinem Inneren spürte mein Vater, dass er immer weiter im Sumpf des geistigen Verfalls versank, und die Angst, kein würdiger Partner mehr zu sein, verwandelte sich in Wut (wie das häufig der Fall ist, und zwar nicht nur bei demenzkranken Menschen).

Jemand, der an Demenz erkrankt, kann anfangen, die Person zu hassen, die er im Grunde genommen am meisten liebt. Aber meistens geschieht das schon viel früher in einer Beziehung, und häufig bleibt es auch nicht bei einem einzigen Mal. Wo viel Liebe ist, liegt die drohende Gefahr durch viel Wut und Hass ständig auf der Lauer. Wie die Geschichte meines demenzkranken Vaters verdeutlicht, kann dies zur Realität werden, wenn andere heftige Gefühle mit Liebe in Konkurrenz treten und die Überhand über sie gewinnen.

Eines dieser Gefühle ist das Bedürfnis nach Kontrolle. Manche Menschen geraten in Panik und sind vollkommen von Sinnen, wenn sie die Kontrolle zu verlieren meinen. Es kann sich dabei um eine Kleinigkeit handeln, zum Beispiel einen Knopf, der sich von ihrem Hemdsärmel löst, kurz bevor sie zu einem Empfang gehen. Das Bedürfnis, die Kontrolle zurückzugewinnen, kann dann stärker sein als das Bedürfnis nach Intimität und Liebe.

Ein anderes Gefühl, das die Liebe überlagern kann, ist der Wunsch nach Rache. Ein Partner, der sich ungerecht behandelt fühlt, kann manchmal an nichts anderes mehr denken als »es dem anderen mit gleicher Münze heimzuzahlen«. Das Verlangen, Gerechtigkeit zu schaffen, kann zuweilen unwiderstehlich sein. Ich sprach soeben von einem Knopf, der sich von einem Ärmel löst. Der französische Soziologe und Forscher Jean-Claude Kaufmann nennt in seinem

Buch *Was sich liebt, das nervt sich* ein Beispiel für Rache, das mit einem solchen Vorfall zusammenhängt:

> »Ich weiß nicht, wie er das fertigbringt, ihm gehen immer die Hemdknöpfe ab. (...) Es stimmt, dass ich beim Bügeln sehe, dass die Knöpfe mehr oder weniger lose sind. Aber gut, ich beachte das nicht weiter. Und wenn er das Hemd dann anzieht, geht ein Knopf ab!« Agnes bricht in ein solches Gelächter aus, dass sie Mühe hat, fortzufahren. »Dann explodiert er: ›Du könntest doch wirklich aufpassen, wenn du das Hemd in den Schrank räumst.‹« (...) Hinter ihrem Lachen verbarg sich nämlich ein Leid, das vor langer Zeit entstanden war, und zwar an dem Tag, als sie Jean begegnete, den sie so sehr liebt. (...) Sie hatte ihre beruflichen Pläne aus Liebe aufgegeben, um sich ganz ihrer Familie und dem Haushalt zu widmen. (...) Man darf Agnes nicht vorwerfen, absichtlich die Strategie mit den Knöpfen ersonnen zu haben, um ihren Mann in die Falle zu locken; dieser Mechanismus war von selbst entstanden. Aber sehr schnell merkte sie intuitiv, dass sie damit eine heimliche kleine Rache zur Hand hatte, die ihr die Kompensation ihrer verdrängten Unzufriedenheit und die Wiederherstellung ihres seelischen Gleichgewichts ermöglichte. (Kaufmann, 2008)

Liebe kann auch durch das Ringen um »die Wahrheit« von ihrem ersten Platz verdrängt werden. Wenn man zwei Menschen miteinander streiten sieht – ob es sich dabei nun um Politiker, Journalisten, Wissenschaftler oder Ehepaare handelt – dann vermitteln all ihre Worte und Gesten eine einzige Botschaft: »Ich habe recht und du hast unrecht. Gib das doch einfach zu.« Im Namen der Wahrheit können Menschen sich das Leben zur Hölle machen, die sich einmal versprochen haben, einander glücklich zu machen. Die Wahrheit wird in der Regel als ein großes Gut angesehen, etwas, wofür es sich zu kämpfen lohnt, aber in Beziehungen kann der Kampf um die Wahrheit die Quelle für viel Feindseligkeit und Hass sein.

Die Brüderchen und Schwesterchen der Wahrheit sind Trotz und Scham. Es bedarf einer gewissen Demut, um einen Streit beilegen zu können. Man muss zugeben, dass man selbst auch das Seine zum

Streit beigetragen hat. Aber Trotz und Scham können dem im Weg stehen. Viele Menschen werden sich dieser beiden Gefühle auch nicht erwehren können, wenn ihnen bewusst wird, dass sie im Unrecht waren und ihren Partner ungerecht behandelt haben. Ihr Ego ist ihnen in solchen Momenten wichtiger als eine Rückkehr zu Liebe und Intimität.

Wie oft haben mir verheiratete Paare berichtet, dass es manchmal gut tue, wütend zu sein. Ab und an denke ich dann, dass nicht Hooligans, sondern verheiratete Paare die wahren Meister darin sind, Aggressionen ohne Rücksicht auf Verluste auszuleben. Es scheint ihnen eine wahre Genugtuung zu sein, sich ab und zu aneinander abzureagieren und ihrer Wut freien Lauf zu lassen. Erst vor Kurzem wurde ich an diese Wahrheit erinnert, als ich im Zug ein Gespräch mithören durfte, das vier Frauen um die 65 miteinander führten. »Manchmal muss man zu Hause mal so richtig Dampf ablassen«, begann eine dieser Frauen mit einem Funkeln in den Augen. »Ja, dann redet mein Mann zwar ein paar Tage nicht mehr mit mir, aber das ist es mir wert.« Gleich darauf stimmten die anderen drei Frauen ihr zu und erzählten, dass sie das auch kannten.

Menschen entscheiden sich für eine feste Beziehung, weil sie sich lieben. Da sie dadurch den positivsten ihrer Gefühle Raum und freie Bahn geben können: der Liebe und dem Teilen von Glück. Aber wir Menschen haben alle auch eine weniger angenehme Seite. Wir haben auch negative Gefühle. Und für viele Menschen ist die Ehe die Arena oder der Raum, in dem sie ein Ventil für diese negativen Gefühle finden, zum Beispiel, indem sie »mal so richtig Dampf ablassen«. Überall auf der Welt denken Menschen, die einander dann wie Streithähne bekämpfen: »Hätte ich früher gewusst, dass du so bist, dann hätte ich mir zweimal überlegt, ob ich mich auf dich einlasse.«

Hass und Streit könnten oftmals sehr einfach beigelegt werden, wenn jeder sich die Frage stellen würde: »Was ist mir am liebsten: die Belohnung des Streits oder die Belohnung der Liebe, also das Begraben des Kriegsbeils?« Leider ist das Gehirn in Zeiten von Streit nicht empfänglich für solch rationale Abwägungen. Das Gefühl beherrscht dann den Verstand.

Gehen Sie davon aus, dass Sie für immer zusammenbleiben werden

Der niederländische Trendforscher Adjiedj Bakas schreibt in seinem Buch *Toekomst van de liefde* (Zukunft der Liebe) (2010), dass Ehen »bis der Tod uns scheidet« der Vergangenheit angehörten und dass man in Zukunft Ehen für eine Dauer von zehn Jahren schließen werde und diese danach automatisch aufgelöst würden. »Man kann dann für weitere zehn Jahre unterschreiben oder beschließen, dass es jetzt reicht.«

Ich denke nicht, dass es vernünftig ist, einer solchen Vorhersage Glauben zu schenken. Sie haben bestimmt schon einmal von der sich selbst erfüllenden Prophezeiung gehört. Wenn Sie von vornherein denken, dass Ihre Beziehung nicht von langer Dauer sein wird, dann werden Sie auch weniger investieren, wenn es mal nicht so gut läuft. Die Wahrscheinlichkeit ist dann sehr groß, dass Sie nicht einmal die ersten zehn Jahre schaffen. Auf der anderen Seite werden Sie sich viel mehr anstrengen, Ihre Beziehung durch schwierige Zeiten zu bringen, wenn Sie beabsichtigen, für immer zusammenzubleiben. Es verschafft einem zwar ein gewisses Maß an Befriedigung, viermal eine Distanz von zehn Kilometern zu laufen, aber das ist nichts im Vergleich zu der Befriedigung, die Ihnen das Absolvieren eines Marathons verschafft. So ist es auch mit einer Beziehung.

Wenn Sie mit der Einstellung »Wenn ich müde werde oder mir etwas wehtut, dann höre ich auf« an einen Marathon herangehen, dann werden Sie die Ziellinie nie erreichen. Sie werden alles geben müssen, um erfolgreich zu sein. Das gilt auch für eine Beziehung.

Erwarten Sie nicht (zu) viel Glück von Ihrer Beziehung

Wenn Sie den Mann oder die Frau Ihrer Träume gefunden haben, dann hoffen Sie wahrscheinlich darauf, dass mit einer festen Beziehung das große Glück Einzug halten und dass dieses Glück für immer anhalten wird. Jeder, der zum ersten Mal eine feste Beziehung eingeht, hat diese Erwartungshaltung: »Morgen werde ich glücklich sein.«

Wenn Sie das denken, dann hat die noch junge Wissenschaftsdisziplin der Glücksforschung leider eine enttäuschende Botschaft für Sie in petto. Die Hälfte Ihrer Fähigkeit, glücklich zu sein, ist bereits von Geburt an festgelegt. Mit anderen Worten: Fünfzig Prozent Ihres Glücks sind von den Genen abhängig, die Sie von Ihren Eltern bekommen haben. An diesen Genen können Sie nichts verändern. Vierzig Prozent Ihres Glücks werden durch eigenes Handeln und Verhalten bestimmt, und die haben Sie durchaus selbst in der Hand. Darauf werde ich gleich noch zurückkommen.

Lediglich zehn Prozent Ihres Glücks hängen von äußeren Umständen ab. Dazu zählen, wie es der amerikanische Schriftsteller Herman Melville ausgedrückt hat, »die Frau, das Herz, das Bett, der Tisch, der Sattel, das Land«. Diese zehn Prozent Ihres Glücks hängen also mit den Fakten Ihres Lebens zusammen: Ihrem Alter, dem Land und der Gegend, in der Sie aufgewachsen sind, Ihrem Beruf, Ihrem Glauben und den bedeutenden negativen und positiven Ereignissen in Ihrem Leben, beispielsweise einem Autounfall, dem Tod Ihres kleinen Bruders, dem Aufwachsen in einer harmonischen oder eben zerrütteten Familie, dem örtlichen Karaokewettbewerb, bei dem Sie als Kind den ersten Platz belegt haben.

Es fällt Ihnen bestimmt schwer, das zu glauben, aber ob Sie nun jung oder alt sind, in einer Villa oder in einem einfachen Reihenhaus wohnen, Falten oder eine glatte Haut haben, ob Sie dreimal im Jahr eine Fernreise unternehmen können oder kaum das Geld haben, eine Woche im eigenen Land Urlaub zu machen, ob Sie die teuerste Markenkleidung tragen und die neuesten technischen Spielereien besitzen oder ob Sie sich in Bezug auf Kleidung und Technik keinerlei Luxus und Ausschweifungen erlauben können – die Wahrscheinlichkeit, dass Sie glücklich oder unglücklich sind, ist ungefähr gleich. Sogar wenn Michael Jacksons Erben Ihnen die Neverland Ranch schenkten oder Sie den Hauptpreis im Lotto gewännen, an Ihrem Glück würde das wenig ändern. Je materialistischer man orientiert ist, desto weniger wird der neu erworbene Reichtum das persönliche

Glück vergrößern. Auch eine Schönheitsoperation oder ein schönes Gesicht macht einen Menschen nicht glücklicher (was übrigens sehr wohl glücklicher macht, ist zu *denken*, man sei schön). Umgekehrt sind Menschen auch nicht unglücklicher, wenn sie eine schwere Krankheit wie Brustkrebs oder multiple Sklerose bekommen oder eine körperliche Behinderung erleiden, wenn sie zum Beispiel erblinden oder eine Querschnittslähmung bekommen. Kurzfristig natürlich schon, aber nach etwa einem Jahr erreichen die meisten Menschen wieder dasselbe Glücksniveau, auf dem sie sich kurz vor der Konfrontation mit diesem Unheil befanden.

Erscheint Ihnen dies alles sehr unwahrscheinlich? Wenn Sie die psychologische Erklärung für die Tatsache erfahren, dass unser Glück in so geringem Maß von den äußeren Umständen abhängt, in denen wir leben, wird es vielleicht etwas glaubwürdiger. Das Schlüsselwort in diesem Zusammenhang lautet: Adaption. Wir passen uns sowohl an unangenehme als auch an angenehme Umstände sehr schnell an. Wenn Sie aus der Eiseskälte kommen und sich neben den offenen Kamin setzen, dann fühlen Sie sich pudelwohl. Aber dieses Gefühl bleibt nicht für immer: Nach einer Stunde, vielleicht auch schon früher, haben Sie sich an die Wärme gewöhnt. Ich erwähnte dies bereits im Zusammenhang mit der hedonistischen Adaption. So verhält es sich mit allem, was uns passiert oder widerfährt. Ob es nun Glück oder Unglück ist.

Das Gesetz der Adaption gilt auch für die Ehe. In einer Studie wurden eineiige Zwillinge, die zusammen aufgewachsen sind, mit eineiigen Zwillingen verglichen, die gleich nach der Geburt getrennt wurden. Man hat festgestellt, dass sich Unterschiede in Bezug auf das Glück nur zu einem Prozent durch den Familienstand, also ob man verheiratet oder ledig ist, erklären lassen. Sie haben richtig gelesen, ein Prozent, nicht mehr. Ich gebe zu, dass auch mein Herz, in dem immer noch das Feuer des romantischen Ideals der Ehe schwelt, sogleich protestierte, als ich dies zum ersten Mal in dem aufsehenerregenden Buch *Glücklich sein: Warum Sie es in der Hand haben, zufrieden zu leben* (2008) der amerikanischen Glücksforscherin Sonja Lyubomirsky las. Die Erkenntnisse aus einer anderen Studie (die Lyubomirsky in ihrem Buch zitiert) überzeugten mich schließlich doch. Es handelte sich um eine groß angelegte deutsche Studie, in der 1.761 Menschen – Deutsche, Einwanderer und Ausländer – über einen Zeitraum von insgesamt 17 Jahren jährlich befragt wurden. Sie wurden dazu in verschiedenen Lebensphasen begleitet, nämlich als Alleinstehende, rund um ihre Heirat und während der Ehe. Es stellte sich heraus, dass in der Mehrheit der Fälle die Ehe nur zeitlich begrenzte Auswirkungen auf das Glück hat. Nach der Hochzeit erfährt das Glück zwar einen Schub, dieser ist jedoch nur von kurzer Dauer. Nach zwei Jahren erreichen die Partner wieder ihr ursprüngliches persönliches Niveau des Wohlbefindens (zitiert in Lyubomirsky, 2008).

Ich habe in diesem Kapitel bereits das U-Muster erwähnt, das die meisten Beziehungen durchleben, wobei das Eheglück wieder ansteigt, wenn die Partner das Alter von 40 oder 45 Jahren erreichen. Meistens wird das dadurch erklärt, dass die Kinder dann ausziehen oder weniger Energie und Aufmerksamkeit fordern. Kurzum, die Ehe könne uns durchaus glücklicher machen, die Kinder streuten jedoch Sand ins Getriebe.

Oder ist es doch ganz anders? Ich glaube schon. Ich glaube, dass es eine zweite, noch einleuchtendere Erklärung dafür gibt, warum das Eheglück in der zweiten Lebenshälfte zunimmt. Diese findet sich in einer Langzeitstudie, die unter 21.000 britischen und deutschen Männern und Frauen durchgeführt wurde. In dieser Studie kam man zu dem Ergebnis, dass Menschen nach ihrem 45. Lebensjahr immer zufriedener werden mit ihrem Leben und dass sie den Höhepunkt ihres Glücks im Alter von 74 erreichen (Baird et al., 2010). Eine bedeutende Erkenntnis war, dass es dabei nicht so sehr darauf ankommt, ob man verheiratet ist oder nicht. Paare werden nach zwanzig Jahren also wieder glücklicher miteinander, weil sie als Individuen glücklicher werden. Goethe hatte wahrscheinlich recht, als er sagte: »In seiner Persönlichkeit muss der Mensch das größte Glück finden.« Eheglück beginnt also immer bei einem selbst.

Noch treffender drückt der Titel eines Buchs diese Wahrheit aus, das ich letztes Jahr im Schaufenster einer Buchhandlung in Weimar (wo der soeben zitierte Goethe übrigens den Großteil seines Lebens verbrachte) entdeckte: *Liebe dich selbst und es ist egal, wen du heiratest.* Um mit einem anderen Menschen glücklich sein zu können, muss man also zunächst mit sich selbst glücklich sein. Leider gelingt das den meisten Menschen offenbar erst, wenn sie den Großteil ihres Lebens bereits hinter sich haben.

Älterwerden hat viele Vorteile. Ich habe noch genauso viele Fehler wie früher, aber heute interessiert mich das nicht mehr.

Es gibt jedoch auch Menschen, denen es schon früher gelingt, in sich und in ihrer Beziehung das Glück zu finden. Ich habe bereits erwähnt, dass die meisten Ehen in puncto Glück zwar ein U-Muster aufweisen, dass aber etwa zehn Prozent der Ehen stabil glücklich sind. Was ist das Geheimnis dieser Paare? Die soeben genannte deutsche Studie unter 1.761 Menschen hält eine Antwort darauf bereit. Ich zitiere dazu nun Sonja Lyubomirsky, die diese Studie anführt und die Essenz dieses Geheimnisses in Worte fasst, indem sie zwei Teilnehmer genauer betrachtet.

> Greifen wir die beiden Versuchsteilnehmer Markus und Roland heraus, die im Verlauf der Studie heirateten und aus dem Durchschnitt herausfallen. Das Glücksempfinden von Markus stieg nach der Hochzeit überdurchschnittlich an; acht Jahre später war er als Ehemann immer noch glücklicher als zu seiner Singlezeit und beinahe so glücklich wie unmittelbar nach der Eheschließung. Roland dagegen war während seiner ersten beiden Ehejahre weniger glücklich als in seiner Zeit als Single und ist in den fünf Jahren, die seither vergangen sind, immer weniger glücklich geworden. Was ist das Besondere an diesen beiden Männern? Markus wollte nicht, dass die Ehe sich abnutzte, er wollte sich also nicht an die positiven Auswirkungen gewöhnen. Also nahm er sich vor, alles zu tun, um der bestmögliche Ehemann zu sein und zu verhindern, dass die Ehe zur Selbstverständlichkeit wurde. Er denkt bewusst daran, seiner Frau zu sagen, dass er sie liebt, ihr Blumen mitzubringen, gemeinsame Aktivitäten zu planen, Reisen zu unternehmen, neue Hobbys anzuregen und sich für die Erfolge, Probleme und Gefühle seiner Frau zu interessieren. Roland dagegen war enttäuscht, dass die Ehe nicht seinen idealistischen Erwartungen entsprach, und bemerkte nicht, wie sich seine Beziehung langsam, aber sicher verschlechterte. Von Markus und Roland können wir lernen, dass wir zwar dazu neigen, uns an positive Veränderungen zu gewöhnen, dass wir es jedoch selbst in der Hand haben, diesen Gewöhnungsprozess durch unseren Einsatz zu bremsen oder zu stoppen. Markus entschied sich ganz bewusst, die Gewöhnung an seine Ehe zu verhindern, indem er aktiv und kreativ die Liebe und Zuneigung erhielt, die er und seine Frau füreinander empfanden. Von dieser Strategie können wir lernen, denn sie ist ein gutes Beispiel für ein Ziel, das wir bewusst formulieren und für das wir uns nach Kräften engagieren können.

Wie gesagt, man kann 40 Prozent seines Glücks durch eigene Taten und das eigene Verhalten steuern. Das eben zitierte Beispiel verdeutlicht, dass dies auch für die Ehe gilt. Es zeigt außerdem, dass man keine Erwartungshaltung einnehmen darf, sondern an seinem Glück arbeiten muss. Wenn man sich nicht anstrengt, ist es nicht realistisch, davon auszugehen, dass man nach ein paar Jahren Ehe wieder genauso glücklich oder unglücklich sein wird wie in der Zeit, als man noch ungebunden war.

Erwarten Sie keine Gleichheit oder hundert Prozent Gerechtigkeit

Jeder, der kleine Kinder hat und unter ihnen eine Torte oder einen Kuchen verteilt, weiß, dass sie ganz genau darauf achten, ob ein anderer nicht ein größeres Stück bekommt. Für sie scheint es in diesem Moment nichts Wichtigeres auf der Welt zu geben, als ein genauso großes Stück wie die anderen zu bekommen. Genau wie Kinder verhalten sich auch verheiratete Paare oft wie Buchhalter: Sie führen akribisch Buch darüber, wer mehr bekommt oder gibt als der andere. Als ich in Kapitel 2 die fünf Sprachen der Liebe beschrieb, erwähnte ich das Beispiel vom Liebestank, den die Partner gegenseitig ständig gefüllt halten müssen. Für Gary Chapman, der die Theorie der Liebessprachen aufgestellt hat, ist Liebe demnach auch Ökonomie und Tauschhandel. Wir können dem nicht entkommen: Wenn einer von beiden zu tief in der Schuld des anderen steht, dann kommt der Moment, in dem der andere Partner den Bankrott der Beziehung erklärt.

Meine ältesten beiden Schwestern, die heute 58 und 54 sind, hatten nie die Möglichkeit, zu studieren, sie mussten meiner Mutter helfen. Sie hatten keine Wahl. Jahrhundertelang war das der Lauf der Dinge in großen Familien. Aber die Zeit, in der diese Entscheidung für meine Schwestern getroffen wurde, war auch die Zeit, in der man sich nahezu unbemerkt von dem Gedanken verabschiedete, dass alles nun einmal vorbestimmt sei. Meine Eltern standen noch mit einem Bein in der alten Zeit, meine Schwestern schon mit einem Bein in der neuen Zeit. Sie fügten sich zwar, aber sie fühlten sich ungerecht behandelt. Auch auf meinen Eltern lastete diese Entscheidung immer schwerer, je älter sie wurden, aber als sie die Entscheidung trafen, wussten sie sich nicht anders zu helfen: Meine Mutter konnte sich nicht alleine um die Familie und den Haushalt kümmern und Geld für eine Haushaltshilfe war nicht vorhanden.

Heutzutage erwarten wir in allen Bereichen des Lebens Gerechtigkeit. Dieser Wert steht heute nicht mehr zur Diskussion (Retzer, 2009). Was man früher als Pech oder Schicksalsschlag betrachtete, wird heute als Ungerechtigkeit bezeichnet. Ob eine Ehe als gelungen betrachtet werden darf, beurteilen wir heute daher oft auch anhand der Tatsache, ob Geben und Nehmen sich die Waage halten. Wir führen in unserer Beziehung Buch, wir notieren sozusagen unsere Investitionen und achten darauf, ob wir eine angemessene Gegenleistung erhalten. Sowohl Männer als auch Frauen behaupten, zufriedener mit ihrer Ehe zu sein, wenn es in der Beziehung gerecht zugeht (Guerrero et al., 2008).

In früheren Zeiten war Gerechtigkeit kaum ein Thema, aber heutzutage sind wir in der Ehe sehr empfindlich für alles geworden, was den Anschein nach Ungerechtigkeit erweckt. Wenn einer der beiden Partner das Gefühl hat, benachteiligt zu werden, dann kann die Beziehung zu einem Kriegsschauplatz werden. Partner sind nicht nur der Meinung, dass beiden gleich viel Liebe zusteht, sondern auch, dass beide die gleichen Entfaltungsmöglichkeiten bekommen sollten, dass jeder seinen Beitrag zur Erziehung, zum Haushalt etc. leisten muss. Unausgeglichene Verhältnisse auf einem dieser Gebiete müssen auf einem anderen Gebiet kompensiert werden. »Gut, wenn du Teilzeit arbeiten möchtest, kannst du von mir nicht verlangen, dass ich im Haushalt genauso viele Aufgaben übernehme.« Und je näher wir diesem Gleichheitsideal kommen, desto empfindlicher werden wir paradoxerweise für jegliche verbleibende Form von Ungerechtigkeit. Wir kämpfen für unsere Rechte. Aber da es keine guten, eindeutigen Maßstäbe gibt, anhand deren sich bestimmen lässt, was gerecht ist, können Streitereien lange dauern und können sich beide Partner fortwährend vom anderen ungerecht behandelt fühlen.

Während meines Psychologiestudiums musste ich einmal mit drei anderen Studenten eine Projektarbeit erstellen. Es störte mich damals, dass die drei anderen Studenten viel weniger zu der Arbeit beitrugen als ich. Und obwohl ich letztendlich 90 Prozent der Schreibarbeit erledigte, bekamen wir für die Arbeit alle vier dieselbe Note, nämlich acht von zehn möglichen Punkten. Damals erschien mir das ungerecht. Aber als ich später noch einmal darüber nachdachte, kamen mir Zweifel. Den anderen drei Studenten machte das Schreiben vielleicht gar nicht so viel Spaß wie mir. Vielleicht waren sie auch nicht so gut darin. In dieser Hinsicht war ich privilegiert. War das denn überhaupt gerecht? Sollte ich nicht lieber dankbar sein anstatt wütend? Woher wollte ich denn wissen, dass die anderen drei weniger Zeit investiert hatten als ich? Vielleicht hatte sie das Erstellen ihres Teils viel mehr Zeit und Energie gekostet, als ich es für möglich hielt.

Alles vergeben und vergessen, aber lass mich in Ruhe.

In Ihrer Beziehung werden unvermeidlich auch Zeiten anbrechen, in denen Sie sich von Ihrem Partner benachteiligt oder ungerecht behandelt fühlen. Genau wie ich in meiner Studentenzeit werden Sie manchmal denken: »Das ist ungerecht.« Es kann einen Moment in Ihrem Leben geben, in dem Sie das *auf jeden Fall* denken und in dem dieser Gedanke sogar zu einer quälenden Besessenheit wird. Das ist der Moment, in dem Sie entdecken, dass Ihr Partner fremdgeht. Es ist gar nicht so unwahrscheinlich, dass auch Sie in Ihrer Beziehung mit einer solchen Situation konfrontiert werden. Eine groß angelegte Studie (Christopher & Sprecher, 2000) hat gezeigt, dass 25 Prozent der verheirateten Männer und 15 Prozent der verheirateten Frauen mindestens einmal fremdgehen. Wenn Sie entdecken, dass Sie betrogen werden, möchten Sie vor allem Genugtuung von Ihrem Partner. Aber womit soll Ihr Partner seine Schuld »tilgen«? Wie kann er dafür sorgen, dass das frühere Gleichgewicht wiederhergestellt wird? Ihr Partner muss Buße tun, aber wie? Und wird das jemals genug sein? Oder sollten Sie es ihm nicht lieber mit gleicher Münze heimzahlen, indem Sie auch fremdgehen? Angenommen, Sie würden das tun: Wiegt Ihre aus Rachsucht entstandene Affäre denn so schwer wie die leidenschaftliche Affäre Ihres Partners? Und würden Sie nicht den Respekt vor sich selbst verlieren und so alles noch schlimmer machen, wenn Sie sich auch auf einen Seitensprung einließen?

Kurz und gut, die eine Frage führt zur nächsten Frage. Sicher ist jedoch, dass es Ihnen nicht weiterhilft, Rache zu nehmen. Denn dieses negative Gefühl gibt Ihnen keine Energie, im Gegenteil, es beraubt Sie Ihrer Kraft. Ziel der Rache ist es auch nicht, etwas zu gewinnen, sondern den anderen etwas verlieren zu lassen. (Denken Sie an die Frau, die jedes Mal wieder süße Rache empfand, wenn ihrem Mann ein Knopf von seinem Hemd sprang.) Groll und Rachegelüste können, so wissen wir seit Kurzem, die Entwicklung von Depressionen und körperlichen Beschwerden wie Herzversagen fördern. Es gibt eigentlich nur einen Ausweg oder eine »Lösung«, um mit Ehebruch und anderen nicht mehr rückgängig zu machenden Dingen umzugehen, die Ihr Partner Ihnen angetan hat: Vergebung.

Im Gegensatz zu dem, was man vielleicht denkt, ist Vergebung somit in erster Linie und vor allen Dingen ein Akt der Eigenliebe. Sie tun es für sich selbst, für Ihre eigene Gesundheit und Ihr geistiges Wohl. Denn solange Sie dem anderen nicht vergeben, bleiben Sie gefangen in der Vergangenheit. Sie verbringen Ihr Leben in Verbitterung und quälen damit an erster Stelle sich selbst. Indem Sie vergeben, verhindern Sie, dass Sie das Ihnen Angetane immer wieder aufs Neue durchleben müssen. Das bedeutet nicht, dass Sie Ihren Partner von all seiner Verantwortung entbinden oder sein Handeln schönreden sollen. Indem Sie Ihrem Partner vergeben, erlangen Sie wieder die Kontrolle über Ihr eigenes Leben. Sie können sich wieder auf die Zukunft konzentrieren.

Gehen Sie davon aus, dass Familie und Freundschaft Ihnen (noch) mehr Glück schenken werden als Ihre Ehe

Als wir erst kurze Zeit in Tilburg wohnten, fühlte sich meine Frau nach eigener Aussage »nicht wohl in ihrer Haut«. Sowohl sie als auch ich dachten, dass das mit den vielen Veränderungen in ihrem Leben zusammenhing: das tägliche Pendeln zwischen Tilburg und Breda, unser neu gebautes Haus, das noch nicht ganz fertig war, unsere Kinder im Alter von zwei und fünf, für die wir noch keine festen Betreuungsplätze hatten, die Unruhe an ihrem Arbeitsplatz wegen einer großen Umstrukturierung. Kurzum, in einem kurzen Zeitraum hatte sie auf der Liste kritischer Ereignisse von Holmes und Rahe (siehe Kapitel 4) eine sehr hohe Punktzahl erreicht. Ihr Gemütszustand war demnach gut nachvollziehbar.

Nach einem halben Jahr geschah zufällig etwas, wodurch meine Frau sich in sehr kurzer Zeit wieder fing. Es begann alles an dem Tag, an dem ich unseren damals sechsjährigen Sohn zur Schule brachte und am Fenster seines Klassenzimmers einen Aushang entdeckte. Es war der verzweifelte Hilferuf der Mutter einer Klassenkameradin. Sie schrieb, dass sie dringend am Knie operiert werden müsse, aber dass sie den Eingriff erst vornehmen lassen könne, wenn sie für die Dauer ihres Krankenhausaufenthalts (eine Woche) eine Betreuung für ihre Tochter gefunden habe. Die Mutter schrieb außerdem, dass sie erst vor Kurzem nach Tilburg gezogen sei und daher noch niemanden kenne.

Abends beim Essen fragte ich meine Frau: »Könnten wir das Mädchen nicht eine Woche bei uns aufnehmen?« Meine Frau war sofort einverstanden (»Huib und Ilana freuen sich bestimmt auch über etwas Gesellschaft«). Noch am gleichen Abend meldete meine Frau sich bei der Mutter. Diese gestand ihr, dass sie auf etwas mehr Hilfe als eine Woche Betreuung angewiesen sei. Nach ihrer Entlassung aus dem Krankenhaus müsse ihre Tochter mindestens drei Wochen lang auch morgens in die Schule gebracht und abends wieder abgeholt werden. Ihr Knie wäre ja noch nicht verheilt und sie würde das nicht selbst übernehmen können. Da wir diesen Bring- und Abholdienst aus beruflichen Gründen nicht leisten konnten, beschloss meine Frau, andere Eltern aus der Klasse hinzuzuziehen. Sie sprach am Schultor verschiedene Mütter an, und zusammen gelang es ihnen, einen lückenlosen Plan zu erstellen. Ab diesem Zeitpunkt war meine Frau wieder ganz die Alte.

Was war geschehen? Als wir nach Tilburg zogen, in dieselbe Gegend, in der meine Frau aufgewachsen war, hoffte sie, den Kontakt mit den Freundinnen wieder aufnehmen zu können, mit denen sie die Grundschule besucht hatte. Dann würde sie, genau wie in Breda, wieder Freundinnen in ihrer Nähe haben und müsste keine langen Fahrten auf sich nehmen, um sich mit ihnen zu treffen. Als sie jedoch nach gut 15 Jahren nach Tilburg zurückkehrte, musste sie feststellen, dass ihre alten Klassenkameradinnen von früher weggezogen waren oder schon enge Freundschaften hatten und sie nur schwer Anschluss fand. Hinzu kam, dass sie nach unserem Umzug auch ihre Stelle in Breda gekündigt hatte, um zusammen mit mir ein Schulungsinstitut zu gründen. Die alten Kollegen fehlten ihr. Als sie mit drei anderen Frauen einen Plan erstellte, um der Mutter der Klassenkameradin unseres Sohns die Knieoperation zu ermöglichen, schloss sie Freundschaft mit diesen Frauen. Von diesem Moment an fühlte meine Frau sich wieder ganz in ihrem Element.

Die amerikanische Schriftstellerin Erica Jong hat einmal gesagt: »In einer schlechten Ehe sind Freunde der unsichtbare Leim.« Die bekannte Schriftstellerin und Familientherapeutin Lillian B. Rubin hat es noch deutlicher ausgedrückt: »Was meiner Meinung nach Frauen die Ehe erst ermöglicht, ist die Tatsache, dass sie Freundinnen haben. Ich glaube nicht, dass die Ehe für Frauen möglich wäre ohne Frauen. An diese wenden sie sich in puncto emotionalen, auch verbalen emotionalen Kontakts, den wir, denke ich, so sehr brauchen, auf den wir nicht verzichten können und den unsere Männer uns nicht geben können« (Rubin, 1984).

Kurzum, nicht nur in einer schlechten Ehe, sondern auch in einer guten Ehe bilden Freunde den Leim, der alles zusammenhält. Der Philosoph Epikur sagte es bereits 300 vor Christus: »Von allem, was die Weisheit für die Glückseligkeit des ganzen Lebens bereitstellt, ist bei Weitem das Größte die Gewinnung der Freundschaft.« Der beliebte Kabarettist und Arzt Eckart von Hirschhausen (2011) hat es noch knapper ausgedrückt: »Glück kommt selten allein.«

Deswegen brauchen Männer ihren Freundeskreis, ihre Vereinskollegen aus dem Sportverein und ihre Arbeitskollegen, um sich gut zu fühlen, oder sie engagieren sich ehrenamtlich und knüpfen so neue Kontakte. Frauen haben daneben oft noch andere Freundeskreise: Sie gründen zusammen eine Buchclub, schließen sich zu Gruppen zusammen, die joggen, wandern, Fahrrad fahren oder einer anderen Sportart nachgehen, werden Tagesmutter und so weiter.

Immer wieder zeigen Studien, wie wichtig Freundschaften für unser Leben sind. Erst vor Kurzem hat der britische Professor Richard Tunney 1.700 Menschen zur Zufriedenheit in ihrem Leben und der Anzahl ihrer Freunde befragt. Er stellte fest, dass diejenigen mit fünf oder weniger Freunden nur eine vierzigprozentige Chance haben, glücklich zu sein, dass die Chance auf Glück ab zehn Freunden aber zunimmt. Am glücklichsten sind Menschen mit sehr vielen Freunden: Bei Frauen liegt diese Zahl bei 33, bei Männern bei 49 Freunden. »Menschen, die mit ihrem Leben sehr zufrieden waren, hatten doppelt so viele Freunde wie unglückliche Personen. Frauen haben zwar weniger Freunde als Männer, ihre Freundschaften sind jedoch inniger«, so Tunney.

Wahrscheinlich lässt es sich evolutionär begründen, dass Freundschaft für Frauen einen so hohen Stellenwert hat. Bis vor Kurzem ging man davon aus, dass Menschen in Stresssituationen primär mit einer Fight-or-flight-Reaktion reagieren, um zu überleben. Die Professorin Shelley Taylor (2004) von der University of California ist der Meinung, dass dies in erster Linie eine männliche Reaktion ist und dass Kämpfen oder Flüchten für Frauen aus evolutionärer Sicht nicht so vorteilhaft war. Bei Gefahr wären sie körperlich nicht stark genug, um einen Feind alleine besiegen zu können. Flüchten ist für Frauen keine Option, wenn sie schwanger sind, einen Säugling stillen oder sich um ein Kleinkind kümmern müssen. Anstatt sich auf die *Fight-or-flight-Reaktion* zu verlassen, ist es für Frauen viel vorteilhafter, sich einer festen Gruppe anderer Frauen anzuschließen, die in gefährlichen oder sozialen Situationen gemeinsam handelt. Die Mitglieder der Gruppe können sich gegenseitig vor Gefahr warnen und bei Gefahr eine Front bilden, um so sich und ihre Kinder vor Bedrohungen zu schützen. Das weibliche Pendant der *Fight-or-flight-Reaktion* wird daher auch als *Tend-and-befriend,* also »beschützen und Freundschaft anbieten«, bezeichnet. In Übereinstimmung mit dieser Theorie hat die Anthropologin Joan Silk von der University of California bei Pavianen beobachtet, dass ein direkter Zusammenhang zwischen sozialer Verbundenheit und dem Fortpflanzungserfolg besteht. In ihrer Studie, die über einen Zeitraum von 16 Jahren durchgeführt wurde, fand sie heraus, dass die Mütter mit den meisten sozialen Bindungen die meisten überlebenden Nachkommen hatten (Silk et al., 2003).

Die Schaltkreise des weiblichen Gehirns sind wahrscheinlich immer noch darauf ausgelegt, dass Frauen Stress empfinden, wenn sie nicht über ein gutes soziales Netzwerk verfügen. Wenn sie sich in der Phase, in der ihre Kinder klein sind, nicht auf andere Frauen verlassen können, schrillen in ihren Köpfen permanent die Alarmglocken. Das erklärt auch, warum meine Frau sich nach unserem Umzug erst wieder wohl fühlte, als sie neue Freundinnen gefunden hatte.

Auch Michelle Obama konnte so ihre Beziehung retten: »Eines Tages wurde mir klar, dass ich Barack nach meiner Idealvorstellung modellieren wollte. Ich war dabei, mein Glück von ihm abhängig zu machen. Aber mein Glück hatte sehr wenig mit ihm zu tun. Ich brauchte Halt. Aber diesen Halt musste nicht zwangsläufig er mir bieten …«

2

Die sieben Geheimnisse gelingender Kommunikation

7

Umgang mit Kritik

Mann:	»Müssen wir uns jetzt schon wieder darüber streiten?«
Frau:	»Das ist kein Streit, sondern eine Meinungsverschiedenheit.«
Mann:	»Für mich ist das ein Streit.«
Frau:	»Es ist eine Meinungsverschiedenheit!«
Mann:	»Gut, dann streiten wir uns jetzt auch darüber, ob es ein Streit ist oder eine Meinungsverschiedenheit.«
Frau:	»Es ist eine Meinungsverschiedenheit!«

Im ersten Teil dieses Buchs habe ich skizziert, wie Streitigkeiten in einer Beziehung meistens entstehen. In einem Satz zusammengefasst lässt sich sagen, dass fast jeder Streit in einer Beziehung damit beginnt, dass einer der beiden Partner Kritik äußert und dass diese Kritik in der Regel aus konträren Erwartungen entsteht. Im ersten Teil habe ich mich hauptsächlich mit den vielen Ursachen konträrer Erwartungen beschäftigt.

In diesem zweiten Teil möchte ich sieben Kommunikationstechniken beschreiben, die Ihnen dabei helfen können, sinnvoller mit Kritik umzugehen und zu verhindern, dass Kritik ausartet und zu sich ständig wiederholenden Streitereien führt. Wenn Sie diese Techniken beherrschen, können Sie Ihr Leben verändern. Es handelt sich dabei um vier Zuhörfähigkeiten und um drei Techniken, mit denen Sie Ihre eigenen Gedanken und Gefühle in Worte fassen können. Bevor ich diese Techniken beschreibe, möchte ich zunächst verdeutlichen, wann Sie diese Strategien anwenden können und wann nicht. Mit dieser Frage beschäftigt sich dieses Kapitel.

Die vier Phasen der Aggression

Der wahrscheinlich berühmteste Koch der Welt, Jamie Oliver, ist im Fernsehen. Er reist durch Italien. Anstatt anderen das Kochen beizubringen, nimmt er nun selbst Unterricht bei italienischen Köchen. Am Ende der Sendung bittet er die Köche, die ihm etwas Neues beigebracht haben, und die Gäste, die seine Gerichte gegessen haben, um schriftliches Feedback. Er schaut alle Bewertungen kurz durch und wirft drei Viertel davon gleich in das offene Feuer. »Das sind lauter Komplimente, die helfen mir nicht weiter. Die anderen beinhalten Kritikpunkte. Die werde ich genau lesen, daraus kann ich etwas lernen.«

Sollte dies das Geheimnis von Jamie Oliver sein?, fragte ich mich daraufhin. Ist er so gut, weil er aus Kritik lernen möchte und lernen kann? Seien wir ehrlich, die meisten von uns sind keine Jamies. Wir Menschen lieben Komplimente und mögen keine Kritik. Kritik werten wir als Angriff auf unsere Identität. Darum disqualifizieren wir Kritik gerne mit Bemerkungen wie: »Ich bin kritikfähig, aber es muss schon konstruktive Kritik sein.« Und: »Du musst deine Behauptung schon belegen und bessere Beispiele anbringen.«

Wir neigen dazu, uns zu verteidigen, wenn wir kritisiert werden. Das gilt auch für Kritik, die unser Partner äußert. Und funktioniert das? Nein, selten. Ihr Partner wird sich dann noch mehr anstrengen, um Sie zu überzeugen, dass er recht hat. Er wird seine Kritik daher verschärfen. Er möchte bestätigt und ernst genommen werden. Infolgedessen werden Sie sich noch vehementer verteidigen. Sie werden Argumente anführen. Leider kann man Kritik selten oder gar nicht mit Argumenten entkräften. Mit Argumenten können Sie nur eine Partei überzeugen. Sich selbst.

Wenn Sie sich selbst verteidigen oder zum Gegenangriff übergehen, wird das zu einem Streitgespräch führen. Und wenn dieses Gespräch von beiden Seiten mit vollem Einsatz geführt wird, dann ist es sehr wahrscheinlich, dass Ihre Gemüter sich erhitzen, das Gespräch aus dem Ruder läuft und Sie sich schließlich wie zwei Streithähne gegenüberstehen.

Aggressionsexperten haben in sorgfältigen Beobachtungen entdeckt, dass Aggression vier Phasen oder Stadien durchlaufen kann. Wenn Sie verstehen möchten, warum, wo, wann und wie die in diesem Buch beschriebenen Strategien Ihnen im Umgang mit Kritik und drohenden Konflikten helfen können, müssen Sie diese Stadien kennen. Im nächsten Abschnitt finden Sie eine Beschreibung dieser Phasen.

Die vier Phasen der Aggression

Phase 0

Ausgeglichenheit. Dies ist die wünschenswerteste Phase und zum Glück auch die Phase, in der Sie (und Ihr Partner) sich meistens befinden. Sie verspüren keinerlei Anspannung oder Aggression. Sie sind in der Lage, normal zu kommunizieren, und sind offen für die Sichtweise und Meinung Ihres Partners.

Phase 1

Drohender Kontrollverlust. Sie möchten Kritik an Ihrem Partner äußern und regen sich über etwas auf, das er gesagt, getan oder unterlassen hat. In dieser Phase verändert sich Ihr Verhalten. Sie sind angespannt, irritiert, leisten verbalen Widerstand und suchen den Machtkampf. Sie sehen jetzt nur noch Ihre eigene Wahrheit (recht bekommen) und Ihre Perspektive ist stark eingeschränkt. Ein Außenstehender, der Sie mit etwas Abstand beobachtet, kann an bestimmten nonverbalen Signalen erkennen, dass Sie sich in dieser Phase befinden: Sie sprechen schneller und lauter, bekommen rote Flecken, ballen Ihre Hände zu Fäusten, pressen Ihre Lippen zusammen, schwitzen und blinzeln häufiger. In dieser Phase möchten Sie das Wort haben und Ihre Seite der Geschichte erzählen. Sie ertragen es nicht, wenn Ihr Partner das Gespräch an sich reißt oder zu lange das Wort führt. Sie haben noch die Kontrolle über die Situation, aber es besteht bereits ein leichter Kontrollverlust.

Phase 2
Teilweiser Kontrollverlust. Sie sind nicht mehr in der Lage, normal zu kommunizieren. Sie fangen an zu schreien, Sie fluchen, äußern verbale Drohungen, schlagen mit der Faust auf den Tisch, provozieren und lassen sich zu zynischen und sarkastischen Äußerungen hinreißen, um Ihren Partner so zu erniedrigen. Auch Ihre Körperhaltung ist jetzt drohend.

Phase 3
Vollständiger Kontrollverlust. Sie verlieren jetzt vollkommen die Fassung und können sogar physisch aggressiv werden. Sie schlagen beispielsweise um sich, treten, werfen mit Gegenständen, kneifen oder beißen.

Phase 4
Ruhe nach dem Wutausbruch. Sie kehren wieder zurück in die Realität. Oft bekommen Sie dann Schuldgefühle und bereuen Ihr Verhalten.

In Phase 0 und 1 können Sie die Strategien anwenden, die ich im Folgenden erläutern werde. Viele der Techniken sollen dafür sorgen, dass Sie und Ihr Partner in Phase 0 bleiben oder dass Ihr Partner von Phase 1 in Phase 0 zurückkehrt.

Wenn Sie merken, dass Ihr Partner Phase 2 erreicht hat, beispielsweise weil Sie etwas Falsches gesagt oder nicht richtig zugehört haben, dann müssen Sie eine andere Kommunikationsstrategie einsetzen. Platt ausgedrückt läuft es darauf hinaus, dass Sie folgende Botschaft vermitteln: »Jetzt mal langsam. Und wenn du das nicht kannst, dann endet unser Gespräch jetzt.« Das sagen Sie – und das ist sehr wichtig – in einem ruhigen Ton und in etwas freundlicheren Worten, so zum Beispiel: »Ich möchte nicht, dass du so mit mir sprichst. Wenn du nicht normal und ruhig mit mir redest, dann müssen wir das Gespräch beenden. Du und ich werden dann Dinge sagen, die wir später bereuen werden. So kommen wir nicht weiter.

Kann ich mich darauf verlassen, dass du ab jetzt etwas ruhiger mit mir sprichst?«

Sie können Ihren Worten mehr Nachdruck verleihen und auch verhindern, dass Ihr Partner sich immer weiter aufregt, indem Sie ihn unterbrechen, sobald er Ihnen gegenüber ausfällig wird. Sagen Sie ruhig, aber bestimmt: »Stopp«, und sagen Sie danach einen Satz wie den hier oben genannten. Je früher Sie in Phase 2 eingreifen, desto höher ist die Wahrscheinlichkeit, dass Sie eine Eskalation verhindern können. Wenn Ihnen das nicht gelingt und Ihr Partner trotz allem weitertobt, dann bleibt Ihnen nichts anderes übrig, als das zu tun, was Sie angekündigt haben: Sie müssen das Gespräch beenden. Wenn Sie doch weitermachen, dann besteht sogar die Gefahr, dass Ihr Partner gewalttätig wird (Phase 3).

In Phase 2 und 3 nützen Ihnen die Strategien nichts, die ich im Folgenden erläutern werde. Die Methoden funktionieren auch nicht, wenn Sie schon sehr lange Streit miteinander haben und Sie sich beide schon vergraben haben oder (fast) nebeneinanderher leben. (Darauf komme ich in Kapitel 14 zurück.)

Drei Streitmuster

Haben Sie sich schon einmal gefragt, wie Konflikte mit Ihrem Partner verlaufen? Verlaufen sie immer anders oder lässt sich darin ein gewisses Muster erkennen? Laut der weltweit bekannten Beziehungsexpertin Sue Johnson (2008) ist Letzteres fast immer der Fall bei Paaren, die oft streiten. Sie entdeckte, dass sich in den Beziehungskonflikten häufig streitender Paare drei feste Muster unterscheiden lassen, die sie treffend als »Teufelsdialoge« bezeichnete.

Such den Bösewicht

Das erste Muster heißt »Such den Bösewicht«. Bei diesem Muster machen Paare sich wieder und wieder Vorwürfe und halten einander so auf eine Armlänge Abstand. Sie machen einander schlecht und geben sich gegenseitig die Schuld für ihre problematische Beziehung. Wie es das Paar in folgendem Schlagabtausch tut:

Frau:	»Ich muss immer die Initiative ergreifen, damit wir zusammen etwas unternehmen. Begreifst du denn nicht, dass ich dann denke, dass es dir nicht so wichtig ist, etwas mit mir zu unternehmen?«
Mann:	»Ja, mach doch gleich ein Drama draus. Da haben wir es wieder. Immer dieselbe Leier.«
Frau:	»Aber so ist es doch! Wenn es um berufliche Verabredungen geht, dann vergisst du nie etwas.«
Mann:	»Ja, nur zu. Gib mir wieder die Schuld an allem. Hast du nie darüber nachgedacht, warum das so ist? Mit meinen Kollegen muss ich nicht solche anstrengenden Streitgespräche führen wie mit dir.«
Frau:	»Wer gibt denn sein Bestes, um unsere Beziehung zu retten? Du oder ich? Du bist wirklich unmöglich.«

Bei »Such den Bösewicht« geht es um Selbstschutz. Einer der Partner fühlt sich kritisiert oder verletzt, und beide Partner versuchen anschließend, die Kontrolle über ihre jeweils gekränkten Gefühle zurückzuerobern, indem sie sich gegenseitig beschuldigen und verurteilen. Auffallend ist auch, dass Themen oft nicht abgeschlossen werden und deswegen zu einem späteren Zeitpunkt wieder aufkommen. Viele Paare verfallen einige Zeit lang in dieses Muster, halten es aber nicht lange durch. Meistens bildet es lediglich das Vorspiel für den gängigsten und chaotischsten teuflischen Dialog: die »Protestpolka«.

Protestpolka

Bei diesem Muster reicht der eine Partner dem anderen die Hand, er tut dies jedoch auf eine kritische, vom anderen Partner als negativ empfundene Art. Dieser macht daraufhin einen Schritt nach hinten. Bei dem Versuch, ihm eine Reaktion zu entlocken, macht der kritische Partner daraufhin wieder einen Schritt nach vorn, woraufhin der andere Partner erneut einen Schritt nach hinten macht. Dieser Tanz kann sich so immer wieder wiederholen. Im Gegensatz zum »Such-den-Bösewicht«-Tanz, der sich durch das Muster Angriff und Gegenangriff auszeichnet, ist die Protestpolka subtiler. Der eine Partner fordert und will eine Reaktion, der andere zieht sich zurück, beispielsweise indem er eine Runde Auto fährt, mit dem Hund spazieren geht, sich in sein Arbeitszimmer zurückzieht oder sich hinter dem Computer versteckt. Der Rückzug erfolgt oft auch durch Schweigen, manchmal sogar tagelang. Ein Gespräch könnte so ablaufen:

Frau:	»Hast du etwas?«
Mann:	»Nein, wieso?«
Frau:	»Du bist anders als sonst.«
Mann:	»Ich bin einfach nur müde.«
Frau:	»Bedrückt dich etwas?«
Mann:	»Glaubst du mir wieder nicht?«
Frau:	»Ich kenne dich besser, du frisst wieder alles in dich hinein. Du behältst den Ärger für dich und wirst mir gegenüber so schroff. Redest du jetzt wieder ein paar Tage lang gar nicht oder nur ganz wenig?«
Mann *(gereizt)*:	»Wie kommst du denn jetzt darauf?«
Frau:	»Siehst du. Du klingst wütend.«
Mann:	»Ich glaube, dass du mal wieder Streit suchst. Also ich hab darauf keine Lust. Ich gehe im Schlafzimmer fernsehen. Hier komme ich ja doch nicht zur Ruhe.«
Frau *(weinend)*:	»Ja, lauf nur wieder weg! Du gehst jedem Gespräch aus dem Weg.«

Partner, die »Protestpolka« tanzen, klagen oft über Kommunikationsprobleme oder ständige Spannungen. Sehr häufig ist es die Frau, die den Partner kritisiert, und der Mann, der sich zurückzieht. Frauen verwenden bei der Protestpolka oft typische Redewendungen wie: »Ich komme nicht an ihn ran«, »Ich fühle mich einsamer als je zuvor«, »Wir unternehmen nichts zusammen«, »Auch wenn er da ist, ist er nicht anwesend«.

Männer sagen meistens Sätze wie: »Ich ziehe mich zurück, dann sage ich wenigstens nichts Falsches mehr«, »Wir haben es doch gut miteinander, ich verstehe nicht, dass sie immer so einen Ärger macht«, »Ich weiß nicht, was sie von mir will«, »Bei der Arbeit bin ich jemand, zu Hause fühle ich mich wie ein Versager«.

Erstarren und Flüchten

Wenn der kritische Partner es aufgibt, die Aufmerksamkeit seines Partners zu erregen – nach einer vergeblichen »Protestpolka« –, gerät die Beziehung in einen Teufelskreis des »Erstarrens und Flüchtens«, des dritten Musters von Beziehungsstreitigkeiten. Der kritische Partner wendet sich dabei ab, wodurch die Partner nur noch distanziert miteinander umgehen können. Beide haben sozusagen die Tanzfläche verlassen. Wenn dieser Zustand länger anhält, wird der kritische Partner anfangen, um die Beziehung zu trauern und diese letztendlich beenden. In dieser Phase können die Partner zwar noch als Paar funktionieren, aber das geschieht auf eine formelle Weise, ohne emotionale Verbundenheit. Derjenige, der immer protestiert und am Partner gezerrt hat, scheint den Streit aufgegeben zu haben und empfindet nichts mehr. Beide haben um sich herum eine Mauer errichtet. Wenn das Paar keine Hilfe in Anspruch nimmt, bedeutet dies meistens das Ende der Beziehung.

Ich denke, es ist klar, dass man die nun folgenden Strategien nicht mehr anwenden kann, wenn das dritte Muster bereits zutage tritt, nämlich »Erstarren und Flüchten«. Denn dann haben die Partner bereits aufgehört, miteinander zu sprechen. Wenn Ihre Beziehung dieses Stadium erreicht hat, wird Ihnen die professionelle Hilfe von Experten mehr nützen.

Bei der Protestpolka zeigt einer der beiden Partner ein Fluchtverhalten. In der Situation von »Erstarren und Flüchten« übernimmt der andere dieses Verhalten. In den meisten Fällen ist der Mann derjenige, bei dem dieses Verhalten zuerst auftritt. Die Frau reagiert, wie gesagt, indem sie bei der Protestpolka das Fluchtverhalten ihres Mannes kritisiert, noch mehr Druck ausübt und sich über sein Verhalten aufregt.

Wenn Sie die tieferen Ursachen des Fluchtverhaltens besser kennen, fällt es Ihnen leichter, aus dieser Beziehungssackgasse wieder herauszufinden und professionelle Hilfe in Anspruch zu nehmen. Im nächsten Abschnitt erfahren Sie, warum ein Mann bei einem Streit mit seiner Frau oft das typische Fluchtverhalten an den Tag legt und warum die Frau darauf wiederum so heftig reagiert.

Das Geheimnis langjähriger Beziehungen

Warum Männer sich aus einem Streit zurückziehen und warum Frauen sich so aufregen

Männer mögen den Wettbewerb; sie möchten den Kampf mit anderen Männern aufnehmen. Im Berufsleben, wohlgemerkt. Wenn sie von der Arbeit nach Hause kommen, möchten sie vor allen Dingen ihre Ruhe: Den Kampf haben sie tagsüber bereits ausgetragen. Deswegen verstecken sie sich abends gern hinter der Zeitung oder dem Computer. Wenn ihre Frau sie dann kritisiert oder nörgelt, werten sie das als Zeichen, dass sie den Kampf aufnehmen müssen. Aber das möchten sie nicht, denn sie möchten, wie gesagt, ihre Ruhe. Darüber hinaus ist es für einen Mann sehr unnatürlich, den Kampf mit seiner eigenen Frau aufzunehmen. Ein Mann möchte kämpfen, aber mit anderen Männern, nicht mit einer Frau. Dabei fühlt er sich nicht wohl. Von einer Frau – seiner Frau – möchte er Wertschätzung, keine Missbilligung!

Wenn ein Mann kritisiert wird, so wird ihn diese Kritik in über 90 Prozent aller Fälle vollkommen unerwartet treffen. Seine Frau eröffnet das Feuer sozusagen aus einem Hinterhalt. Das irritiert ihn. Es irritiert ihn auch, dass sie den Streit durch Reden beilegen möchte, denn sie kämpft dadurch mit Waffen, mit denen sie ihm gegenüber in der Regel im Vorteil ist. Das irritiert ihn noch mehr.

Aber das ist noch nicht alles. Eine Frau verknüpft Kritik oft mit der Beziehung: »Liebst du mich denn noch genug?« Bei Gesprächen über die Beziehung fühlt ein Mann sich erst recht unterlegen. Die Beziehung ist immerhin das Spezialgebiet der Frau. Würde ihn ein Marktforschungsinstitut oder ein Callcenter anrufen und ihm Fragen zu seiner Beziehung stellen, dann würde er wahrscheinlich sagen: »Warten Sie, ich geben Ihnen meine Frau, die kennt sich damit besser aus.«

Gleichzeitig spielt noch eine andere, typisch männliche Eigenschaft eine Rolle, die ich auch in Kapitel 2 bereits erwähnte: Männer ertragen es nicht, wenn ihre Frau ihnen sagt, wie sie sich (anders) verhalten sollen. Obwohl sie selbst gerne Ratschläge erteilen und Lösungen vorschlagen, mögen sie es nicht, wenn jemand das für sie tut. Und sie mögen es schon gar nicht, wenn sie Kritik oder missbilligende Kommentare zu hören bekommen, durch die sie zu besseren Partnern »erzogen« werden sollen. Zusammenfassend lässt sich sagen, dass ein Mann abends nach der Arbeit seine Ruhe möchte, auf keinen Fall möchte er Streit mit seiner Frau; er möchte nicht aus dem Hinterhalt angegriffen werden, er möchte keinen Kampf in Form eines Gesprächs austragen – schon gar nicht, wenn es um eine Beziehung geht – und er mag es nicht, kritisiert zu werden, weil er sich nicht erziehen lassen will.

Wenn seine Frau ihn kritisiert, fühlt ein Mann sich sofort unwohl und gestresst. Die natürliche Reaktion eines Mannes auf Stress ist: der Rückzug. Aber wenn ein Mann das tut, wird seine Frau sich über ihn ärgern. Denn da »Beziehungspflege« für sie den höchsten Stellenwert hat, möchte sie reden. Sein Fluchtverhalten kann sie deswegen zur Raserei und zur Verzweiflung bringen. Sie interpretiert dieses Verhalten als Feigheit, als eine unzulässige Form der Aggression (Ignoranz), als Gefühllosigkeit oder als eine Kombination der drei genannten Verhaltensweisen. Es stellt sich jedoch die Frage, ob das richtig ist.

Der Psychologe Dr. John Gottman (2000) schloss Ehepaare, die sich einer Paartherapie unterzogen, an ein Gerät an, das ein breites Spektrum physiologischer Reaktionen aufzeichnete, darunter die Leitfähigkeit der Haut, die Hirnströme und den Herzschlag. Gottmans Aufzeichnungen bewiesen, dass Männer bei Streitereien mehr physiologische Reize empfanden als Frauen: Ihr Herz schlug schneller, sie schwitzten stärker und waren angespannter. Gottman schloss daraus, dass viele Männer Streitereien zu vermeiden versuchen, weil sie empfindlicher sind als ihre Ehefrauen und sie mit den heftigen Emotionen, die ein Streit mit ihrer Frau hervorruft, nicht zurechtkommen. Wenn sie dem Angriff ihrer Frau nicht entkommen können, so Gottman, gehen sie mit ausdruckslosem Gesicht und erstarrtem Geist zur Verteidigung über.

Die kritische, fordernde Haltung der Frau bei der Protestpolka lässt sich ebenfalls anhand der geschlechtsspezifischen Unterschiede erklären, die ich in Kapitel 2 erläutert habe: Die Frau ist nicht etwa so

fordernd, weil es ihr Freude bereitet, ihrem Mann das Leben schwer zu machen, sondern weil sie Zuneigung und Nähe sucht. Wenn sie ihren Mann beschimpft, ruft sie in Wirklichkeit: »Zeig mir, dass du mich liebst, und sei mir näher.«
Ein Streit unter Partnern ist daher meistens genau das Gegenteil von dem, was er zu sein scheint. Die beiden Partner möchten einander nicht zerstören, sondern sie kämpfen – jeder auf seine Weise – um Aufmerksamkeit, um echte Verbundenheit. Sie liefern sich einen Kampf um Liebesbeweise. Sogar ein scheinbar einfacher Vorwurf, zum Beispiel wegen einer nicht zugeschraubten Zahnpastatube, kann in Wahrheit bedeuten: »Liebst du mich überhaupt noch?«

Bevor ich die sieben Geheimnisse gelingender Kommunikation näher beleuchte, möchte ich Ihnen noch zwei Tipps geben.

Am wichtigsten ist, dass Sie nur mit Kritik umgehen können, wenn Sie an eine der Hauptbotschaften dieses Buchs glauben, nämlich daran, dass Sie und Ihr Partner in den meisten Fällen beide nur einen ganz bestimmten Ausschnitt der Wirklichkeit wahrnehmen und dass weder Sie noch Ihr Partner die Wahrheit gepachtet haben. Wenn Sie sehr defensiv auf Kritik reagieren und es Ihnen vor allem darum geht, im Recht zu sein (und zu bleiben!), dann werden Sie weder aus diesem noch aus den folgenden Kapiteln einen großen Nutzen ziehen können.

Der zweite Tipp passt – das gebe ich offen zu – eher in die Kategorie »Leichter gesagt als getan«. Versuchen Sie, im Gespräch ruhig und gelassen zu bleiben, und strahlen Sie dies auch über Ihre Körperhaltung, Ihren Gesichtsausdruck und Ihre Art, zu sprechen, aus. Sprechen Sie nicht lauter als sonst. Reagieren Sie auf Wut keinesfalls mit Wut, sondern bleiben Sie ruhig. Die Methode, die ich beschreiben werde, funktioniert nicht, wenn Sie nicht auf die Art und Weise achten, in der Sie sprechen.

8

Geheimnis 1: Den Partner entwaffnen

»Dunkelheit kann Dunkelheit nicht vertreiben; nur Licht kann das.«
– *Martin Luther King*

Versuchen Sie sich an das letzte Mal zu erinnern, dass Sie Ihren Partner kritisiert haben. Wissen Sie noch, welche Reaktion Sie sich damals erhofften? Stellen Sie sich nun vor, dass jemand mit einer Pistole in der Hand auf Sie zukommt und die Waffe auf Sie richtet. Stellen Sie sich außerdem vor, dass Sie nicht flüchten können. Worauf würden Sie dann all Ihre Energie richten? Richtig, Sie würden alles daransetzen, den anderen dazu zu bewegen, die Waffe niederzulegen.

Warum ich diese Frage stelle? Wenn Ihr Partner Kritik an Ihnen äußert, ist er auch bewaffnet. Mit Worten. Er ist wütend, und wenn Sie etwas sagen oder tun, das ihm nicht gefällt, dann wird er das Feuer eröffnen. Mit Worten, die sehr verletzend sind. Um das zu verhindern, müssen Sie Ihren Partner zunächst entwaffnen. Bevor ich Ihnen verrate, wie Sie das tun können, möchte ich Ihnen noch eine Frage stellen. Angenommen, Sie haben etwas an Ihrem Partner auszusetzen und äußern Ihre Kritik, was möchten Sie dann in erster Linie erreichen? Die Antwort lautet höchstwahrscheinlich, dass Sie möchten, dass Ihr Partner Ihnen recht gibt. Nun, das möchten wir alle, wenn wir eine andere Person kritisieren. Erst recht, wenn wir uns mit unserer Kritik eine Weile zurückgehalten haben und wütend sind.

Geben Sie Ihrem Partner (ein bisschen) recht

Die erste Strategie für den Umgang mit Kritik beinhaltet, dass Sie Ihrem Partner … recht geben. Sie geben ihm also das, was er von Ihnen möchte. Nur dann wird er bereit sein, seine Waffen zu strecken. Möglicherweise denken Sie jetzt: »Na gut, wenn mein Partner wirklich recht hat, dann bin ich mir nicht zu schade, das auch anzuerkennen. Aber auch nur dann. Wenn er nicht im Recht ist, dann sehe ich es überhaupt nicht ein, ihm recht zu geben. Dann würde ich sowohl meinen Partner als auch mich selbst für dumm verkaufen. Ich würde mir selbst unrecht tun.« Ich hätte fast gesagt: »Sie haben recht«, aber ich sage etwas anderes. Ich wollte nämlich nicht sagen, dass Sie Ihrem Partner hundertprozentig recht geben sollen, sondern ein bisschen. Wie unberechtigt Ihnen seine Kritik auch erscheinen mag, Sie sollten sich bemühen, darin einen Funken Wahrheit zu entdecken. Wie Sie das tun können, verrate ich Ihnen gleich. Zunächst möchte ich noch etwas näher erläutern, warum Sie diese »Technik« anwenden sollten.

Wenn Sie Ihrem Partner zustimmen und dem Impuls widerstehen, ein Wortgefecht anzufangen oder sich selbst zu verteidigen, können Sie ihm sofort den Wind aus den Segeln nehmen. Sie erzielen damit den Effekt, dass Ihr Partner gleich ruhiger wird. Er wird sich verstanden fühlen und deswegen auch offener sein für Ihren Standpunkt.

»Du hast (ein bisschen) recht« ist ein wirklich magischer Satz. Rufen Sie sich noch einmal die vier Phasen der Aggression in Erinnerung (Kapitel 7). Wenn Ihr Partner Sie kritisiert, befindet er sich meistens schon in Phase 1 – der Phase, in der er schon nicht mehr offen ist für Gegenargumente. Wenn Sie Ihren Partner entwaffnen, können Sie zu Phase 0 zurückkehren und eine weitere Eskalation des Gesprächs verhindern. Wenn Sie Ihrem Partner in einem bestimmten Punkt recht geben, gestehen Sie dadurch nicht ein, dass Sie vollkommen im Unrecht sind. Sie erreichen jedoch, dass eine Gesprächsatmosphäre entsteht, in der Sie sich gegenseitig wirklich zuhören. Das Ergebnis des Gesprächs kann sogar sein, dass Sie recht bekommen oder dass Sie zumindest etwas mehr recht bekommen als Ihr Partner. Genauso wichtig ist aber, dass es bei diesem ersten Zugeständnis nicht so sehr um die Frage geht, wer nun recht hat, sondern vielmehr darum, wie Sie in der aktuellen Situation zueinanderfinden.

Stellen Sie sich vor, Sie wählen nicht diesen Weg, sondern den Weg, den wir alle von Haus aus gehen würden: Sie argumentieren und versuchen, Ihren Partner davon zu überzeugen, dass er im Unrecht ist. Versuchen Sie sich an das letzte Mal zu erinnern, als es Ihnen gelungen ist, Ihren Partner mit Argumenten zur Kapitulation zu bewegen. Wahrscheinlich ist das schon sehr lange her. Das weiß auch die berühmte israelische Psychiaterin Yoram Yovell (das Zitat stammt aus ihrem Buch *Der Feind in meinem Zimmer,* 2004):

> Als ich jünger war, habe ich mit Begeisterung Streitgespräche über alles und jedes geführt. Diskussionen waren bei uns daheim ein beliebter Zeitvertreib. Sie sollten den Horizont der Kinder erweitern. (...) In den letzten Jahren ist mir bewusst geworden, dass nur äußerst selten jemand aufgrund eines Streitgesprächs seine Meinung ändert. Seitdem betrachte ich Auseinandersetzungen aller Art zunehmend als Kraft- und Zeitverschwendung. Es gibt verschiedene Wege, um Menschen zum Überdenken ihrer fest verwurzelten Ansichten anzuregen, ein Wortgefecht taugt dazu meistens nicht. Es ist eher wie ein Abnutzungskrieg, bei dem beide Seiten sich aufgrund des gegnerischen Drucks nur noch tiefer in ihren Stellungen verschanzen.

Es ist in der Tat selten, dass sich jemand durch Gegenargumente davon überzeugen lässt, dass er im Unrecht ist und seine Kritik hinunterschluckt. Schon der große chinesische Philosoph Laotse wusste: »Wer sich selbst rechtfertigt, überzeugt nicht.«

Es gibt ein psychologisches Gesetz – das sogenannte Gesetz des Gegenteils –, das besagt, dass der andere nur noch *stärker* an seine eigene Sichtweise glaubt, wenn man sich auf eine Diskussion mit ihm einlässt. Wenn man sich gegen Kritik zur Wehr setzt, liefert man ihm in seinen Augen nur den Beweis dafür, dass die Kritik berechtigt ist. Darin besteht das Paradoxon. Angenommen, Ihr Partner sagt zu Ihnen: »Du hörst mir nicht zu«, und Sie ignorieren diese Bemerkung, weil Sie sie lächerlich finden, dann wird Ihr Partner noch mehr davon überzeugt sein, dass Sie nicht richtig zuhören. Auch wenn Sie sagen: »Natürlich höre ich dir zu«, wird Ihr Partner erst recht glauben, dass Sie ihm nicht zuhören. Wir Menschen können Sätze wie die folgenden nun mal überhaupt nicht ausstehen:

- »Es stimmt nicht, was du sagst.«
- »Du hast unrecht.«
- »Wie kommst du darauf?«
- »Es war ganz anders.«
- »Das ist nicht dein Ernst.«
- »Das kann ich nicht glauben.«
- »Was? Bestimmt nicht.«

Sobald wir einen derartigen Satz hören, überlegen wir uns Gegenargumente, die den Bunker unseres eigenen Rechtsempfindens nur noch weiter verfestigen. Eine andere psychologische Wahrheit besagt, dass wir andere nicht über den Verstand oder mit unseren Aussagen überzeugen, sondern in erster Linie über das Herz.

Aber wie wendet man diese Methode an? Praktische Beispiele sind oft aussagekräftiger als theoretische Erklärungen. Angenommen, ich hätte Ihnen eben von dieser Methode erzählt und Sie würden anschließend zu mir sagen: »Diese Kommunikationstechnik macht mich misstrauisch. Ich glaube nicht, dass sie bei mir funktionieren würde.« Wie könnte ich reagieren? Wie könnte ich Ihnen mit der Entwaffnungstechnik »recht geben« antworten?

Ich könnte zum Beispiel sagen: »Es ist vernünftig von dir, dem misstrauisch gegenüberzustehen. Denn diese Art, zu reagieren, widerspricht unserer menschlichen Natur. Es wäre gut, wenn du mir in deinen eigenen Worten sagen würdest, warum du denkst, dass diese Methode bei dir nicht funktioniert.« Erkennen Sie die Vorteile dieser Reaktion? Es liegt fast immer ein Stückchen Wahrheit in der Aussage der anderen Person. Wenn ich ihr zustimme, wird es für sie schwierig, die Meinungsverschiedenheit aufrechtzuerhalten.

Wie könnten Sie also am besten reagieren, wenn Ihr Partner zu Ihnen sagt: »Du hörst mir nicht zu«? Denken Sie kurz darüber nach. Oder, noch besser, nehmen Sie Papier und Bleistift und schreiben Sie Ihre Antwort auf. Lesen Sie erst weiter, wenn Sie diese kleine Übung abgeschlossen haben. Wenn Sie das bei allen Übungen in diesem Buch so machen, werden diese Ihnen mehr nützen, als wenn Sie sofort zur Antwort übergehen.

Eine mögliche Reaktion, die sich der Entwaffnungsmethode bedient, wäre: »Du hast recht. Manchmal höre ich dir wirklich nicht richtig zu. Es tut mir leid. Soll ich kurz zusammenfassen, was ich mitbekommen habe, oder möchtest du selbst noch mal das Wesentliche wiederholen?«

Sie sehen selbst: In dem Moment, in dem Sie zugeben, dass Sie nicht richtig zuhören, beweisen Sie eigentlich, dass Sie sehr wohl zuhören. Erst dann wird Ihr Partner bereit sein, auch Ihnen zuzuhören.

Vielleicht denken Sie jetzt an eine Begebenheit, bei der Ihr Partner Sie kritisiert hat, und können es sich nicht vorstellen, diese Entwaffnungstechnik (ein Stück Wahrheit zu suchen in der Aussage des anderen und ihm darin zuzustimmen) anzuwenden, weil eine Stimme in Ihnen ruft: »Ich hatte recht und es ist mein gutes Recht, mich selbst zu verteidigen!« Die Frage ist jedoch: Wie können Sie sich so sicher sein, dass Sie recht hatten? In dem Moment, in dem Sie anfingen, sich zu verteidigen, hörten Sie Ihrem Partner schon nicht mehr richtig zu. Wenn Sie dieser Stimme nachgeben, sind Sie einem frustrierenden Streit ausgeliefert, der zu nichts führt. Ich erzähle Ihnen bestimmt nichts Neues; mit Sicherheit haben Sie in dieser Hinsicht schon einschlägige Erfahrungen gemacht. Es führt fast nie zu etwas, wenn Sie sich auf einen Streit einlassen. Die Kluft zwischen Ihnen und Ihrem Partner wird dadurch nur noch größer. Wenn Sie Ihrem Partner jedoch in einer Hinsicht beipflichten, dann rücken Sie plötzlich wieder viel näher zusammen. Sie können wieder normal miteinander reden. Und sehr wahrscheinlich wird Ihr Partner sich auch für Ihre Meinung interessieren.

Jeder hat seine eigene Wahrheit

Sie sind noch nicht überzeugt? Das ist sehr gut möglich. Wahrscheinlich hängt das mit zwei starken Gefühlen zusammen, die wir alle empfinden: Stolz und Scham. Um Ihrem Partner in einem bestimmten Punkt recht zu geben, müssen Sie Ihren Stolz überwinden. Das tut weh. Es tut noch mehr weh, wenn Sie es in einem Moment tun müssen, in dem Ihr Partner *Ihnen* mit seiner Kritik wehgetan hat. Ihm Recht zu geben fühlt sich an wie eine Niederlage. Und eine Niederlage zu erleben ist mit Schamgefühlen verbunden. Wenn Sie sich der Tatsache bewusst sind, dass diese beiden Gefühle Ihnen hinderlich sein können, können Sie sie auch besser überwinden. Sie können sich beispielsweise jetzt schon die folgende Frage stellen: »Was ist mir wichtiger: Recht zu bekommen und meinen Stolz zu bewahren oder Nähe und Glück?«

Es ist typisch für glückliche Paare, dass beide in der Regel auf die Problemlösungsvorschläge des anderen positiv reagieren. Wenn einer von beiden sich über etwas beklagt, wird der andere sich wirklich anstrengen, ihm entgegenzukommen. Solchen Paaren gelingt es oft, Konflikte zu vermeiden, weil sie dem anderen recht geben und sofort einen Vorschlag machen, was sie anders oder besser machen könnten. Angenommen, sie hat keine Lust, den Kindern jeden Abend eine Geschichte vorzulesen, während er Nachrichten schaut, dann könnte er ihr mit folgendem Vorschlag den Wind aus den Segeln nehmen: »Du hast recht. Heute Abend übernehme ich das Vorlesen, und wenn du möchtest, kann ich das öfter machen.« Einer derart positiven Reaktion wird meistens kein Streitgespräch mehr folgen.

Wenn Sie diese Entwaffnungstechnik einsetzen möchten, ist es entscheidend, dass Sie zu hundert Prozent davon überzeugt sind, dass es nicht nur eine Wahrheit gibt, sondern dass jeder seine eigene Wahrheit hat. Wenn Sie das glauben, werden Sie immer etwas Wahres in den Aussagen Ihres Partners finden – so unlogisch oder unberechtigt Ihnen seine Kritik im ersten Moment auch erscheinen mag. Bedenken Sie auch, dass Sie sich selbst disqualifizieren, wenn Sie Ihren Partner für dumm, einfältig, stur oder kurzsichtig halten: Schließlich leben Sie mit ihm zusammen und haben ihn einst als Ihren Lebenspartner ausgewählt.

Sich entschuldigen

Eine andere Entwaffnungstechnik, die fast immer funktioniert, besteht darin, sich einfach zu entschuldigen. Gibt es etwas Einfacheres? Wenn Ihr Partner gegen Sie wettert, können Sie sagen: »Entschuldige, es tut mir leid.« Sie bewirken jedoch das Gegenteil, wenn Sie nicht wirklich meinen, was Sie sagen, oder wenn Sie es schnippisch oder in einem trägen Tonfall sagen, aus dem sich erahnen lässt, dass Sie eigentlich sagen möchten: »Ich will nichts mehr davon hören.« Sich entschuldigen funktioniert nur dann hundertprozentig, wenn Sie sofort versprechen, sich zu bessern: »Es wird nicht wieder vorkommen.« Noch besser ist es, wenn Sie sofort aktiv werden und Ihren Fehler wiedergutmachen: »Entschuldige. Ich werde jetzt sofort den Heizungsinstallateur anrufen und ihn fragen, wann sie den Heizkessel endlich warten.«

Wenn nicht Sie für die Probleme verantwortlich sind, mit denen Sie beide kämpfen, sondern Ihr Partner größtenteils die Verantwortung dafür trägt, können Sie überlegen, ob Sie sich für den (kleineren) Anteil entschuldigen, für den Sie verantwortlich sind. Dieses Verhalten kann Ihren Partner dazu bringen, sich wiederum für seinen Anteil am Problem zu entschuldigen.

Es tut mir leid.
(Obwohl es eigentlich deine Schuld ist.)

9

Geheimnis 2: Versuchen, die Perspektive des Partners einzunehmen

> »Man kann einen anderen nur richtig verstehen, wenn man die Dinge von seinem Gesichtspunkt aus betrachtet.«
> – *Harper Lee (Wer die Nachtigall stört)*

Ich war neun, als ich meinen Vater im Oktober 1962 zum ersten Mal weinen sah. Ich erschrak gewaltig. Ich erschrak noch mehr, als ich sah, dass meine Oma, die Mutter meines Vaters, bei dem Versuch, meinen Vater zu trösten, selbst auch in Tränen ausbrach. Meine Mutter, die meine Reaktion wie immer als Erste wahrnahm, nahm mich kurz zur Seite und erklärte mir, wobei es sie die größte Mühe kostete, ihre Tränen zu unterdrücken, warum mein Vater und meine Oma weinten: »Die großen Länder Russland und Amerika haben einen ganz furchtbaren Streit miteinander. Wenn es noch schlimmer wird, werden sie vielleicht mit Atombomben aufeinander schießen. Und weil die Niederlande mit Amerika befreundet sind, könnte Russland auch uns angreifen und dann sterben wir vielleicht alle. Darum weinen Papa und Oma. Wir müssen alle zusammen ganz viel beten, damit kein Krieg ausbricht. Nur Jesus und Maria können uns jetzt noch helfen.« Unsere Gebete wurden schnell erhört, denn ein paar Tage später wurde die Kubakrise friedlich gelöst. Chruschtschow sagte zu, die auf die USA gerichteten Atomraketen aus Kuba abzuziehen, und die USA zogen die auf die Sowjetunion gerichteten

Raketen ab, die in Italien, der Türkei und Großbritannien stationiert waren.

Diese Krise hat jeden geprägt, der sie bewusst miterlebt hat. Das gilt auch für mich. Ich denke, das ist auch der Grund, warum das Buch *Inclusief denken* (Inklusiv denken) des niederländischen Philosophen Feitse Boerwinkel, das 1966 erschienen ist und das ich um 1968 bei der örtlichen Bücherei auslieh, so einen Eindruck auf mich machte. Es beinhaltete nämlich ein »Rezept«, um Kriege und Streit zwischen Menschen und Ländern zu verhindern: Verabsolutiere niemals deinen eigenen Standpunkt zur einzig gültigen Wahrheit, sondern strebe danach, die Sichtweise anderer in dein eigenes Denken »einzuschließen« (zu *inkludieren*). Ich zog hieraus folgenden persönlichen Schluss: Um die Wahrheit des anderen in die eigene Wahrheit aufzunehmen, muss man zuerst einen wichtigen Zwischenschritt machen. Man muss bereit sein, sich bei drohenden Konflikten zunächst in die Sichtweise des anderen hineinzuversetzen. Denn ohne diese Bereitschaft kann man nie verstehen, worin die Wahrheit des anderen besteht.

Was verbirgt sich hinter der Kritik?

Auch wenn Sie mit Ihrem Partner über die Kritik sprechen möchten, die er an Ihnen äußert, ist es entscheidend, zu wissen, wie dieser die Wirklichkeit sieht. Erinnern Sie sich noch an die Phase der Verliebtheit? Ganz bestimmt. Einer der Gründe, warum Sie damals auf Wolke sieben schwebten, ist wahrscheinlich, dass Sie sich total verstanden fühlten. Wissen Sie noch, woran das lag? Wahrscheinlich hat Ihr Partner automatisch die Strategie angewandt, die ich im Folgenden erläutern möchte: Versuchen, sich in den anderen hineinzuversetzen. Keine andere Technik hat eine so beruhigende Wirkung wie diese. Eigentlich ist auch dies eine Entwaffnungstechnik. Denn Ihr Partner kann nicht wirklich wütend werden – und erst recht nicht bleiben –, wenn Sie sich Mühe geben, ihn zu verstehen.

Sich in den Partner hineinzuversetzen hat darüber hinaus den angenehmen und unerwarteten Nebeneffekt, dass Sie selbst auch ruhiger werden und *sich selbst* entwaffnen. Je besser Sie Ihren Partner verstehen, desto mehr wird sich auch Ihre Gereiztheit – denn die überkommt fast jeden, der kritisiert wird – abschwächen. Sie werden ausgeglichener und besonnener reagieren können, wenn Sie sich zuvor in Ihren Partner hineinversetzt haben. Hinter einer kritischen Äußerung, die oft in ein paar kurze Sätze gefasst wird, verbirgt sich meistens eine ganze Geschichte. Manchmal ist es eine Geschichte, die Sie überraschen wird und die Kritik Ihres Partners in einem völlig neuen Licht erscheinen lässt.

Mir kommt ein Ehepaar in den Sinn, das ich einst behandelt habe. Die Frau war oft launisch und kritisierte ihren Mann dann wegen der geringsten Kleinigkeit. Danach zog sie sich traurig von ihm zurück und war nicht erreichbar. Im zweiten Gespräch erzählte sie, dass sie sehr unter Schuldgefühlen litt, weil sie nicht versucht hatte, ihre Mutter zu Hause zu pflegen. Ihre Mutter, zu der sie ein sehr enges Verhältnis gehabt hatte, war eine Woche nach ihrer Aufnahme in ein Pflegeheim plötzlich gestorben – aus Kummer, hatte der Arzt gesagt. Sie selbst hatte ihre Mutter, als diese pflegebedürftig wurde, bei sich zu Hause aufnehmen wollen, aber ihr Mann war entschieden dagegen gewesen. Sie hatte klein beigegeben, aber das hatte sie noch immer nicht überwunden. Mit ihrem Mann hatte sie nach dieser Zeit nicht mehr darüber gesprochen. Um inhaltlich angemessen auf die Kritik Ihres Partners reagieren und Ihre eigene Reaktion steuern zu können, müssen Sie aber mehr darüber erfahren, was genau die Sachlage ist.

Es gibt noch einen zweiten Grund, warum Sie die Mühe auf sich nehmen sollten, sich zuerst darauf zu konzentrieren, was Ihr Partner sagen möchte. Sehr häufig ist Ihr Partner bereits geladen, wenn es zu einem Streitgespräch kommt. Um ein normales Gespräch zu ermöglichen, müssen Sie ihm die Möglichkeit geben, etwas Dampf abzulassen. Solange seine Seite der Geschichte durch seinen Kopf geistert, versperrt sie den Weg für jede andere Geschichte, also auch für die Ihre.

Das Gehirn besteht aus zwei Hälften und jede Hälfte hat ihr eigenes Spezialgebiet. Der linke Teil ist zuständig für rationale Angelegenheiten: Argumentieren, logisches Denken. Der rechte Teil ist zuständig für alles, was mit Gefühlen zusammenhängt, zum Beispiel dem Erkennen von Emotionen. Unter normalen Umständen dominiert die linke Gehirnhälfte die rechte Gehirnhälfte. Das wird als Rationalität bezeichnet. Solange die linke Gehirnhälfte das Sagen hat, können wir rational denken. Aber wenn wir wütend werden, gewinnt die rechte Gehirnhälfte die Oberhand und nimmt die linke Hälfte in Geiselhaft: Die linke Gehirnhälfte hat nun nichts mehr zu sagen. Wenn wir jedoch unsere Gefühle geäußert und bekräftigt haben, kommen die beiden Hälften wieder ins Gleichgewicht. Wir kommen wieder zur Besinnung und nehmen Vernunft an.

Mit ZZN die Perspektive des Partners einnehmen

Sie können nun üben, sich in Ihren Partner hineinzuversetzen. Ihr Ausgangspunkt ist die Entwaffnungsstrategie: Sie geben Ihrem Partner in mehreren Punkten recht. Anschließend vergessen Sie kurz Ihre Seite der Geschichte und Ihre eigene Meinung. Vertiefen Sie sich in die Gedanken und Beweggründe Ihres Partners.

Um die Perspektive eines Partners einnehmen zu können, können Sie als Eselsbrücke die Abkürzung ZZN verwenden: Zuhören, Zusammenfassen und Nachfragen. ZZN ist ein unzertrennliches Trio. Man kann nur dann gute Fragen stellen, wenn man wirklich zuhört. Und man hört aufmerksamer zu, wenn man ab und an kurz zusammenfasst, was der andere gesagt hat. Eine Reihenfolge ist natürlich vorgegeben: Sie müssen zuerst Fragen stellen, bevor Sie der Antwort zuhören können. Und Sie können nur zusammenfassen, wenn Sie eine Antwort auf Ihre Frage erhalten haben.

Zuhören

Über die Kunst des Zuhörens wurden schon zahlreiche Bücher geschrieben. Ich möchte mich jedoch auf den Tipp beschränken, der die Quintessenz all dieser Bücher ist: Versuchen Sie, so zuzuhören, wie Sie es sich umgekehrt von Ihrem Partner wünschen. Geben Sie sich also Mühe, sich beim Zuhören ganz auf den anderen zu konzentrieren. Schieben Sie Ihre eigene Sichtweise, Ihre Sehnsüchte, Bedürfnisse und Lösungsvorschläge in dieser Phase des Gesprächs beiseite. Eigene Sehnsüchte, die sich jederzeit aufdrängen können, die Sie jedoch ignorieren müssen, können unter anderem sein: dem Partner widersprechen, ihn korrigieren, Ihre eigene Sichtweise darlegen, Ihrem Partner sagen, dass er nicht so jammern soll, oder ihn darauf hinweisen, dass er zu viel klagt. Solche Gedanken und Impulse sind die größten Hindernisse und können es unmöglich machen, richtig zuzuhören. Es ist daher auch alles andere als einfach, richtig zuzuhören, erst recht, wenn man von seinem Gesprächspartner angegriffen wird. Aus gutem Grund wird in diesem Zusammenhang häufig der Begriff »aktives Zuhören« verwendet. Denn wenn man passiv zuhört, geht die Botschaft »zu einem Ohr rein und zum anderen wieder raus«.

Zusammenfassen

Man hört besser zu, wenn man ab und zu versucht, das Gehörte kurz zusammenzufassen: »Wenn ich dich richtig verstanden habe, dann sagst du …« oder »Du sagst also, korrigiere mich, falls ich dich falsch verstanden habe …«. Durch dieses Zusammenfassen können Sie nicht nur besser zuhören, es wird Ihnen auch leichter fallen, Ihre eigenen Sehnsüchte und Bedürfnisse kurz unberücksichtigt zu lassen. Denn Sie werden nur dann eine gute Zusammenfassung liefern können, wenn Sie sich ganz auf Ihren Partner konzentrieren. Während Ihr Partner spricht, können Sie nicken und so tun, als würden Sie ihm zuhören, aber Ihr Gehirn hat dann noch 60 Prozent Reservekapazität, um sich mit etwas anderem als dem Zuhören zu beschäftigen, zum Beispiel der Vorbereitung Ihrer Reaktion auf das Gesagte. Wenn Sie zuhören und das Ziel haben, die Aussage Ihres Partners gut zusammenzufassen, dann hat das Gehirn keine Zeit mehr für andere Dinge.

Ein Beispiel: »Ich habe das Haus geputzt, so, wie du es dir gewünscht hattest. Das Wohnzimmer, den Flur, das Bad, die Abstellkammer, ich habe sogar vor der Garage gekehrt. Und das Essen stand schon auf dem Tisch, als du nach Hause kamst. Aber du, du hast deine Jacke aufgehängt, und das Erste, was du zu mir gesagt hast, war: ›Du hast vergessen, die Treppe zu saugen.‹ Kein Kompliment, kein gar nichts, sondern nur Vorwurf! Hätte ich die Treppe nicht vergessen, hättest du ganz bestimmt etwas anderes auszusetzen gehabt. Was ich im Haushalt auch mache, immer hast du etwas zu beanstanden.«

Eine Art, das Gesagte zusammenzufassen, wäre: »Du hast recht, ich habe sofort gemeckert« (*entwaffnen*). »Du hattest das ganze Haus geputzt, aber ich habe gleich wegen der Treppe angefangen« (*die Perspektive des Partners einnehmen*).

Beachten Sie, dass diese Zusammenfassung nicht bedeutet, dass Sie mit Ihrem Partner einer Meinung sind. Ihre Zusammenfassung ist lediglich ein Beweis dafür, dass Sie sich Mühe geben, sich in ihn hineinzuversetzen. Darum geht es an dieser Stelle. Ich möchte noch ein Beispiel nennen. Dieses Mal zur Übung:

»Du erwartest immer, dass ich zu allen Geburtstagen deiner Familie gehe. Auch zu denen deiner Neffen und Nichten. Du führst dann das Argument an, dass ihr das von Haus aus gewöhnt seid und dass ihr eben nur eine kleine Familie seid. Darüber habe ich mich noch nie beschwert. Aber eine Sache passt mir überhaupt nicht. Jedes Mal, wenn ich dich frage, ob du zum Geburtstag eines meiner Geschwister mitgehst, stellst du dich an und versuchst, der Sache irgendwie zu entkommen. In den meisten Fällen gelingt dir das sogar. Dann sagst du: ›Eure Geburtstage gefallen mir nie so richtig, ihr sprecht alle Dialekt und den verstehe ich nicht richtig.‹ Du vergisst, dass ich mich auch zusammenreißen muss, wenn ich dich zu den Geburtstagen deiner Familie begleite. Aber ich gehe einfach mit. Mit so einer Einstellung verdirbst du mir die Geburtstage meiner Familie. Das finde ich unfair. Wenn du so weitermachst, dann gehe ich zu den Geburtstagen deiner Familie auch nicht mehr mit. So, jetzt ist es gesagt, ich hab mich lange genug zurückgehalten.«

Nehmen Sie sich Papier und Bleistift und versuchen Sie, eine kurze Zusammenfassung zu schreiben.

Eine mögliche Zusammenfassung lautet:

»Wenn ich dich richtig verstehe, sagst du, dass ich oft motze, wenn du mich bittest, dich zu den Geburtstagsfeiern deiner Familie zu begleiten. Und auch, dass ich mich oft erfolgreich davor zu drücken versuche. Du sagst außerdem, dass du dagegen immer, ohne zu klagen, zu den Geburtstagen meiner Familie mitgehst. Stimmt das so?« (die Perspektive Ihres Partners einnehmen).

Wenn Ihr Partner lange spricht, sollten Sie ihn nicht fortwährend unterbrechen, um das Gesagte zusammenzufassen. Das würde ihn nur reizen. Stattdessen sollten Sie lieber ab und zu einen Schlüsselbegriff wiederholen. Ein Schlüsselbegriff ist ein Wort, das Ihrer Meinung nach den Kern der Aussage Ihres Partners am besten wiedergibt.

In eben genanntem Beispiel könnte der Schlüsselbegriff lauten: »unfair«. Dieses Wort wiederholen Sie dann, wobei Sie darauf achten, dass Sie ein kleines Fragezeichen anfügen, indem Sie Ihre Stimmlage leicht erhöhen: »Unfair?« Mit diesem bescheidenen Fragezeichen fordern Sie Ihren Partner vorsichtig dazu auf, etwas mehr über dieses zentrale Wort zu sagen. Das Fragezeichen darf nicht zu sehr betont sein, da es dann wie ein Angriff klingen würde (»Wie kannst du das denn unfair finden?«).

(Nach-)Fragen

Gute Fragen können schmecken wie Küsse. Wohlgemeinte Fragen bringen Ihren Partner dazu, sich Ihnen zu öffnen. Für jeden von uns gilt: Nichts schmeichelt uns mehr als jemand, der aufrechtes Interesse an uns zeigt. Daher haben gute Fragen auch eine solch entwaffnende Wirkung. Die Antworten auf Ihre Fragen liefern Ihnen wertvolle Informationen, durch die Sie sich ein Bild machen können von der Wirklichkeit und der Wahrheit Ihres Partners. Um diese Wahrheit kommen Sie nicht herum. Ohne diese Informationen können Sie nur *raten,* was die Wahrheit Ihres Partners ist. Und wenn Sie bereits etwas gereizt sind, dann wird Ihre Interpretation der Geschichte Ihres Partners nicht immer wohlwollend ausfallen. Einen eigenen Patzer betrachten wir als Kleinigkeit, aber wenn einem anderen derselbe Patzer unterläuft, dann neigen wir dazu, ihn zu einem Charakterzug zu verallgemeinern.

Fragen zu stellen bietet Ihnen noch mehr »Vorteile«. Jeder Mensch fühlt sich am wohlsten, wenn er alles unter Kontrolle hat. Indem Sie selbst Fragen stellen, behalten Sie das Gespräch im Griff. Und wenn man kritisiert wird, ist einem ohnehin jeder Strohhalm willkommen.

Außerdem hört man automatisch aufmerksamer zu, wenn man sich darauf vorbereiten muss, die richtigen Fragen zu stellen. Schließlich knüpfen gute Fragen per Definition an die Aussagen des Gesprächspartners an. Die besten Fragen sind häufig die sogenannten *offenen Fragen.* Das Gegenteil davon sind *geschlossene Fragen:* Fragen, auf die man nur kurze Antworten wie »Ja« oder »Nein« geben kann. Sie könnten beispielsweise folgende offenen Fragen verwenden:

- »Darüber möchte ich gerne mehr erfahren. Erzähl mal.«
- »Was ist deine Meinung dazu?«
- »Welchen Anteil habe ich deiner Meinung nach an diesem Problem?«
- »Wie genau ist das passiert?«
- »Was hast du damals gedacht?«
- »Was stört dich am meisten?«

All diese Fragen geben Ihrem Partner die Möglichkeit, seine Kritik ausführlich zu verdeutlichen. Die Fragen beginnen meistens mit Worten wie *was, wie, wann, wo, mit wem*?

Eine weitere gute Frage enthält den Superlativ »am meisten«. Solche Fragen sind eine Einladung an Ihren Partner, zum eigentlichen Kern der Kritik zu kommen. Wenn Sie derartige Fragen stellen, klären sich danach viele Dinge.

- »Was ärgert dich hieran am meisten?«
- »Was stört dich hieran am meisten?«
- »Worüber machst du dir die meisten Sorgen?«

Nicht jeder Satz, der mit einem Fragezeichen endet, ist auch wirklich eine Frage. Ich meine damit *suggestive Fragen*. Das bedeutet, Fragen, die zwar Fragen zu sein scheinen, in Wahrheit aber eine eigene Meinung wiedergeben. Es versteht sich von selbst, dass Sie solche Fragen vermeiden sollten. Suggestive Fragen erkennt man häufig an dem Wort *nicht:* »Findest du nicht, dass dir das reichlich spät einfällt?« »Hast du nicht auch deinen Teil dazu beigetragen, dass diese Sache schiefgegangen ist?« Wie Sie sehen, fangen solche Fragen oft mit einem Verb an, dem ein persönliches Fürwort folgt (»Findest du ...«, »Hast du ...«).

Stellen Sie auf keinen Fall Fragen, die Ihren Partner in die Enge treiben oder seine Argumente entkräften sollen. Zum Beispiel: »Deiner Meinung nach bin ich mal wieder schuld, aber denkst du nicht auch, dass es ganz anders gelaufen wäre, wenn du das früher gesagt hättest?« Sie sollten ohnehin nicht versuchen, Ihren Partner in die Enge zu treiben. Achten Sie darum stets auf den Ton, in dem Sie eine Frage stellen. Sogar die Frage »Kannst du mir dafür ein Beispiel aus der letzten Zeit nennen?« kann sich als kontraproduktiv erweisen, erst recht, wenn Sie sie mit dem Unterton stellen: »Du findest bestimmt kein gutes Beispiel aus der letzten Zeit.«

Ebenso sind viele Fragen fehl am Platz, die mit »warum« anfangen, weil sie genau wie suggestive Fragen gestellt werden, um den anderen auf seine Fehler hinzuweisen oder ihm zu zeigen, dass er unrecht hat. Eine Frage wie »Warum sagst du mir das erst jetzt?« bedeutet in Wirklichkeit: »Du weißt ganz genau, dass du viel zu lange damit gewartet hast, mir das zu erzählen.« Mit anderen Worten: »Eigentlich hast du deine Chance verspielt.«

Gute Fragen sind freundlich gestellte Fragen, die von aufrichtigem Interesse zeugen. Auch dies möchte ich wieder anhand eines Beispiels erläutern. Als ich meine Frau damit konfrontierte, dass ich entgegen meinem Versprechen die Wäsche vor dem Regenschauer nicht abgehängt hatte, sagte sie: »Jetzt sind die Kleider noch nasser als vorhin, als ich sie aufgehängt habe.« Ich fragte sie: »Und was ist daran so schlimm für dich?« Sie entgegnete: »Dass meine ganze Planung jetzt durcheinanderkommt. Ich hatte vor, nach dem Essen zu bügeln, aber jetzt ist die Wäsche frühestens in vier Stunden trocken und dann ist es schon zu spät. Morgen muss ich den ganzen Tag arbeiten und dann komme ich auch nicht dazu. Übermorgen haben wir wieder neue Wäsche. So wird der Wäscheberg zu hoch.«

Sie sollten solche Fragen nicht stellen, wenn Ihr Partner sich bereits sehr deutlich ausgedrückt und schon genau erklärt hat, was ihn ärgert. Wenn Sie dann nochmals um eine Erklärung bitten, regt Ihr Partner sich noch mehr auf: »Hörst du mir denn nicht zu? Das habe ich doch eben gesagt.«

Es kommt auch darauf an, Ihre Fragen nicht so zu stellen, dass Ihr Partner sich rechtfertigen muss. Sie sollten auch nicht durchscheinen lassen, dass Sie die Kritik verharmlosen. Hätte ich meine Frau gefragt: »Was ist daran so schlimm für dich?«, und sie hätte durch eine falsche Betonung herausgehört: »Worüber regst du dich eigentlich so auf?«, dann hätte ich den Funken leichter Gereiztheit zu einem wahrhaftigen Feuer entfacht.

10

Geheimnis 3: Aufmerksamkeit zeigen für Gefühle

> »Tief in ihrem Herzen möchten die meisten Menschen verstanden und liebkost werden.«
> – *Buddha*

Sie haben es bestimmt schon einmal erlebt. Sie haben Ihren Partner kritisiert und er sagte zu Ihnen: »Reagier doch nicht so emotional. Betrachte die Angelegenheit doch einmal rein rational. Was ist in Wirklichkeit los?« Was hat eine derartige Reaktion in Ihnen ausgelöst? Wahrscheinlich fühlten Sie sich nicht wirklich verstanden. Der Grund hierfür war, dass Ihr Partner Sie so wortreich spüren ließ: Schieb deine Gefühle beiseite, sie tun jetzt nichts zur Sache, sie machen alles nur noch komplizierter.

Kritik ist keine rein rationale Angelegenheit. Es sind immer auch Gefühle im Spiel. Gefühle von Machtlosigkeit, Wut, Enttäuschung, Angst, Verzweiflung usw.

Wenn Sie diese Gefühle übergehen, wird der andere sich unverstanden fühlen und das Gespräch kann außer Kontrolle geraten. Es ist sehr unwahrscheinlich, dass Sie dann eine echte Verbindung aufbauen, denn diese kommt zwischen zwei Menschen immer nur über die Brücke der Emotionen zustande. Besser gesagt: über das Erkennen der Emotionen. Daher dürfen Sie Gefühle beim Umgang mit Kritik nicht übergehen. Das dritte Geheimnis gelingender Kommunikation lautet denn auch: Den Gefühlen Ihres Partners Aufmerksamkeit schenken.

Emotionen erkennen und benennen

Ich »warne« Sie schon einmal vor – oder vielleicht sollte ich lieber sagen: Ich kann Sie beruhigen –, ich habe nicht die Absicht, lange in Emotionen zu wühlen. In der Regel widmet man Gefühlen nur sehr kurz Aufmerksamkeit. Meistens sind fünf bis zehn Sekunden vollkommen ausreichend. Aber diese fünf bis zehn Sekunden sind entscheidend. Denn wenn es Ihnen gelingt, die Emotionen zu erkennen und zu akzeptieren, die sich hinter der Kritik verbergen, wird das Gespräch danach viel ruhiger verlaufen. Ihr Partner wird seine defensive Position verlassen oder seine Angriffe mäßigen.

Angenommen, Ihr Partner fährt Sie an: »Das hatte ich erwartet. Du hast immer etwas zu meckern, wenn ich im Haushalt etwas mache. Wenn ich die Wäsche mache, kann ich es dir nie recht machen. Beim einen Mal ist die Trommel zu voll, beim nächsten Mal ist sie zu leer, dann wasche ich zu heiß, dann wieder zu kalt, dann sortiere ich die Wäsche nicht richtig, dann lasse ich sie zu lange oder zu kurz trocknen usw. Es geht immer so weiter. Warum lässt du mich überhaupt noch die Wäsche machen, wenn wir uns danach doch jedes Mal streiten?« Sie hören, dass Ihr Partner lauter spricht als sonst und sie sehen auch rote Flecken auf seinem Hals. Wie können Sie seinen Gefühlen die nötige Aufmerksamkeit schenken?

Sie sagen: »Du hast recht, ich habe wirklich immer etwas zu meckern, wenn du die Wäsche machst (*entwaffnen*). Du hast meine Kritik gründlich satt (*die Perspektive des Partners einnehmen*) und du bist wütend auf mich, stimmt's?« (*Aufmerksamkeit zeigen für Gefühle*). Ihre Reaktion setzt voraus, dass Sie der (starken) Neigung widerstehen, dagegenzuhalten. Wahrscheinlich sind Sie genauso wütend wie Ihr Partner und würden ihm gern noch einmal genau darlegen, dass er die Wäsche nicht richtig macht. Halten Sie sich jedoch zurück. Wenn Sie Ihrem Partner widersprechen, wird er noch wütender. Solche Retourkutschen haben in der Vergangenheit zu nichts geführt, warum sollte das dieses Mal anders sein? Zu glauben, dass wir vorwurfsvolle Kritik nicht verdienen, ist eine normale menschliche Eigenschaft; darum wehren wir uns auch automatisch dagegen. Nicht nur Sie selbst reagieren daher auf Kritik wie auf einen Wespenstich, dasselbe gilt für Ihren Partner.

Lassen Sie uns Gefühlsempathie zusammen üben. Überlegen Sie sich, wie Sie in folgendem Beispiel die Gefühle Ihres Partners bestätigen könnten:

»Du hast gesagt, dass du nur ganz kurz shoppen gehst und dass ich nur ein paar Stunden auf die Kinder aufpassen muss, aber du warst den ganzen Nachmittag weg. Du wolltest nur eine Hose kaufen, und jetzt kommst du mit Schuhen, einem Kleid und einem Rock nach Hause. Ich darf zwar von zu Hause aus arbeiten, aber es war nicht so gedacht, dass ich dann auf die Kinder aufpasse. Ich hätte heute Mittag mit ein paar Kunden telefonieren müssen, aber das ging nicht, weil es einen sehr unprofessionellen Eindruck macht, wenn die Kinder im Hintergrund weinen oder Aufmerksamkeit wollen. Und das tun sie immer, wenn ich telefoniere. Warum hältst du deine Versprechen nicht ein?«

Denken Sie kurz nach, nehmen Sie Papier und Bleistift und schreiben Sie Ihre Reaktion auf.

Eine mögliche Reaktion wäre:

»Du hast recht (entwaffnen). Ich bin länger weggeblieben, als ich versprochen hatte, und ich habe auch andere Sachen gekauft, als ich gesagt hatte (die Perspektive des Partners einnehmen). Mir war nicht bewusst, dass ich dich dadurch in Schwierigkeiten gebracht habe. Wenn ich das gewusst hätte, wäre ich früher nach Hause gekommen. Du bist wütend auf mich, stimmt's?« (Aufmerksamkeit zeigen für Gefühle). Wenn Ihr Partner Ihnen beipflichtet, könnten Sie noch hinzufügen: »Ich glaube, an deiner Stelle wäre ich auch wütend.«

Wenn Sie Gefühle in Worte fassen, liegen Sie fast immer richtig, wenn Sie das Wort »Wut« nennen. Denn jeder, der Kritik an einem anderen äußert, erlebt Gefühle von Wut. Menschen unterscheiden sich lediglich im Ausmaß ihrer Wut. Die leichteste Form von Wut deuten wir mit dem Begriff »Enttäuschung« an, die heftigste Form von Wut mit »wutentbrannt« oder »rasend« sein. Ich sagte es bereits: Gefühle von Wut bringen das Licht der Vernunft zum Erlöschen. Die Wut muss geäußert und anerkannt werden. Dann erst wird man wieder empfänglich für die Argumente des anderen.

Oft sind neben Wut auch noch Angst, Besorgnis, Kummer, Verzweiflung, Schuld und Scham im Spiel. Behalten Sie dabei auch im Hinterkopf, dass Wut der Joker unter den Gefühlen ist. In ihrem Buch *Levenswijsheid van vrouwen voor vrouwen* (2006) (Lebensweisheiten von Frauen für Frauen) – nicht an mich gerichtet, aber gerade deshalb von mir gelesen – enthüllt die US-amerikanische Journalistin Gallagher ihre zehn größten Entdeckungen über die Natur des Mannes, und eine der zehn handelt genau davon: »Männer äußern einen großen Teil ihrer Gefühle durch Wut. Sie werden dazu erzogen, ihre Gefühle für sich zu behalten. Angst äußert sich als Wut. Das gilt auch für Frustration. Und Kummer. Sogar für Eifersucht.«

Ich möchte hinzufügen, dass diese Weisheit auch für viele Frauen gilt. Wie viele Frauen schimpfen zum Beispiel mit ihrem kleinen Kind, wenn sie erschrecken, weil es von der Treppe fällt, obwohl es sich nicht wehgetan hat. Oder sie werden wütend auf ihr Kind, wenn es eine Stunde später als vereinbart nach Hause kommt und sie sich in der Zwischenzeit große Sorgen gemacht haben.

Kurzum, wenn man Gefühlen Aufmerksamkeit schenkt, also das Gefühl von Wut oder ein anderes Gefühl benennt, geschieht oft etwas Magisches. Ihr Partner fühlt sich verstanden und daher schwächt sich seine Wut unmittelbar ab. Als würde eine Stimme in seinem Kopf ihm zuflüstern: »Du nimmst meine Gefühle wahr, ich kann dir deswegen nicht mehr richtig böse sein.«

Wenn wir uns aufregen, nehmen wir nur selten die Worte »Ich bin böse« oder »wütend« in den Mund. Wir schrecken fast alle davor zurück, unsere Gefühle offen auszusprechen. Stattdessen zeigen wir unsere Gefühle über Körpersprache und einen ganz bestimmten

Sprachgebrauch. Auf den Sprachgebrauch komme ich später noch zurück. Über Körpersprache möchte ich zuerst sprechen.

Ich erzähle Ihnen bestimmt nichts Neues, wenn ich sage, dass Wut viele nonverbale Erscheinungsformen hat: geballte Fäuste, ein rot angelaufenes Gesicht, einen wütenden Gesichtsausdruck, »Feuer« in den Augen, buchstäblich die Zähne zeigen, schnaubend oder lauter sprechen, sich dem anderen nähern (in seinen persönlichen, unsichtbaren Bereich vordringen), mit dem Finger auf ihn zeigen, tretende Fußbewegungen machen (im Sitzen) usw. Uns selbst ist oft nicht bewusst, dass wir so unsere Gefühle verraten. Ihr Partner wird sich verstanden fühlen, wenn Sie diese Körpersprache bemerken und seine Gefühle in Worte fassen: »Du wirst laut, bist du wütend auf mich?«

Wahrscheinlich erinnern Sie sich noch an den hypothetischen Konflikt, mit dem ich dieses Buch eingeleitet habe. Ich beschreibe ihn nun etwas ausführlicher.

Ihre Frau kommt um halb sieben nach Hause, eine Stunde später als sonst. Sie waren schon leicht besorgt, weil Sie beide um sieben in der Schule sein mussten, wo Sie ein kurzes Gespräch über Ihren Sohn haben sollten. Sie hatten Sie bereits auf dem Handy angerufen, aber nur die Voicemail erreicht. Sie waren unsicher, was Sie tun sollten. Sie wollten zwar mit dem Kochen anfangen, wussten aber nicht, was Ihre Frau zum Essen eingeplant hatte. Sie trauten sich auch nicht, mit dem Kochen anzufangen, weil Ihre Frau ein Jahr zuvor auch einmal zu spät dran war und damals unterwegs beim Chinesen etwas zum Mitnehmen geholt hatte. Um die Zeit totzuschlagen, legen Sie sich aufs Sofa und schauen fern. Als Ihre Frau nach Hause kommt, fährt sie Sie sofort an:
»Warum hast du nicht mit dem Kochen angefangen? Du weißt doch, dass wir in einer halben Stunde wegmüssen?«
»Ich habe versucht anzurufen, aber du hast nicht abgenommen. Ich war mir nicht sicher, was ich tun sollte.«
»Was für eine lahme Ausrede. Das ist dir ja wohl auch klar, oder? Du

brauchst doch nicht mich, um zu wissen, dass du schon mal anfangen kannst?«

»Warum hattest du dein Handy denn nicht an, dann wäre das nicht passiert.«

Ihre Frau fängt an zu weinen. »Das geht mir dermaßen auf die Nerven. Du bist mir überhaupt keine Hilfe.«

Stellen Sie sich vor, Sie hätten dieses Gespräch bewusst in eine andere Richtung lenken wollen. Ihnen ist klar, dass Selbstverteidigung kontraproduktiv ist. Also versuchen Sie zunächst, Ihre Frau zu entwaffnen und dann ihren Gefühlen Aufmerksamkeit zu schenken. Wie könnten Sie auf Ihre Partnerin reagieren, wenn sie gleich nach ihrer Ankunft zu Ihnen sagt: »Warum hast du nicht schon angefangen zu kochen? Du weißt doch, dass wir in einer halben Stunde wegmüssen?«, ohne dass es zu einem heftigen Wortgefecht kommt? Denken Sie kurz nach und schreiben Sie die Antwort auf.

Dies wäre eine mögliche Reaktion:

»Du hast recht, ich habe nicht angefangen zu kochen (entwaffnen). Ich höre an deiner Stimme und sehe dir an, dass du wütend auf mich bist. Stimmt's?« (Aufmerksamkeit zeigen für Gefühle).

Es ist gut möglich, dass ihre Frau sich dann noch nicht beruhigt und noch kurz weitertobt. Sie wird nämlich erst noch bekräftigen wollen, dass sie von Ihnen enttäuscht ist. Darüber hinaus empfindet sie nun Stress, weil sie es eilig hat. Das Gespräch ist jedoch noch nicht vorbei. Sie werden noch andere Techniken einsetzen müssen, die ich in den folgenden Kapiteln beschreiben werde.

Gefühlsgeladene Sätze

Wir äußern unsere Wut nicht nur nonverbal, sondern auch über bestimmte Worte, Sätze oder Formulierungen. Im eben genannten Beispiel wimmelte es davon. Ich möchte nur fünf aufzählen:

- »Warum hast du nicht mit dem Kochen angefangen?«
- »Du weißt doch, dass wir in einer halben Stunde wegmüssen?«
- »Ich war mir nicht sicher, was ich tun sollte.«
- »Was für eine lahme Ausrede.«
- »Das ist dir ja wohl auch klar, oder?«

Auf den ersten Blick vermitteln all diese Sätze einen bestimmten Inhalt. Viel mehr als das vermitteln sie jedoch Gefühle, in erster Linie nämlich Wut und Frustration.

Auch in dem Beispiel, in dem die Frau zu spät vom Einkaufsbummel nach Hause kommt, fanden sich viele gefühlsgeladene Sätze. Lesen Sie sich das Beispiel noch einmal durch und versuchen Sie, daraus mindestens fünf Beispiele abzuleiten.

Das dürfte Ihnen nicht schwerfallen. Bereits in den ersten fünf Sätzen finden sich fünf Beispiele:

- »Du hast gesagt, dass du nur ganz kurz shoppen gehst.«
- »Aber du warst den ganzen Nachmittag weg.«
- »Jetzt kommst du mit Schuhen, einem Kleid und einem Rock nach Hause.«
- »Ich hätte heute Mittag mit ein paar Kunden telefonieren müssen.«
- »Warum hältst du deine Versprechen nicht ein?«

Die Kunst besteht darin, solche gefühlsgeladenen Sätze zu erkennen, sie herauszugreifen und sie in ein Gefühl zu übersetzen. Bei jeder Gefühlsinterpretation ist es jedoch wichtig, dem anderen die Möglichkeit zu geben, diese Interpretation abzustreiten oder zu nuancieren. Daher das Fragezeichen oder der Zusatz »Stimmt das?«. Wie gesagt, das gibt dem anderen die Möglichkeit, Ihre Deutung etwas abzumildern (»Ich bin nicht wütend, sondern enttäuscht«).

Bei Kritik kommt es also darauf an, dass Sie die Gefühle, die Sie bei Ihrem Partner zu erkennen meinen, in Worte fassen. Versuchen Sie auch in folgendem Beispiel die gefühlsgeladenen Sätze oder Worte herauszufiltern:

> »Warum hörst du nie zu? Es ist, also würde ich gegen eine Wand reden. Ich verstehe nicht, warum du mich überhaupt geheiratet hast. Du machst am liebsten alles alleine. Außer Sex, dafür brauchst du mich dann doch. Wenn das so weitergeht, dann halte ich das nicht mehr aus. Ich habe das Gefühl, dass ich mit dir auf einer einsamen Insel sitze und es dir vollkommen egal ist, ob ich das überlebe oder nicht.«

Es ist Ihnen bestimmt auch aufgefallen: Fast jeder Satz ist voller Wut und Verzweiflung.

- »Warum hörst du nie zu?«
- »Es ist, also würde ich gegen eine Wand reden.«
- »Ich verstehe nicht, warum du mich überhaupt geheiratet hast.«
- Und so weiter.

Wenn Sie möchten, dass Ihr Partner ruhiger wird, dann können Sie die Gefühle auch etwas übertreiben. Sie sagen dann zum Beispiel: »Du kochst vor Wut auf mich, stimmt's?« Niemand möchte gern als jemand dastehen, der schrecklich wütend ist. Die Reaktion ist dann meistens: »Also das ist übertrieben. Aber ich bin schon ein bisschen wütend, ja.«

Manchmal sagen Menschen auch von sich aus, dass sie wütend sind. Dann müssen Sie das Gefühl natürlich nicht mehr erraten. Aber Sie sollten Ihrem Partner auf jeden Fall zu verstehen geben, dass Sie gehört haben, was er gesagt hat: »Du bist wütend auf mich?« Auch hier ergänzen Sie das kleine, kaum hörbare Fragezeichen. Das Fragezeichen soll – wie der Schlüsselbegriff – nicht dazu dienen, die Aussage Ihres Partners zu verurteilen (»Wie kannst du nur wütend sein?«), sondern ihm die Gelegenheit zu bieten, seinem Ärger Luft zu machen, etwas mehr über seine Wut zu erzählen oder das Gefühl der Wut zu differenzieren.

Als ich das zweite Geheimnis gelingender Kommunikation erläutert habe (*Die Perspektive des Partners einnehmen*), sagte ich, dass die Antwort auf eine Frage mit einem Superlativ (»am schlimmsten«, »am meisten«) oft den Kern der Kritik Ihres Partners enthält. Es wird Sie daher nicht verwundern, dass die Wutgefühle Ihres Partners immer mit der Antwort auf die Superlativfrage zusammenhängen.

Angenommen, Sie haben folgende Frage gestellt: »Was stört dich denn am meisten?« Und angenommen, Ihr Partner hat geantwortet: »Dass du ständig ausgewichen bist, anstatt mir zu erklären, warum du dich nicht an die Vereinbarung gehalten hast.« So ausführlich die Darstellung Ihres Partners auch gewesen sein mag, letztlich wurde seine Wut durch das verursacht, was er in diesem einen Satz ausdrückt: nicht ehrlich über die Ursache informiert worden zu sein.

Es kann auch schiefgehen …

In diesem Kapitel habe ich aufgezeigt, wie wichtig es ist, Gefühlen Aufmerksamkeit zu widmen. Welche Fehler können Ihnen unterlaufen, wenn Sie diese Zuhörfähigkeit anwenden? Der häufigste Fehler besteht darin, den Gefühlen keine Aufmerksamkeit zu widmen und sich lediglich auf der inhaltlichen Ebene zu unterhalten. Die Wahrscheinlichkeit, dass das Gespräch einen positiven Ausgang nimmt, ist dann nicht sehr groß. Gefühle sind wie Menschen. Sie möchten Aufmerksamkeit bekommen. Wenn das nicht geschieht, werden die Gefühle sich noch bemerkbarer machen. Die Gefühle von Unzufriedenheit dringen dann über allerlei Ventile nach außen.

Gefühle verlangen nach Aufmerksamkeit, aber es darf auch nicht zu viel sein. Denn dann wird der andere, um es wieder mit einem Gefühl auszudrücken, verlegen. Wühlen Sie deshalb nicht in Gefühlen und beschäftigen Sie sich nicht zu lange mit ihnen. Meistens ist es ausreichend, wenn Sie mit einem einzigen Satz oder Wort zeigen, dass Sie das Gefühl erkannt haben. Eine Frage wie: »Kannst du mir noch etwas mehr über dieses Gefühl sagen?«, erscheint auf den ersten Blick einfühlsam, ist jedoch etwas zu viel des Guten. Allzu viel ist ungesund, dieses Sprichwort gilt auch, wenn man sich mit Gefühlen beschäftigt.

Sie sollten auch nie nach der Ursache des Gefühls fragen, zum Beispiel: »Woher kommt dieses Gefühl?« Diese Frage ist falsch, weil sie das Gefühl implizit verleugnet. Sie wechseln damit abrupt von der emotionalen auf die rationale Ebene. Die Frage nach dem »Warum« ist ebenfalls unangebracht, weil Sie dem anderen damit vermitteln, dass er sein Gefühl rechtfertigen muss. Wie Sie wissen: Gefühle sind niemals falsch.

Ein anderer Fehler wäre es, Gefühle zu verurteilen oder zu verharmlosen: »Darüber musst du dich doch nicht so aufregen!« Solche eigentlich beschwichtigend gemeinten Sätze wirken wie ein Brandbeschleuniger. Schlimmer wäre nur noch, sich über die Gefühle des Partners lustig zu machen.

Das Mittel der Gefühlsempathie ist viel angenehmer als die Qual, wenn Sie immer auf dieselbe stereotype Art und Weise reagieren. Zum Beispiel immer sagen: »Wenn ich dich richtig verstehe, bist du wütend auf mich, stimmt das?« Sie können sich darauf verlassen, dass Ihr Partner dann noch wütender wird. Denken Sie daran, dass es nicht das Ziel der Gefühlsempathie ist, Gespräche mit Ihrem Partner in Zukunft zu Ihrem Vorteil zu entscheiden oder das Gespräch zu beeinflussen. Wenn Sie die Geheimnisse gelingender Kommunikation missbrauchen, werden Sie dadurch nicht zu mehr Nähe beitragen. Wenn Letzteres Ihr Ziel ist, also mehr Nähe und eine bessere Beziehung, dann müssen Sie auch keine Angst haben, ungeschickt oder unbeholfen zu wirken. Ihr Partner wird sofort merken, dass Sie gute Absichten haben.

Aufmerksamkeit zeigen für Gefühle ist lediglich eines der sieben Geheimnisse gelingender Kommunikation. Wenn Sie sich in einem Gespräch auf eine dieser Techniken beschränken, erhält das Gespräch einen sehr künstlichen Charakter. Wenn Ihr Partner zu Ihnen sagt: »Ich fühle mich im Stich gelassen«, und Sie erwidern darauf: »Du fühlst dich im Stich gelassen«, dann ist diese Reaktion technisch gesehen zwar korrekt, aber Sie erinnern eher an einen Papagei als an ein menschliches Wesen. Ihr Partner wird sich noch einsamer fühlen, weil Sie nichts von sich selbst preisgeben. Gefühlsempathie sollten Sie daher immer mit anderen Techniken kombinieren. Zum Beispiel mit dem »Fragen nach Erwartungen«, dem vierten Geheimnis gelingender Kommunikation. Davon handelt das nächste Kapitel.

11

Geheimnis 4: Nach Erwartungen fragen

> »Wir gehen auch davon aus, dass der andere unsere
> Erwartungen kennt und richtig einschätzt.
> Das sind die Spielregeln [einer Liebesbeziehung].«
> – *Richard David Precht*

Erinnern Sie sich noch an die zentrale Botschaft aus dem ersten Teil dieses Buchs, nämlich dass die meisten Konflikte mit unausgesprochenen Erwartungen zu tun haben? Schon beim Lesen wussten Sie, was Sie demzufolge bei Konflikten tun müssen. Richtig: nach Erwartungen fragen. Wir sind schließlich keine Hellseher und können keine Gedanken lesen.

Wenn es zum Streit kommt, können Sie Ihren Partner fragen, was seine Erwartungen sind, zum Beispiel mit folgender Frage: »Was kann ich für dich tun, was wäre dir denn jetzt am liebsten?« Mit dieser Frage kommen fast immer die unausgesprochenen Erwartungen zur Sprache. Die Frage enthält nämlich den Superlativ »am liebsten«. Diese zwei kleinen Worte kommen aus gutem Grund darin vor. Wenn Sie die Frage ohne diesen Superlativ stellen (»Was kann ich für dich tun?«), wirkt sie nicht so einladend. Mit Superlativ bedeutet der Satz: »Sei ehrlich und sag, was du wirklich willst, ich bin aufgeschlossen.« Außerdem bringt diese Frage Ihren Partner dazu, sich gut zu überlegen, was er möchte: »Was will ich denn genau?« Und genau das möchten Sie erreichen.

Was erwarten wir voneinander?

Wenn Ihrem Partner etwas nicht passt und er das äußert, können vereinfacht gesagt zwei Wünsche dahinter verborgen liegen. Es kann sein, dass Ihr Partner lediglich seinem Herzen Luft machen will. Dieses Bedürfnis kennen wir alle: Manchmal müssen wir einfach klagen über das Wetter, den Stress bei der Arbeit, den Mangel an Freizeit, falsche Regierungsentscheidungen, die zunehmende Umweltverschmutzung, Staus usw. Ihr Partner möchte dann seine Wut oder seine Frustration äußern, für die Sie seiner Meinung nach verantwortlich sind.

Den möglichen Ablauf eines solchen Gesprächs möchte ich anhand einer eigenen Erfahrung veranschaulichen, die ich bereits geschildert habe: der Vorfall, als ich vergessen hatte, vor dem Regenschauer die Wäsche ins Haus zu holen, und meine Frau mir deswegen Vorwürfe machte. Als sie mich damit konfrontierte, dachte ich an die ersten beiden Geheimnisse gelingender Kommunikation: »Du hast recht, ich habe die Wäsche zu spät ins Haus geholt (*entwaffnen*). Ich höre an deiner Stimme und sehe dir an, dass du enttäuscht und auch wütend bist (*Aufmerksamkeit zeigen für Gefühle*). Stimmt das?« Sie bejahte das sofort und sagte, schon etwas ruhiger: »Die Wäsche ist jetzt noch nasser als vorhin, als ich sie aufgehängt habe.« Als ich – wie im vorhergehenden Kapitel beschrieben – die dritte Technik (*die Perspektive des Partners einnehmen*) angewandt hatte und dabei ihre Antwort auf meine Frage, was daran so schlimm für sie sei, kurz zusammengefasst hatte (»Ich habe deine ganze Planung zunichtegemacht«), fragte ich sie, was sie nun am liebsten von mir hätte. Sie sagte daraufhin: »Dass du verstehst, dass das sehr ärgerlich für mich ist.«

Für sie war es also zunächst ausreichend, dass ihr Gefühl ernst genommen wurde und dass sie Bestätigung fand; sie konnte ihrem Herzen kurz Luft machen. Ihr Partner kann auch noch etwas anderes von Ihnen erwarten, nämlich eine Entschuldigung, ein Versprechen oder eine bestimmte Handlung. Als ich beim eben geschilderten Vorfall noch weiterfragte, sagte meine Frau: »Ich erwarte dafür zumindest eine Entschuldigung. Ich hoffe, dass du in Zukunft, wenn ich dich wieder um so etwas bitte, besser aufpasst.«

Sie können nur herausfinden, was Ihr Partner von Ihnen erwartet, wenn Sie danach fragen. Indem Sie das tun, können Sie meistens verhindern, dass es zu einem heftigeren Konflikt kommt. Die Tatsache, dass Sie Ihren Partner überhaupt nach seinen Wünschen oder Erwartungen *fragen,* kann bereits sehr viel bedeuten. Sie zeigen dadurch, dass Sie bereit sind, sich mit den Erwartungen Ihres Partners zu beschäftigen.

Ein zweites Beispiel, dieses Mal handelt es von Linda, einer Frau, die in ihrer Kolumne in einer Monatszeitschrift über einen Streitpunkt in ihrer Beziehung berichtet.

Unsere Jungen sind jetzt drei und anderthalb Jahre alt und auch ich kenne die Momente, in denen ich das Gefühl habe, dass ich die Erziehung alleine stemme. Letzte Woche zum Beispiel. Harm hatte drei abendliche Termine vereinbart. Zweimal hatte er ein Arbeitsessen und eine Schulung und freitagabends hatte er sich mit ehemaligen Studienkollegen verabredet. An allen drei Abenden würde er nicht vor halb elf zu Hause sein.

Es ist für mich vollkommen in Ordnung, dass er sich verabredet, aber dreimal in einer Woche fand ich dann doch etwas zu viel. Was mich vor allen Dingen stört, ist die Selbstverständlichkeit, mit der er diese Dinge organisiert. Er geht fast immer davon aus, dass ich zu Hause bin. Ich verstehe schon, dass er sich nicht vor seinen beruflichen Verpflichtungen drücken kann, aber zwei Abende hintereinander, das erschien mir lächerlich.

»Ich kann nicht absagen.«

»Warum nicht? Du willst mir doch nicht erzählen, dass alle deine Kollegen immer zu diesen Terminen kommen können. Oder dass alle immer zu allen Umtrunken gehen.«

Harm ist der Meinung, er müsse sich dort sehen lassen. Ich nicht.

»Aber du bist doch zu Hause?«

»Darum geht es nicht. Es gefällt mir nicht, dass du immer einfach davon ausgehst, dass ich zu Hause bin. Du tönst zwar, dass ich zum

Volleyball oder ins Schwimmbad gehen kann, aber diese Woche hätte ich dann doch wieder absagen müssen.«
Darauf folgt immer ein Schweigen oder ich bekomme zu hören, dass ich ja vor zwei Jahren auch mal einen Abend aus war. (L. Reijs, 2008)

Angenommen, Sie wären Lindas Mann. Wie könnte das Gespräch im Idealfall verlaufen, wenn Sie gemäß den zuvor beschriebenen Geheimnissen gelingender Kommunikation reagierten? Nehmen wir außerdem an, das Gespräch fände an einem Freitagabend statt, eine Stunde vor der Verabredung mit ihren ehemaligen Kommilitonen. Denken Sie kurz nach und schreiben Sie das Szenario anschließend auf.

Ich habe mir folgendes Drehbuch ausgedacht:

»Linda, du hast recht, dann hättest du wirklich nicht zum Sport gehen können (entwaffnen). An der Tatsache, dass du mir das jetzt vorwirfst, eine Stunde vor meiner Verabredung, erkenne ich auch, dass du dich darüber ärgerst, dass ich zum dritten Mal in dieser Woche ausgehe und dich mit den Kindern alleine lasse. Stimmt, oder?« (Aufmerksamkeit zeigen für Gefühle) Nach einer beipflichtenden Reaktion von Linda fahren Sie folgendermaßen fort: »Es tut mir leid. Ich habe vergessen, es zu sagen, aber ich sage es jetzt nachträglich: Ich weiß es wirklich zu schätzen, dass du diese Woche schon zweimal zu Hause geblieben bist. Sag mir, was du jetzt am liebsten von mir hättest.« (Fragen nach Erwartungen)

Für alle Techniken gilt, so auch für »Fragen nach Erwartungen«, dass Sie sie nicht in allen Fällen anwenden können. Das gilt insbesondere, wenn Ihr Partner schon beim Äußern seiner Kritik sagt, was er von Ihnen erwartet. Wenn Ihr Partner sagt: »Du kommst schon wieder mit dreckigen Schuhen ins Haus; jetzt darfst du selbst putzen«, dann sollten Sie natürlich nicht fragen: »Was wäre dir jetzt am liebsten, was soll ich für dich tun?«

Sehr oft ist es aber nicht so deutlich, was Ihr Partner von Ihnen möchte. Sie können sogar davon ausgehen, dass er die Antwort oftmals selbst nicht genau kennt. Es kann gut sein, dass Linda in dem eben genannten Beispiel auch nicht genau wusste, was sie wollte. Die Kolumne, der ich dieses aus dem Leben gegriffene Beispiel entnommen habe, trägt den Titel *Aufgabenverteilung*. Man könnte denken, dass Linda sich eine gerechtere Aufgabenverteilung wünscht. Aber ist es wirklich das, was sie will? Kurz danach sagt sie nämlich: »Es ist für mich wirklich in Ordnung, dass er sich verabredet; das macht mir persönlich nichts aus. Ich bin gerne alleine zu Hause. Ich schaue ein bisschen fern, erledige dies und das.« Daher ist es gut möglich, dass sie sich nicht so sehr über die ungerechte Aufgabenverteilung ärgert, sondern über die Tatsache, dass Harm es nicht mit ihr abspricht, wenn er abends ausgehen möchte oder arbeiten muss. Dafür spricht der Satz: »Was mich vor allen Dingen stört, ist die Selbstverständlichkeit, mit der er diese Dinge organisiert.« Es kann daher gut sein, dass Linda in erster Linie Wertschätzung von Harm wollte. Hätte Harm wie in unserem Szenario reagiert, hätte sich der aufkommende Sturm möglicherweise gleich wieder beruhigt.

Glauben Sie Ihrem Partner aufs Wort

Angenommen, Sie denken Folgendes: Mein Partner sagt zwar, dass er dies oder jenes von mir möchte, aber ich glaube das nicht. Sollten Sie Ihrem Partner zu verstehen geben, dass Sie ihm nicht glauben? Ich denke nicht. Mark Twain hat einmal gesagt: »Jeder lügt – jeden Tag, jede Stunde.« Der berühmte amerikanische Schriftsteller lag damit nicht ganz falsch: Eine britische Studie hat ergeben, dass wir Menschen im Durchschnitt drei- (Frauen) bis sechsmal (Männer) am Tag lügen.

Bringt es etwas, wenn Sie Ihrem Partner sagen, dass Sie ihm nicht glauben? Nein, wahrscheinlich geraten Sie dann vom Regen in die Traufe. Sie greifen dadurch, wie Sie in Kapitel 1 erfahren haben, die Identität des anderen an. Ihr Partner wird es Ihnen nicht danken, wenn Sie ihn der Lüge bezichtigen. Ich denke daher, dass es am besten ist, Ihrem Partner aufs Wort zu glauben, wenn Sie ihn nach seinen Erwartungen oder Wünschen fragen. Zumal Ihr Partner in der Regel nicht lügt, wenn Sie ihn nach seinen Wünschen fragen, sondern es einfach nicht besser weiß. Oft kennen Menschen ihre eigenen Sehnsüchte nicht besonders gut.

Ich habe mich einst für ein Psychologiestudium entschieden. Ich wollte erfahren, warum Menschen so handeln, wie sie handeln. Vor allem ihre Sehnsüchte und Beweggründe interessierten mich. Ich habe viel über den Menschen gelernt, aber nach und nach habe ich auch entdeckt, dass unsere Sehnsüchte und Beweggründe uns selbst sehr oft verborgen bleiben. Es fällt uns zwar nicht schwer, unsere Taten zu begründen, aber obwohl wir fest davon überzeugt sind, dass wir die Wahrheit sagen, liegen wir damit doch regelmäßig daneben.

Ein Beispiel zur Verdeutlichung. Manche Frauen sagen, dass sie keine Lust auf Sex haben, weil ihr Mann nicht aufmerksam ist oder ihre Bedürfnisse auf anderen Gebieten nicht erfüllt. Aber manchmal wird dem Mann der Schwarze Peter auch zu Unrecht zugeschoben: »Früher hatte ich von selbst Lust auf Sex und so sollte es auch sein. Da das jetzt nicht mehr so ist, muss es an meinem Mann liegen.« So einleuchtend dieser Gedanke auch klingen mag, bei einer von drei Frauen stimmt diese Argumentation nicht. Diese Frauen bekommen erst Lust auf Sex … beim Sex. Sie haben nach dem Sex also mehr Lust darauf als vorher. Aber sogar wenn alle Bedingungen perfekt sind, haben sie oft keine Lust; denn die Vorstellung von romantischer Liebe und Sex sagt ihnen, dass die Lust spontan und vor dem Sex entstehen muss.

Ein zweites Beispiel. In unserer Nase befinden sich Rezeptoren für Pheromone, die eine wichtige Rolle bei unserer Partnerwahl spielen. Wir wählen oft einen Partner mit einem Immunsystem, das unser eigenes Immunsystem ergänzt (Garver-Apger et al., 2006). Die Natur sorgt über unseren sechsten Sinn (denn das ist das vomeronasale Organ in der Nase, das die Pheromone wahrnimmt) dafür, dass sich die Wahrscheinlichkeit erhöht, dass wir gesunde Kinder bekommen. Unsere Partnerwahl entzieht sich also teilweise unserer bewussten Wahrnehmung. Aber das ist noch nicht alles. Neuere Studien haben ergeben, dass Partner, deren Immunsysteme sich nicht ergänzen und die ihr vomeronasales Organ, das die Pheromone wahrnimmt, durch die Einnahme der Pille oder durch Körperhygiene – Deodorant, Parfum, Duschgel, häufiges Waschen – auf einen Irrweg führen, viel öfter miteinander streiten als Partner, deren Immunsysteme sich ergänzen. Die Partner der ersten Gruppe werden sich alles Mögliche vorwerfen, aber sie wissen nicht, dass es gewissermaßen die Natur ist, die sie auseinanderbringen möchte. Schon der französische Philosoph Montaigne wusste:

> »Genauso scheint es, dass eine bewegte und aufgewühlte Seele sich in sich selber verliert, wenn man ihr nichts zum Anpacken gibt; man muss ihr daher stets einen Gegenstand bieten, an dem sie sich stoßen und abarbeiten kann. (…) Und tatsächlich sehen wir ja, wie die Seele sich in ihren Leidenschaften eher selbst betrügt und sogar wider besseres Wissen ein abwegiges Fantasiegebilde ersinnt, als ohne Gegenspieler zu sein.«

Wenn Sie Ihren Partner fragen, was er am liebsten von Ihnen möchte, bleibt Ihnen daher nichts anderes übrig, als ihm aufs Wort zu glauben.

Ich habe einmal ein Ehepaar behandelt, das sehr oft Streit hatte. Bei einer der Sitzungen erzählte die Frau, dass sie am Abend zuvor Streit bekommen hatten, weil ihr Mann »zum soundsovielten Mal« seine getragenen Socken im Badezimmer hatte herumliegen lassen. Da man, genau wie im Straßenverkehr, das Risiko eines Frontalzusammenstoßes verringern kann, wenn man die entgegenkommenden Fahrzeuge im Auge behält, fragte ich die Frau, was sie denn am liebsten von ihrem Mann wolle.

Über die Antwort musste sie keine Sekunde lang nachdenken: »Das weiß er ganz genau. Ich möchte, dass er seine Socken in Zukunft in den Wäschekorb wirft und dass er im Haushalt mithilft, dass er mir zum Beispiel beim Putzen hilft. Ich möchte, dass er auch ab und zu kocht und dass er mir beim Aufräumen hilft.« Und während sie ihren Mann wütend anschaute, fuhr sie fort: »Ich bin deine Passivität mehr als leid. Ich fühle mich im Moment wie deine Sklavin, und das will ich nicht. Wenn du mithilfst, dann habe ich auch wieder mehr Zeit für mich selbst. Dann fühlt es sich mehr nach einem ›Zusammen‹ an. Ich möchte außerdem, dass du dich nicht so gleichgültig verhältst, wenn wir über dieses Thema reden.«

Der Mann glaubte seiner Frau, aber er war nicht bereit, auf ihre Wünsche einzugehen. Scheiterte die Beziehung? Nein. Die beiden versöhnten sich wieder. Ich schildere dieses Beispiel, um zu verdeutlichen, dass man zwar nach den Erwartungen des anderen fragen kann, dies aber nicht bedeutet, dass man dann auch *tun* muss, was der Partner von einem erwartet. In Kapitel 1 haben Sie bereits erfahren, dass Konflikte fast immer entstehen, weil einer der beiden Partner etwas vom anderen erwartet und dieser die Erwartung entweder nicht kennt und/oder mit dieser nicht einverstanden ist. Wenn man Erwartungen klar und deutlich ausspricht und dem anderen aufs Wort glaubt, können Sie als Partner ein richtiges Gespräch darüber führen. Wie ein derartiges Gespräch ablaufen kann und wie es dem streitenden Ehepaar ergangen ist, erfahren Sie im weiteren Verlauf des Buchs.

12

Geheimnis 5: »Ich fühle«-Aussagen

»Je tiefer die Gefühle sind, desto schwieriger ist es, sie auszusprechen.«

– *Simon Vestdijk (niederländischer Schriftsteller, 1898–1971)*

In der niederländischen Fernsehserie *In Therapie,* die im Sommer 2010 im Fernsehen ausgestrahlt wurde und die einen Einblick in den Alltag der Psychotherapie gewährt, spricht der Psychiater und Protagonist mit einem älteren Berufskollegen – bei dem er in Supervision ist – über seine Beziehung:

> »Gestern haben wir uns darüber gestritten, welche Ausbildung unser Sohn machen soll. Und dieser Streit führt dann wieder zu noch mehr Streit. Und immer wieder läuft es auf das Gleiche hinaus: ›Wenn du nur mal so viel Zeit in unsere Beziehung investieren würdest wie in deine Patienten. Du liebst mich nicht. Du behandelst mich wie eine Patientin. Du begegnest mir mit Distanz. Du analysierst unsere Beziehung zu Tode. Das ist eine wahre Berufskrankheit bei dir.‹«

Was fällt Ihnen an dieser Kritik auf? Und wie würden Sie reagieren, wenn Ihr Partner sich Ihnen gegenüber so äußern würde? Warum führt bei solchen Gesprächen der eine Streit zu noch mehr Streit? Ich werde diese Fragen gleich beantworten. Aber zunächst möchte ich das fünfte Geheimnis gelingender Kommunikation mit ein paar Sätzen einleiten. Die Geheimnisse oder Strategien, die ich bisher beschrieben habe, gehören alle zur Kategorie der Zuhörfähigkeiten. Ziel all dieser Strategien war es, den anderen besser zu verstehen. Im Folgenden werde ich nun drei Techniken vorstellen, mit denen Sie sich selbst ausdrücken können. In diesem Kapitel lernen Sie die erste Technik: das Verwenden von »Ich fühle«-Aussagen.

Ich fühle was, was du nicht fühlst

Wenn Ihr Partner Kritik an Ihnen äußert, müssen Sie Ihre eigenen Gefühle, Gedanken und Sehnsüchte nicht ganz beiseiteschieben. Sie selbst sind auch noch da. Und Ihr Partner möchte auch erfahren, wie die Kritik bei Ihnen angekommen ist. Aber wie können Sie Gefühle so ausdrücken, dass Ihr Partner auch wirklich *zuhört*? Nun, »Ich fühle«-Sätze sind sehr hilfreich, wenn man eigene Gedanken und Gefühle in Worte fassen möchte. Sie können zum Beispiel sagen: »Ich bin sehr frustriert«, oder: »Ich bin geladen.« Es ist viel wahrscheinlicher, dass Sie Ihren Partner mit solchen Sätzen erreichen, als mit Sätzen wie: »Du liegst vollkommen falsch« oder »Du liebst mich nicht«.

Ich habe Sie vorhin gefragt: Was fällt Ihnen an den Sätzen auf, die ich zu Anfang des Kapitels zitiert habe? Nun kennen Sie die Antwort. Die Frau des Psychiaters verwendet ausschließlich »Du«-Sätze. Solche Sätze wecken Aggressionen, weil sie mit einem beschuldigenden Finger auf den anderen zeigen: »Es ist alles deine Schuld.«

Mit »Ich fühle«-Sätzen teilen Sie dem anderen etwas über Ihre Gedanken und Gefühle mit. Ich habe eben zwei Beispiele für »Ich fühle«-Sätze genannt. Hier folgen noch ein paar weitere:

- »Ich fühle mich alleine.«
- »Ich bin wütend.«
- »Ich habe Angst.«
- »Es tut mir leid.«
- »Ich fühle mich schuldig.«
- »Ich bin verletzt.«
- »Ich bin verzweifelt.«

Wie Sie sehen, müssen »Ich fühle«-Sätze nicht unbedingt mit »Ich fühle« anfangen. Sie können sie auch mit »Ich bin« einleiten, wenn Sie anschließend ein Gefühl folgen lassen. Bei Beziehungskonflikten wird es sich meistens um eines der folgenden Gefühle handeln: angegriffen, alleine, ängstlich, böse, traurig, kritisiert, einsam, im Stich gelassen, eifersüchtig, gestresst, verletzt, reumütig, schuldig, enttäuscht, verzweifelt und misstrauisch.

Im Anschluss noch einige Sätze, die Gefühle ausdrücken. Welche dieser Sätze sind Ihrer Meinung nach echte »Ich fühle«-Aussagen?

- »Ich fühle, dass du mir nicht vertraust.«
- »Ich fühle, dass du mich verurteilst.«
- »Ich fühle, dass du vollkommen falsch liegst.«
- »Ich fühle mich sehr unwohl.«

Lesen Sie sich die Sätze noch einmal durch und kreuzen Sie in Gedanken die Sätze an, die echte »Ich fühle«-Aussagen sind.

Wenn Sie nur den letzten Satz angekreuzt haben, liegen Sie richtig. Die ersten drei Sätze scheinen auf den ersten Blick zwar »Ich fühle«-Aussagen zu sein, sie sind es jedoch nicht: Sie fassen lediglich einen Gedanken in Worte. Es handelt sich dabei stets um Sätze, die mit »Ich fühle, dass« anfangen, worauf ein persönliches Fürwort folgt (*ich, du, er, wir, ihr, sie*). Die ersten drei Sätze sind »Du«-Sätze, in denen der andere verurteilt wird. »Ich fühle, dass du mir nicht vertraust« bedeutet also: »Ich glaube, dass du mir nicht vertraust.« Dieser Satz stempelt den anderen als misstrauisch oder hinterhältig ab. Der zweite Satz ist ein defensiver Gegenangriff und der dritte Satz stellt das Urteilsvermögen des anderen infrage.

Mit »Ich fühle«-Aussagen gewähren Sie Ihrem Partner auf eine sehr direkte und wirksame Art Einblick in Ihr Gefühlsleben, aber wenn solche Sätze für sich stehen, können sie sehr hart wirken. Sie sollten sie daher immer mit den anderen Techniken kombinieren, insbesondere mit Entwaffnung, Aufmerksamkeit zeigen für Gefühle, Fragen stellen und *Stroking,* einer Technik, die ich im nächsten Kapitel vorstellen werde. Vor allem letztere Technik werden Sie fast immer brauchen können.

Manche Menschen haben Schwierigkeiten mit »Ich fühle«-Aussagen. Sie sind ihnen zu soft und passen ihrer Meinung nach eher zu Menschen, die Socken aus Ziegenwolle tragen. Ich selbst habe auch einmal zu den Menschen gehört, die so denken. Später, etwa im Alter von 25, habe ich gelernt, dass dies eine Form von Angeberei ist und, noch wichtiger, dass es im Gegenteil Mut erfordert, seine Gefühle zu äußern. Als ich Jahre später meine Frau kennenlernte, wurde ich an diese Weisheit erinnert. Denn als ich in ihrer Wohnung zum ersten Mal die Toilette aufsuchte, hing dort folgender Spruch: »Es ist ein Zeichen von Stärke, seine Schwächen zu zeigen.« Gerade durch das Äußern von Gefühlen kann man eine Verbindung zu anderen aufbauen, auch das habe ich gelernt.

Manche Menschen glauben, dass sie ihre Gefühle ihrem Partner gegenüber nicht äußern müssen, weil sie denken: »Wenn der andere mich liebt, dann muss er meine Gefühle kennen.« Leider ist genau dies ein Irrtum und oftmals auch eine Ausrede, um seine Gefühle nicht offenlegen zu müssen. Ihr Partner ist kein Hellseher. Wenn Sie selbst nicht sagen, was Sie fühlen, wird Ihr Partner Ihre Gefühle nur selten erraten können. (Genauso wenig können Eltern erraten, was in den Köpfen ihrer pubertären Kinder vorgeht. So wurden Eltern zu Studienzwecken gebeten, den Gemütszustand ihrer Kinder einzuschätzen: Sie lagen viel häufiger daneben als richtig. Ein schlagendes Beispiel hierfür nennt der niederländische Mediziner Jaap Berend Bakker [1996] in seinem autobiografischen Bericht von seiner Depression. Seinem Vater, selbst renommierter Psychiater und Chef eines großen psychiatrischen Krankenhauses in Rotterdam, war nicht aufgefallen, dass sein eigener Sohn während seines Medizinstudiums an einer schweren Depression litt.)

Auch die »Ich-fühle–Technik« möchte ich anhand des Beispiels verdeutlichen, mit dem ich dieses Kapitel eingeleitet habe. Wie hätte der Psychiater am besten auf seine Frau reagieren sollen? Da ein Streit zum nächsten führte, hat er wahrscheinlich geantwortet: »Von den Patienten bekomme ich mehr Wertschätzung als von dir. Sie gehen nicht so auf mich los wie du. Du machst es mir damit schon sehr schwer, dich zu lieben. Wenn du so mit mir umgehst, spüre ich auch keine Liebe.« Diese Reaktion ist nicht sonderlich effektiv. Machen Sie sich die Mühe, ein paar Sätze zu formulieren, und bringen Sie diese zu Papier.

Wenn der Psychiater aus dem Beispiel am Anfang dieses Kapitels hätte verhindern wollen, dass der Streit mit seiner Frau weiter eskaliert, hätte er besser so reagieren sollen:

> »Du hast recht damit, dass ich meiner Praxis mehr Zeit widme als unserer Beziehung (entwaffnen). Du bist zu Recht gekränkt deswegen (Aufmerksamkeit zeigen für Gefühle). Ich habe auch das Gefühl, dass wir uns auseinanderleben, und das tut weh. Es tut mir weh, weil ich dich nicht verlieren will. Wenn du mich so angreifst, dann fühle ich mich einsam und bekomme Angst, dass du mich eines Tages verlassen könntest (»Ich fühle«-Aussagen). Dass du eines Tages nichts mehr für mich fühlst und die Tür ein für alle Mal hinter dir schließt und ich nur noch meine Patienten habe.«

Würde der Psychiater dies sagen, dann bekäme seine Frau dadurch die Gelegenheit, auch über ihre Gefühle und Sehnsüchte zu sprechen.

Möglicherweise ist Ihnen die Antwort des Psychiaters zu brav oder zu unterwürfig, oder Sie würden sich niemals so verletzlich zeigen: »So etwas würde ich nie im Leben sagen!« Das ist nicht schlimm. Es gibt nicht die eine, einzig richtige Art, seine Gefühle zu zeigen. Sie können natürlich Formulierungen und Sätze wählen, die besser zu Ihnen passen. Das ist vergleichbar mit dem Gebrauch Ihrer Zunge und Ihrer Stimmbänder. Jeder hat eine Stimme, aber jeder hat seinen eigenen Ton, sein eigenes Volumen und seine eigene Modulation. So wie auch jeder Mensch, der den Führerschein macht, seinen eigenen Fahrstil entwickelt.

13

Geheimnis 6: Schmeichelnde Worte

> »Ein Kompliment ist eine freundliche Wahrheit
> mit etwas Make-up.«
> – *Hannelore Schroth (deutsche Schauspielerin, 1922–1987)*

Kurz vor der Fußballeuropameisterschaft 2008 gab Mark van Bommel seinen Rücktritt aus der niederländischen Nationalmannschaft bekannt. Er war die Kritik von Nationaltrainer Marco van Basten leid.

Sie wurden bei der Arbeit bestimmt auch schon einmal von einem Vorgesetzten oder einem Kollegen kritisiert. Oder, wenn Sie aktiv Leistungssport betreiben oder betrieben haben, von Ihrem Trainer oder Coach. Und in Ihrer Schulzeit wurden Sie bestimmt auch einmal durch einen Lehrer kritisiert. Bestimmte Kritiken haben Sie wahrscheinlich nicht beachtet und andere haben Sie sich zu Herzen genommen.

Denken Sie nun kurz über folgende Frage nach: Wann haben Sie der Kritik Beachtung geschenkt und wann nicht? Wahrscheinlich war dabei nicht so sehr der Inhalt der Kritik entscheidend, sondern wie die Person, die Sie kritisierte, Ihnen Ihrer Meinung nach gesinnt war. Wenn Sie dachten, dass die Person Ihnen gegenüber feindlich eingestellt sei, werden Sie wahrscheinlich nicht weiter auf die Kritik eingegangen sein und haben sich vielleicht sogar dagegen gewehrt. Wie Mark van Bommel, der Marco van Basten vorwarf, er stelle die Fußballer auf der Grundlage – wie der Mittelfeldspieler selbst sagte –

persönlicher Sympathien auf. Wenn dagegen die Person Ihnen in dem Moment, in dem sie Sie kritisierte, das Gefühl gab, dass Sie ihr wichtig waren, dann ist die Wahrscheinlichkeit groß, dass Sie die Kritik sehr wohl ernst nahmen und versuchten, daraus zu lernen. Möglicherweise denken Sie nun an einen bestimmten Lehrer oder Vorgesetzten, zu dem Sie ein gutes Verhältnis hatten.

Stroking

Man überzeugt einen anderen nicht so sehr mit dem Kopf als vielmehr mit dem Herzen. Diese psychologische Gesetzmäßigkeit trifft auch auf langjährige Beziehungen zu. Wenn Sie mit Ihrem Partner streiten und ihm Kontra geben möchten, dann kommt Ihre Botschaft nur an, wenn Sie Ihren Partner spüren lassen, dass Sie es gut mit ihm meinen. Das sechste Geheimnis gelingender Kommunikation lautet daher: *Stroking* (»Streicheln«) oder schmeichelnde Worte.

Das beinhaltet, dass Sie dem anderen vermitteln, dass Sie ihm wohlgesinnt sind, so frustriert oder gereizt Sie sich auch fühlen mögen. Stroking bedeutet nicht, dass Sie Ihren Partner körperlich berühren oder streicheln – obwohl auch das eine sehr effektive Form des Strokings sein kann –, sondern dass Sie ihn durch Worte oder die Art, wie Sie mit ihm sprechen, Zuneigung und Liebe spüren lassen. Wenn Sie sich eine gute oder bessere Beziehung zu Ihrem Partner wünschen, ist das unumgänglich. Sie können einem anderen nicht die Wahrheit sagen und ihn verletzen und als Dank dafür Liebe erwarten.

Wenn Sie verletzt sind, ist es sehr verlockend, sich zu rechtfertigen und es dem anderen mit gleicher Münze heimzuzahlen. Möglicherweise fühlen Sie sich geradezu *verpflichtet,* so zu handeln: »Es ist mein gutes Recht, für meine eigenen Belange und mich selbst einzutreten.« Bestimmt kennen Sie die Redensarten »Wer austeilt, muss auch einstecken« und »Wie man in den Wald hineinruft, so schallt es heraus«. Diese Redensarten gelten insbesondere in Liebesbeziehungen. Das Verhalten, das Sie Ihrem Partner gegenüber zeigen, wird er spiegeln und auch Ihnen gegenüber an den Tag legen.

Stellen Sie sich vor, Sie kommen nach der Arbeit todmüde nach Hause und werden von Ihrer Partnerin folgendermaßen empfangen: »Du kommst aber wieder spät. Ich habe es dir doch schon so oft gesagt. Dir ist schon klar, dass du auch noch eine Familie hast? Wenn du in uns nur genauso viel Energie investieren würdest!« Ich kann mir sehr gut vorstellen, dass Sie nach einer solchen Begrüßung keine Lust mehr haben auf Stroking. Das würde zudem unecht oder gekünstelt wirken. Ein anderer Einwand, den Sie dagegen anbringen könnten, lautet: »Wenn meine Partnerin mich so angreift, dann bin ich zu wütend, um nett zu sein. Sie verdient es dann auch gar nicht.« Möglicherweise denken Sie auch: »Selbst wenn ich anfangs etwas Nettes hätte sagen wollen, dann würde mir jetzt gar nichts mehr *einfallen*.« Angenommen, Sie würden Ihrem ersten Impuls folgen und Ihrer Partnerin die Meinung sagen: »Wenn ich dich reden höre, tut es mir richtig leid, dass ich nicht noch *mehr* Überstunden gemacht

habe.« Wie würde das Gespräch dann weitergehen? Wie würde Ihr gemeinsamer Abend verlaufen?
Sie sind nicht dazu *verpflichtet,* Ihren Partner respektvoll zu behandeln. Sie können frei entscheiden, wie Sie sich verhalten möchten, aber wenn Ihnen die Beziehung zu Ihrem Partner etwas wert ist, dann kommen Sie um Stroking nicht herum. Es handelt sich dabei nicht so sehr um eine Technik, sondern vielmehr um eine Haltung oder Grundeinstellung. Stroking bedeutet nicht, dass Sie Ihre eigenen Gefühle verleugnen oder dass Sie sich unterbuttern lassen. Im Gegenteil, Stroking ermöglicht es Ihnen, Ihre Gefühle zu äußern, und bewirkt, dass Ihr Partner Ihre Gefühle ernst nimmt.

Genug der Worte. Ich möchte Ihnen anhand des eben beschriebenen Beispiels zeigen, wie Stroking funktioniert. Sie können Ihre Gefühle auf eine direkte, aber dennoch respektvolle Art und Weise äußern, ohne dass dies unecht oder gekünstelt wirkt, indem Sie zum Beispiel sagen:

> »Wenn du mich so begrüßt, wenn ich abends nach Hause komme, dann verletzt mich das. Ich könnte platzen vor Wut (»Ich fühle«-Aussagen). Aber gleichzeitig ist mir auch bewusst, dass es für dich alles andere als schön ist, wenn ich mal wieder Überstunden mache und dich im Stich lasse (Aufmerksamkeit zeigen für Gefühle). Ich weiß, dass du dich unheimlich ins Zeug legst, damit das Essen rechtzeitig auf dem Tisch steht, und ich weiß es zu schätzen, dass du immer noch gerne Zeit mit mir verbringst (schmeichelnde Worte). Lass uns deswegen bitte nicht streiten, einverstanden?«

Wie Sie sehen, können Sie mit Stroking sowohl Ihren eigenen Gefühlen als auch denen Ihres Partners gerecht werden. Es gibt verschiedene Arten des Strokings:

- Sie können Ihren Partner spüren lassen, dass Sie ihn lieben und ihn bewundern. Machen Sie Ihrem Partner ein wohlgemeintes

Kompliment. Nennen Sie beispielsweise eine Eigenschaft, einen Charakterzug oder eine Fähigkeit, die Ihnen viel bedeutet oder die Sie sehr schätzen. »Ich bin jetzt wütend auf dich, aber ich möchte dich nicht missen. Du sagst immer ehrlich, was du denkst und hast nie Hintergedanken, das schätze ich sehr an dir. Und deswegen weiß ich auch deine Kritik zu schätzen.«

- Sie können Ihre Zuneigung auch durch Körpersprache ausdrücken. Anstatt zum Beispiel böse zu schauen, Ihre Arme zu verschränken oder mitleidig den Kopf zu schütteln, können Sie auch eine offene und interessierte Körperhaltung einnehmen.

Mit Stroking können Sie Ihre Beziehung entgiften. Diese Fähigkeit bekommen Sie jedoch nicht geschenkt. Wie bei jeder anderen Fähigkeit auch, müssen Sie hart arbeiten, um sie sich anzueignen.

Es gibt eine hilfreiche Übung, die Ihnen dabei gute Dienste leisten kann und die Ihnen darüber hinaus auch viel Freude bereiten wird. Vereinbaren Sie mit sich selbst, in den nächsten zwei Wochen 25 anderen Menschen Komplimente zu machen. Verteilen Sie die Komplimente auf die Menschen in Ihrer nächsten Umgebung: Ihre Freunde, Ihre Nachbarn, Ihre Familienangehörigen, Arbeitskollegen, Verkaufspersonal, sogar Fremde, die Ihnen begegnen, zum Beispiel einen freundlichen Schaffner, einen Bankangestellten oder eine Empfangsdame im Krankenhaus. Sie werden entdecken, wie viel Wahrheit in dem russischen Sprichwort »Ein Kompliment ist wie eine Frühlingsbrise« steckt. Die Menschen, denen Sie ein Kompliment machen, werden oft zu strahlen anfangen oder aufblühen. Die Wärme, die Sie so verbreiten, wird auf Sie selbst zurückstrahlen.

Wenn Sie ausreichend Erfahrung im Verteilen von Komplimenten gesammelt haben und es Ihnen fast schon zur zweiten Natur geworden ist, wird es Ihnen auch im hitzigsten Streit noch gelingen, Ihrem Partner ein Kompliment zu machen.

Bevor Sie so weit sind, möchte ich Sie noch vor ein paar Fehlern warnen, die beim Stroking häufig gemacht werden:

- *Übertreiben.* Wenn Sie beim Kompliment zu dick auftragen, wirken Sie nicht überzeugend. Ihr Partner wird denken: »Was willst du von mir?«

- *Ihre Gefühle verbergen.* Wenn Sie sich unwohl fühlen oder geladen sind und Sie diese Gefühle nicht erkennen, wird Ihr Kompliment wirkungslos sein. Sie können verhindern, dass Sie sich selbst im Weg stehen und leichter den richtigen Ton finden, wenn Sie zuvor mindestens 25-mal geübt haben, Komplimente zu verteilen.

- *Ihren Partner oberflächlich oder unaufrichtig loben.* Stroking funktioniert nur, wenn Sie auch wirklich meinen, was Sie sagen. Wenn Sie Ihrem Partner heute ein Kompliment machen und ihn wegen der gleichen Sache in der Vergangenheit oft kritisiert haben, dann wird er Ihnen nicht glauben. Er wird denken: Das sagst du jetzt nur, um die Diskussion so schnell wie möglich zu beenden und mich zum Schweigen zu bringen.

14

Geheimnis 7: Eigene Erwartungen äußern

> »Ich sage dir aber, dass fremdes Licht dich nie zur leuchtenden Gestalt machen wird, wenn es nicht aus dir selber strahlt.«
> – *Fernando de Rojas (La Celestina)*

Wie Sie in den vorhergehenden Kapiteln erfahren haben, sind Erwartungen oft eine Quelle für Konflikte und Kritik. Um Konflikte zu vermeiden oder aus dem Weg zu räumen, ist es wichtig, Erwartungen immer wieder auszusprechen. So wie Sie gerne wissen möchten, was Ihr Partner von Ihnen möchte oder erwartet, will und muss umgekehrt auch Ihr Partner wissen, was Sie möchten. Das siebte Geheimnis gelingender Kommunikation lautet daher: Sagen Sie Ihrem Partner, was Sie von ihm erwarten.

Anders als in den vorhergehenden Kapiteln möchte ich dieses Kapitel nicht mit theoretischen Erläuterungen einleiten, sondern sogleich anhand der in Kapitel 11 (»Das vierte Geheimnis: Fragen nach Erwartungen«) beschriebenen Beispiele erläutern, wie diese Technik funktioniert.

Ich möchte den Vorfall wieder aufgreifen, bei dem meine Frau mir Vorwürfe machte, weil ich die Wäsche nicht rechtzeitig ins Haus geholt hatte. Ich wandte erst, wie Sie gelesen haben, die vier Zuhörfähigkeiten an und ging anschließend, als meine Frau sich etwas beruhigt hatte, zu den drei Ausdrucksfähigkeiten über:

»Ich bin erschrocken darüber, dass ich deine Planung so durcheinandergebracht habe (»Ich fühle«-Aussage, schmeichelnde Worte). Das war nicht meine Absicht. Ich habe zwar ein Versprechen nicht eingehalten, aber das war ein Fall von höherer Gewalt und keine Nachlässigkeit. Ich hoffe, du glaubst mir, dass der Schauer so plötzlich kam, dass er mich vollkommen überrascht hat.« Und als meine Frau daraufhin sagte: »Ja, ist gut. Schwamm drüber«, war die Sache auch wieder vergessen.

Nun zum zweiten Beispiel: Kehren wir zurück zu der Frau (Linda), die sich darüber ärgerte, dass ihr Mann Harm zum dritten Mal in einer Woche abends ausging, und die sich in erster Linie darüber aufregte, dass er wie selbstverständlich davon ausging, sie würde auf die Kinder aufpassen. Im idealen Szenario hätte er nicht geschwiegen, sondern seine Frau – wie in Kapitel 11 beschrieben – entwaffnet, ihren Gefühlen Aufmerksamkeit geschenkt und nach ihren Erwartungen und Wünschen gefragt. Angenommen, seine Frau hätte so reagiert, wie ich es vorhin vorgeschlagen habe: »Jetzt geh schon zu der Verabredung mit deinen ehemaligen Studienkollegen. Aber ich möchte, dass du diese Dinge in Zukunft mit mir besprichst!« Harm hätte das Gespräch dann mit einer Zusage beenden können, aber er hätte außerdem noch seine eigenen Erwartungen zur Sprache bringen können. Beispielsweise folgendermaßen:

»Es war und ist sicher nicht meine Absicht, dich zu übergehen (schmeichelnde Worte). Ich mache dir einen Vorschlag: Lass uns in Zukunft am Wochenanfang oder, besser noch, ein paar Tage oder eine Woche vorher unsere Wochenpläne besprechen. Dann können wir einen Babysitter organisieren, wenn sich herausstellt, dass du an einem Abend wegmöchtest und ich auch nicht zu Hause sein kann.«

Möglicherweise wird Linda sich angesichts dieses Vorschlags noch mehr entrüsten und sagen: »Ich weiß jetzt schon, was dann passiert. Es wird sich nicht wirklich etwas ändern.« Der Zweck der sieben Geheimnisse ist weder, Ihrem Partner immer recht zu geben, noch, stets Ihren eigenen Willen durchzusetzen. Es geht darum, dass Sie auf eine normale Art und Weise ein Gespräch miteinander führen und dass ein Wort der Kritik nicht sofort dazu führt, dass Sie einander wie zwei Streithähne gegenüberstehen. Wenn Sie eine feste Beziehung eingehen, werden immer Unterschiede bestehen bleiben, auch Unterschiede im Hinblick auf Ihre Wünsche. Es ist daher äußerst wichtig, dass Sie Ihre gegenseitigen Sehnsüchte und Erwartungen kennen. Solange das nicht der Fall ist, schwelen diese unter der Oberfläche weiter und können beim kleinsten Windhauch zu einem lodernden Feuer werden.

Ich weiß, eigentlich liegen da nur Socken auf dem Boden, aber für mich sind sie ein Symbol für seine Unfähigkeit, Verpflichtungen nachzukommen.

Im nächsten Kapitel werde ich übrigens noch beschreiben, wie man damit umgehen kann, wenn die Erwartungen nicht übereinstimmen (und ob das schlimm ist).

Das dritte Beispiel aus Kapitel 11 handelte von der Frau, deren Mann seine getragenen Socken im Badezimmer herumliegen ließ; sie gab ihm zu verstehen, dass sie seine Passivität mehr als leid war. Als ich ihn in der Therapie nach seinen eigenen Wünschen oder Sehnsüchten fragte, sagte er: »Ich möchte, dass wir eine Haushaltshilfe einstellen. Wir können es uns leisten. Ich habe schon so oft mit meiner Frau darüber gesprochen, aber sie möchte es nicht. Sie kann mir aber nicht erklären, warum sie es nicht möchte.«

Das mag Ihnen seltsam erscheinen. Die Ehepaare kennen die gegenseitigen Erwartungen und trotzdem streiten sie sich so oft, dass sie sich für eine Therapie entschieden haben. Ist das nicht ein Widerspruch zu meiner Aussage von vorhin: dass man heftige Streitereien vermeiden kann, wenn man die Erwartungen des anderen kennt? Ich habe zwei Antworten auf diese Frage. Erstens hat das betreffende Paar es versäumt, die Geheimnisse der gelingenden Kommunikation einzusetzen. Keiner von beiden wandte die Entwaffnungstechniken an, sie versuchten nicht, die Perspektive des anderen einzunehmen, sie zeigten keine Aufmerksamkeit für die Gefühle des anderen, benutzten keine schmeichelnden Worte und machten keine »Ich fühle«-Aussagen. Darüber hinaus hatten sie schon sehr lange Streit miteinander, und wenn sie sich stritten, ging es nicht um die eigentliche Angelegenheit, sondern um Macht: Wer von beiden hat das Sagen? Beide hatten sich schon lange Zeit zuvor in ihren Schützengraben zurückgezogen und brauchten meine Hilfe, um aus diesem wieder hervorzukommen und miteinander zu reden.

Und es gibt noch einen weiteren, sehr wichtigen Aspekt, den ich nicht in zwei oder drei kurzen Sätzen erläutern kann. Ich werde im nun folgenden Abschnitt darauf eingehen.

Die tieferen Schichten der Sehnsucht

Gnothi seauton, »Erkenne dich selbst!«, forderten die Griechen. Sie wussten bereits, dass Selbsterkenntnis die schwierigste Form von Wissen ist. In Kapitel 11 habe ich geschrieben, dass man in der Regel zwar eine Antwort bekommt auf die Frage, was der Partner am liebsten von einem hätte, dass diese Antwort aber nicht immer stimmt. Das liegt daran, dass Ihr Partner bei Weitem nicht immer weiß, was ihn im Grunde bewegt. Dasselbe gilt auch für Sie. Sogar hinter den alltäglichsten Streitfragen verbergen sich psychologisch gesehen oft ganze Wagenladungen. »Beim Sex geht es fast nie nur um Sex«, sagte die Schauspielerin Shirley MacLaine einmal. Dasselbe gilt für jede Beziehungsangelegenheit. Wenn Sie Ihren Partner fragen, was er von Ihnen erwartet, wird er mit dem reagieren, was sich an der Oberfläche seines Bewusstseins befindet. Sie werden dasselbe tun, wenn Sie ihm sagen, was Sie am liebsten möchten oder von Ihrem Partner erwarten. Genau wie bei Ihrem Partner liegen die tieferen Sehnsüchte und wahren Erwartungen eine Schicht tiefer und entziehen sich Ihrem Bewusstsein.

Ich möchte anhand der früheren Beispiele aus diesem Kapitel erklären, was ich mit diesen tieferen Schichten meine. Ich werde zunächst die verborgenen Erwartungen des Partners wiedergeben, der die Kritik äußert und anschließend die verborgenen Erwartungen des anderen Partners erläutern. Natürlich handelt es sich dabei immer um Interpretationen, ich kann nicht mit letzter Gewissheit behaupten, dass meine Deutungen korrekt sind. »Wer weiß, was ich möchte? Wer weiß, was irgendjemand möchte? Wie kann man sich über so was überhaupt klar sein?«, lässt der amerikanische Schriftsteller Don DeLillo seine Hauptperson in seinem Roman *Weißes Rauschen* (1985) denn auch zu Recht fragen. Ich habe es eben schon gesagt: Sich selbst zu kennen ist äußerst schwierig. Aber andere zu kennen ist nicht weniger schwierig. Der zweite Satz in Don DeLillos Zitat gilt daher auch für mich. Seien Sie ruhig kritisch beim Lesen und versuchen Sie, meine Interpretation durch eine bessere zu ersetzen. Das Wichtigste ist auch an dieser Stelle nicht die Wahrheit (die kann man nicht immer kennen), sondern dass Sie *wirklich versuchen,* sowohl sich selbst als auch Ihren Partner besser zu verstehen.

Gewohnheitsgemäß fange ich wieder mit dem Beispiel an, als ich die Wäsche nicht rechtzeitig vor dem Schauer ins Haus geholt hatte.

Warum war meine Frau so enttäuscht von mir? Welche Erwartungen verliehen ihrer Kritik diese Tiefe? Ich habe später noch darüber nachgedacht und bin zu dem Schluss gekommen, dass sich in der tieferen Schicht unter ihrer Kritik folgende Schlussfolgerung verbarg: »Wenn du nicht aufmerksam bist, dann bist du auch in der Liebe nachlässig! Ich verlange nicht viel von dir. Wenn du das nicht tust, dann liebst du mich nicht genug!« Das klingt sehr dramatisch, aber in der Liebe nimmt man jedes Versagen schnell sehr persönlich; daher werden im Theater der Liebe auch jeden Tag Dramen aufgeführt. Ich habe auch geschrieben, dass meine Frau noch Folgendes zu mir sagte: »Ich hoffe, dass du in Zukunft, wenn ich dich wieder um so etwas bitte, besser aufpasst.« Auch hinter diesem Wunsch kann sich ein grundlegenderer Wunsch verbergen. Zum Beispiel: »Ich möchte, dass du meiner Idealvorstellung vom aufmerksamen Mann entsprichst.« Erkennen Sie auch hier wieder die Melodie der romantischen Idealvorstellung?

Aber was wollte ich selbst? Welches Drehbuch hatte ich im Kopf? Auch ich hatte eine tiefer liegende Sehnsucht, wie mir erst später bewusst wurde. Ich hätte meiner Frau Folgendes sagen wollen: »Jeder kann Fehler machen. Ich möchte, dass du mich akzeptierst, so wie ich bin, und dass du mich liebst, so wie ich bin. Bedingungslos. Sei nicht wütend auf mich, wenn ich einen Fehler mache. Und sei erst recht nicht wütend auf mich, wenn ich gute Absichten habe.« Ebenso wie meiner Frau wurden auch mir meine Wünsche von der romantischen Idealvorstellung eingeflüstert.

Das zweite Beispiel handelte von Linda, die sich darüber ärgerte, dass Harm sie zum dritten Mal in einer Woche abends mit den Kindern alleine ließ. Was waren ihre Erwartungen? Ich ging in meiner Interpretation vorhin schon eine Schicht tiefer als Linda selbst. Ich mutmaßte, dass es ihr nicht so sehr um eine gerechtere Aufgabenverteilung ging, sondern dass sie Wertschätzung von Harm erwartete. Was sie, mit anderen Worten, im Grunde genommen zu ihrem Mann sagen wollte, war Folgendes: »Versteh meine Liebessprache und gib mir im Tausch für das, was ich für dich tue, auch einen Liebesbeweis. Beispielsweise ein paar nette Worte der Dankbarkeit.« (In dem

Szenario, das ich mir für Harm ausgedacht habe, zeigte er ihr diese Wertschätzung bereits und beruhigte sie dadurch.) Sie wollte, so denke ich, kein Dienstmädchen sein, sondern ein gleichberechtigter Partner. Es erschien ihr unangemessen, dass sie für das Geschenk, das sie ihm machte, nicht einmal ein Dankeschön erhielt.

Was wollte Harm selbst? Wahrscheinlich hat er die Liebessprache seiner Frau wirklich nicht verstanden. Aber war er wirklich so gefühllos oder egoistisch? Ich denke nicht. Das männliche Gehirn ist immer noch darauf programmiert, die Aufgabe des Ernährers zu erfüllen. Harm folgte also seinem Instinkt: Beweis deiner Frau deine Liebe, indem du für sie arbeiten gehst. Parallel dazu gab es noch eine weitere *Blaupause* in seinem Gehirn, die ihm folgenden Auftrag gab: Such den Wettbewerb mit anderen und sorge so dafür, dass deine Frau stolz auf dich sein kann. Da er dadurch nahezu zwanghaft auf seine Arbeit konzentriert war, kam er im Traum nicht darauf, seine Frau könnte die Wirklichkeit mit anderen Augen sehen. Wahrscheinlich stellte er sich nicht einmal die Frage, was in ihr vorging. Und wäre er doch so einfühlsam gewesen und hätte seine Frau sehr gut gekannt, dann hätte er wohl gedacht: »Meiner Frau macht es überhaupt nichts aus, abends alleine zu Hause zu sein.« Sein Verhalten wäre dann aber auch nicht anders gewesen und er hätte die Gereiztheit seiner Frau auch dann nicht verstanden. Darum schwieg er auch, als er mit den Vorwürfen seiner Frau konfrontiert wurde. Ich muss nicht noch einmal erwähnen, dass der Traum vom romantischen Ideal sowohl Linda als auch Harm die Erwartungen einflüsterte.

Schließlich kommen wir zum Beispiel der Frau, die ihrem Mann Passivität vorwarf. Wie in den beiden vorherigen Beispielen spielte auch hier wieder die tiefere Schicht der Liebessprache eine Rolle. Um welche ging es Ihrer Meinung nach? Nehmen Sie Papier und Bleistift und schreiben Sie Ihre Gedanken auf.

Die Erwartung der Frau, die sie übrigens selbst schon in Worte fasste, war wahrscheinlich: »Ich ärgere mich zwar über das Chaos, aber es gibt noch etwas, über das ich mich viel mehr ärgere: Du unternimmst nichts mit mir. Ich möchte Beweise dafür, dass du *zusammen* mit mir etwas unternehmen möchtest. *Beweis mir deine Liebe, indem du mir im Haushalt hilfst.*«

Und was wollte das arme Opfer selbst? Auch dieser Mann erkannte die verborgenen Erwartungen seiner Frau nicht. Er verstand nicht, was Aufräumen mit Liebe zu tun hat. (Möglicherweise hätte er es verstanden, wenn ich ihm damals folgende Scherzfrage gestellt hätte: »Wie kann ein Mann seiner Frau den ersten richtig fantastischen Orgasmus verschaffen? Antwort: Er putzt inzwischen die Wohnung.«) Für diesen Mann ging es hier um eine rein sachliche Frage: Wie können wir dafür sorgen, dass unsere Wohnung immer sauber und aufgeräumt ist? Daher ließ sich das Problem seiner Meinung nach mit einer Haushaltshilfe lösen. Aber auch bei ihm gab es noch eine tiefere Schicht. Was denken Sie, welche das war?

Ich kann genauso wenig in seine Seele schauen wie Sie, aber ich denke, dass er sich nicht geschätzt fühlte. Er hatte eine wunderbare Lösung für das Problem gefunden, aber seine Frau war seiner Meinung nach dickköpfig und wollte nicht mitmachen. Er wollte Anerkennung für seine Fähigkeiten als Problemlöser und für die Tatsache, dass er bereit war, Geld in den Haushalt zu investieren: Für ihn war auch das ein Liebesbeweis. »Und wenn wir eine Haushaltshilfe einstellen, erfüllt sich *automatisch* auch dein zweiter Wunsch: Wir haben mehr Zeit füreinander«, fügte er noch hinzu. Außerdem fühlte er sich in seiner Ehre verletzt, weil seine Frau ihm »Passivität« vorwarf und eine ganze Reihe von Dingen aufzählte, die er zu tun versäumte. Er verübelte es seiner Frau, dass sie ihn als Person angriff. Wie jeder andere Partner wollte er im Grund genommen Anerkennung und Wertschätzung. Seine Frau sollte ihn spüren lassen, dass sie glücklich mit ihm war. Kurz gesagt, auch das dritte Paar ist wieder ein Beispiel für einen Streit zwischen zwei romantischen Seelen.

Ich bin nicht stur. Ich weiß nur zufällig ganz genau, dass meine Version der Wahrheit die einzig richtige ist.

Gehen Sie in sich

Natürlich können Sie nicht jedes Mal, wenn jemand Ihnen einen Vorwurf macht, in den Keller Ihrer tiefsten Erwartungen und Sehnsüchte »hinabsteigen«. Es ist schon schwierig, von dem festen und vertrauten Schema in Ihrem Gehirn abzuweichen, das geradezu reflexartig bestimmt, wie Sie auf Kritik reagieren. Es ist daher schon eine enorme Leistung, wenn Sie bei Kritik an sich halten können, in beherrschtem Ton nach den Erwartungen Ihres Partners fragen und in der Lage sind, danach die Erwartungen zu äußern, die bei Ihnen selbst an der Oberfläche des Bewusstseins liegen. Wenn Sie dies mit einem oder mehreren der hier besprochenen Geheimnisse gelingender Kommunikation kombinieren, dann wird es Ihnen oft gelingen, mehr Nähe zu schaffen. Auf jeden Fall werden Sie das Risiko, sich aufgrund von Streitigkeiten voneinander zu entfremden, auf diese Weise stark verringern.

Wie bekommen Sie Zugang zu Ihren verborgenen Erwartungen? Nehmen Sie sich vor, mit der Theorie aus diesem Buch im Hinterkopf, in ruhigen Momenten über die Kritik nachzudenken, die Ihr Partner an Ihnen äußert. Nehmen Sie zum Beispiel oft wiederkehrende Streitpunkte. Daraus können Sie den größten Nutzen ziehen. Die Kritik, die meine Frau wegen der nassen Wäsche an mir äußerte, fällt nicht in diese Kategorie. Lindas Kritik an Harm hingegen schon. Gleiches gilt für die Frage, über die sich das dritte Paar stritt.

Machen Sie aber eine Ausnahme für Kritikpunkte, die mit schlechten Angewohnheiten zu tun haben, die Ihren Partner stören oder die Sie umgekehrt an Ihrem Partner stören. Wie der klassische Deckel, den Sie nie auf die Zahnpastatube schrauben, oder die getragenen Socken, die Sie, genau wie der Mann aus dem oben genannten Beispiel, im Badezimmer herumliegen lassen. Ich kann auch noch ein weiteres Beispiel aus unserer Beziehung nennen: Meine Frau hat mich schon unzählige Male – vergeblich – daran erinnert, dass ich mir nach der Zeitungslektüre die Hände waschen soll. »Jeden Tag sind Flecken von Druckerschwärze auf dem Griff der Kühlschranktür, weil du dir nicht die Hände wäscht, wenn du die Zeitung gelesen hast. Das ist doch nur eine Kleinigkeit für dich.« Es gelingt mir aber einfach nicht, meiner Frau diesen Gefallen zu tun, weil ich, ohne darüber nachzudenken und in Gedanken versunken, den Kühlschrank öffne und schließe. Mein Bewusstsein meldet sich erst, wenn etwas im Kühlschrank nicht an seinem gewohnten Platz steht. Im Übrigen verrichtet mein Autopilot die Arbeit. Daher kommt ja auch das Wort »Gewohnheit«: Das Verhalten *wohnt* in mir, es hat einen festen Platz in meinem Leben erobert.

Häufig wiederkehrende Streitpunkte haben oft etwas mit einem wunden Punkt Ihres Partners zu tun. Das bedeutet, dass: »(…) ein Punkt auf unserer ›emotionalen Haut‹, der berührungsempfindlich ist, leicht wundgescheuert werden und sehr starke Schmerzen erzeugen kann.« (Johnson, 2008). Oft lässt sich ein wunder Punkt zurückführen auf Momente, in denen ein Mensch zuvor in seinem Leben emotionale Verwahrlosung erfahren hat oder verlassen worden ist. In den drei Beispielen in diesem Kapitel könnten diese Empfindlichkeiten auch vorhanden gewesen sein: Bei den Frauen klang das Bedürfnis nach Unterstützung durch den Partner durch; alle drei schienen sich darüber zu beklagen, dass sie diese Unterstützung vermissten. Wenn Sie wiederkehrende Streitpunkte, die mit einem wunden Punkt – entweder bei Ihnen oder Ihrem Partner – zu tun haben, besprechen und infolgedessen vermeiden können, können Sie Ihre Beziehung erheblich verbessern.

Gehen Sie bei sich häufig wiederholenden Vorfällen auf die Suche nach einem festen Muster: Worum ging es bei den meisten Auseinandersetzungen? Ließen sie sich zurückführen auf unverstandene Liebessprache, unterschiedliche Verarbeitungsstile, gegensätzliche Normen und Werte, an die romantische Idealvorstellung geknüpfte Erwartungen, hatten sie ihren Ursprung in geschlechtsspezifischen und -gesteuerten Sehnsüchten? Und so weiter. Konzentrieren Sie sich dann auf einen Vorfall, den Sie noch lebendig vor Augen haben, und setzen Sie sich ausgiebig mit diesem auseinander. Versuchen Sie dabei, die Perspektive Ihres Partners einzunehmen, und stellen Sie sich folgende Frage: »Welche Gefühle hatte er, was waren seine verborgenen Erwartungen?« Denken Sie auch über Ihre eigenen Gefühle und Erwartungen nach. Im Idealfall wird Ihre Suche zu Einsichten führen, wie ich sie am Anfang dieses Kapitels beschrieben habe. Denken Sie auch über Kritik nach, die Sie an Ihrem Partner geäußert haben. Denn auch das kann hilfreich dabei sein, Ihre eigenen Erwartungen zu entdecken.

Welchen Sinn hat es, auf diese Weise in sich zu gehen? Eine Studie, in der Fälle von Aggression in der Pflege untersucht wurden, hat ergeben, dass schon das Erfassen dieser Vorfälle dazu führte, dass die Anzahl der Vorfälle um dreißig Prozent sank (Bezemer et al., 2002). Die an der Studie beteiligten Forscher erklärten dies damit, dass man sich beim Erfassen der Vorfälle notwendigerweise folgende Fragen stellt: Wie hat sich der Patient verhalten und wie habe ich selbst mich verhalten? Kurz Abstand gewinnen und sich einen Moment Zeit nehmen, um zur Besinnung zu kommen, kann auch Ihnen dabei helfen, die Zahl unnötiger Auseinandersetzungen mit Ihrem Partner zu verringern.

Das Überdenken und Analysieren von Streitigkeiten mit Ihrem Partner wird Ihnen auch dabei helfen, negative Gefühle abzumildern, die bei Ihnen noch nicht abgeklungen sind. Wenn Sie oft Thriller lesen oder gerne Krimis schauen, dann ist Ihnen bestimmt schon aufgefallen, dass Sie oft sogar für den schlimmsten Verbrecher ein gewisses Maß an Sympathie entwickeln, wenn der Autor oder Regisseur Ihnen einen Einblick in dessen Seelenleben gewährt. Wenn Sie sehen, dass ein Verbrecher in seiner Jugend von seinen Eltern misshandelt worden ist und sie ihm keine Liebe gegeben haben, dann können Sie nachvollziehen, warum aus ihm ein so hartherziger Mensch geworden ist. Ihr Partner ist, so wollen wir hoffen, kein böser Mensch, aber derselbe psychologische Mechanismus greift auch hier: Ihr Urteil über Ihren Partner wird weniger hart ausfallen, wenn Sie ihn oder sie besser verstehen. Auch sich selbst gegenüber können Sie auf diese Weise mehr Milde walten lassen.

Sie können Ihre Erkenntnisse auch mit Ihrem Partner teilen. Wenn Sie Ihre eigenen Erwartungen genauer unter die Lupe nehmen, können Sie ehrlicher und realistischer miteinander sein. Wenn Sie das tun, werden Sie vielleicht feststellen, dass Sie und Ihr Partner eigentlich dasselbe Ziel verfolgen, dabei jedoch unterschiedliche Wege beschreiten. In den Beispielen in diesem Kapitel waren alle Partner auf der Suche nach Liebe und Anerkennung. Oftmals überforderten sie einander dabei, weil sie unbewusst an der Vorstellung von der romantischen Liebe festhielten. Das ist häufig der Fall.
Ich möchte anhand der Geschichte von Linda und Harm kurz darlegen, wie Sie ein derartiges Gespräch mit Ihrem Partner angehen können. Harm könnte Folgendes zu seiner Frau sagen:

»Linda, ich habe mir noch einmal Gedanken gemacht über die Punkte, über die wir uns in letzter Zeit streiten. Du beschwerst dich oft darüber, dass ich zu wenig Rücksicht auf dich nehme. So wie diese

> Woche, als du mir gesagt hast, dass du dich über mich geärgert hast, weil ich zum dritten Mal in einer Woche abends ausging und einfach davon ausgegangen bin, dass du dich um die Kinder kümmern würdest. Ich habe mich gefragt, warum ich das getan habe. Du hast mir das zu Recht vorgeworfen. Ich glaube, ich weiß jetzt, warum ich mich dir gegenüber so egoistisch verhalten habe: Wenn ich mich auf etwas konzentriere, insbesondere auf meine Arbeit, dann vergesse ich alles um mich herum. Diese Leidenschaft ist einfach ein Teil von mir. Ich möchte mich über meine Arbeit beweisen. Vor mir selbst, hauptsächlich aber vor dir. Damit du stolz auf mich sein kannst. Was du von mir denkst und was du für mich fühlst, das steht für mich an erster Stelle. Es klingt sehr banal, aber so ist es nun mal. Das beeinflusst sehr viele der Dinge, die ich tue oder lasse. Das sage ich nicht, um mich nachträglich zu entschuldigen, sondern weil ich es wirklich so meine. Mir wird jetzt auch klar, dass ich, wenn ich vergesse, mich mit dir abzusprechen, die Liebe verspiele, nach der ich im Grunde genommen suche.«

Ja, es klingt schwülstig, aber gilt das nicht für alle Sätze, die wir von unserem Partner am liebsten hören: »Ich liebe dich«, »Ich bin stolz auf dich«, »Ich bin glücklich mit dir«, »Ich möchte dich nicht missen«? Sind es nicht auch genau diese Sätze, die auszusprechen wir oft vergessen und die solch einen Unterschied machen würden, wenn wir sie aussprächen? Als wir frisch verliebt waren, schämten wir uns überhaupt nicht für derartige Bekenntnisse; warum ist das jetzt anders? (Was ist nach der Hochzeit geschehen?) Und sehnen wir uns nicht gerade wegen solcher Sätze manchmal wehmütig nach dieser Anfangszeit? Sie können diese Zeit wieder etwas aufleben lassen und die frühere Romantik ein bisschen zurückholen, wenn Sie solch nette Dinge sagen. Ist Ihnen aufgefallen, dass Harm in seiner Geschichte einige der sieben erwähnten Kommunikationsfähigkeiten anwandte? Versuchen Sie als kleine Übung herauszufinden, welche das waren.

Nehmen wir an, nicht Harm, sondern Linda hätte den Streit noch einmal überdacht; was hätte sie sagen können? Hier ist ein mögliches Drehbuch:

»Harm, ich möchte noch einmal auf die Kritik zurückkommen, die ich neulich an dir geäußert habe. Ich habe gesagt, dass es mir nicht gefällt, dass du zum dritten Mal in einer Woche abends ausgehst – erst zweimal zu geschäftlichen Terminen und danach zu einem Treffen mit deinen ehemaligen Studienkollegen. Ich gönne dir alle Freiheiten, die du brauchst, und ich weiß es zu schätzen, dass du dich so für deine Arbeit engagierst. Ich freue mich auch für dich, dass du wieder Kontakt zu deinen früheren Studienkollegen hast. Was mich aber enttäuscht hat, war die Tatsache, dass du so selbstverständlich davon ausgegangen bist, dass ich zu Hause bleiben würde. Ich tue das nicht ungern, aber ich würde es doch sehr schätzen, wenn du ein kleines bisschen Anerkennung dafür zeigen würdest. Ein kleines Dankeschön oder einen Kuss. Kannst du das nachvollziehen?«

Würde Harm nach einer solchen Aussage launisch reagieren oder in Schweigen verfallen? Wie wahrscheinlich erscheint es Ihnen, dass Lindas Worte zu einem Streit führen, der in einer Pattsituation endet oder zu einem Machtkampf eskaliert? Ist diese Wahrscheinlichkeit nicht sehr gering? Und wie steht es mit Ihnen? Können Sie sich vorstellen, dass solche Gespräche auch in Ihrer Beziehung zu mehr gegenseitigem Verständnis und einem besseren Verständnis füreinander führen könnten?

Wenn Sie in sich gehen und solche Gespräche mit Ihrem Partner führen, bekommen Sie garantiert eine genaue Vorstellung davon, was Sie voneinander erwarten können und dürfen. Sie erfahren auf diese Weise nicht nur, was Ihre Wünsche und Erwartungen sind, sondern finden außerdem heraus, inwiefern Sie aufeinander zugehen können. Dabei können Sie – erst recht, wenn Sie Punkte untersuchen und besprechen, die Sie häufig an Ihrem Partner kritisieren – auch zu der schmerzhaften Einsicht gelangen, dass Sie unrealistische Forderungen an Ihren Partner stellen. Bei solchen Forderungen geht es nicht mehr um Wünsche oder Erwartungen, sondern um ein *dringendes Bedürfnis*. Sie möchten von Ihrem Partner zum Beispiel bedeutend mehr auf einem bestimmten Gebiet: mehr Zeit, mehr Status, mehr Romantik, mehr Männlichkeit oder Weiblichkeit, mehr

Sex. Übertriebene Forderungen bedeuten in der Regel auch, dass Ihr Partner nicht nur »mehr als« und »besser als« andere Männer oder Frauen sein soll, sondern auch anders, er soll sich unterscheiden. Anders als die anderen und bloß keine graue Maus (wie 99 Prozent der Bevölkerung).

Übertriebene Forderungen hängen oft damit zusammen, was Ihnen selbst Ihrer Meinung nach fehlt; es handelt sich dabei um einen Mangel an Selbstvertrauen, ein negatives Selbstbild, Unsicherheit. Sie selbst sind der Meinung, dass Sie nicht genügen, und erwarten daher von Ihrem Partner, Ihre eigenen Unzulänglichkeiten auszugleichen oder Ihre Unvollkommenheiten zu kompensieren. Der niederländische Sänger Xander de Buisonjé (36), der ein bewegtes Liebesleben hinter sich hat, gibt zu, in dieser Hinsicht ein wahrer Experte geworden zu sein: »Ich war unsicher und fand mich selbst eigentlich gar nicht so toll. Heute weiß ich wie kein anderer, dass man einen anderen erst lieben kann, wenn man sich selbst liebt. Das habe ich am eigenen Leib erfahren.« (*Cosmopolitan,* März 2010).

Wenn Sie erkennen, dass Sie zu viel von Ihrem Partner erwarten, kann das im ersten Moment sowohl bei Ihnen als auch bei Ihrem Partner heftige Gefühle auslösen, aber danach kann diese Erkenntnis auch eine Erleichterung sein. Denn Sie können dann damit anfangen, Ihren Partner nicht mehr so unter Druck zu setzen, um ihn oder sie zu verändern. Und dadurch kommen Sie einander näher.

Ich betätige nun im Keller der verborgenen Erwartungen (und unrealistischen Forderungen) den Fahrstuhlknopf, um wieder hinauf in das Erdgeschoss »der sieben Geheimnisse gelingender Kommunikation« und der oberirdisch gelegenen Erwartungen und Wünsche zu fahren.

15

Die sieben Geheimnisse in die Tat umsetzen

> »Die Ehe ist eine seltsame Wette. Entweder gewinnen beide oder aber keiner von beiden.«
> – *Peter Darbo (flämischer Aphoristiker)*

Sie haben dieses Buch nun fast vollständig gelesen, die eigentliche Arbeit fängt für Sie aber jetzt erst an. Neue Fähigkeiten eignet man sich schließlich nur durch Üben an. Aber bevor Sie damit anfangen, möchte ich Ihnen noch einige Tipps mit auf den Weg geben, die Ihnen dabei helfen können.

Die Methode beinhaltet sieben Geheimnisse, die ich auch als Strategien oder Techniken bezeichne. Ich habe sie, gezwungenermaßen, in einer bestimmten Reihenfolge beschrieben. Ich habe mit den vier Zuhörfähigkeiten angefangen und danach die drei Ausdrucksfähigkeiten beschrieben. Möglicherweise haben Sie sich beim Lesen gefragt, ob es zwingend notwendig ist, diese Reihenfolge einzuhalten und ob Sie immer alle Techniken anwenden müssen. Wenn Sie die Beispiele, die ich angeführt habe, aufmerksam gelesen haben, wissen Sie, dass die Antwort auf beide Fragen »Nein« lautet. Sie müssen beispielsweise nicht immer mit dem Entwaffnen beginnen. Sie können manchmal auch gleich mit dem zweiten Geheimnis anfangen (die Perspektive des Partners einnehmen), und zwar, indem Sie sich seine Kritik zunächst anhören, sie kurz zusammenfassen und Ihren Partner dann fragen, ob er noch etwas hinzufügen möchte. Wenn Sie merken, dass Ihr Partner dann schon ruhiger ist, müssen Sie nicht in allen Fällen und unbedingt seine Gefühle bestätigen. Oftmals ist es auch hilfreich, wenn Sie zunächst den Gefühlen Aufmerksamkeit schenken (»Du klingst sehr wütend«) und Ihren Partner anschließend entwaffnen. Sie können sogar mit einer »Ich fühle«-Aussage anfangen (»Ich bin erschrocken über deine Aussage«) und danach erst zu einer der vier Zuhörfähigkeiten übergehen. Sie müssen auch nicht immer erzählen, was Sie selbst fühlen, erst recht nicht, wenn es sowohl für Sie als auch für Ihren Partner keine schwerwiegende Angelegenheit ist oder wenn die schlechte Stimmung schon bald wieder verschwunden ist.

Die Beispiele, die ich angeführt habe, verdeutlichen ebenfalls, dass man nicht immer alle sieben Techniken anwenden muss. Es gibt sogar Situationen, in denen drei der sieben ausreichen: Ihren Partner nach seinen Erwartungen fragen, Ihre eigenen Erwartungen äußern und schmeichelnde Worte einsetzen. Allgemein gilt jedoch: Je heftiger die Kritik Ihres Partners ausfällt, desto mehr Zuhörfähigkeiten müssen Sie anwenden und desto weniger können Sie auf schmeichelnde Worte verzichten.

Wenn Sie damit beginnen möchten, die Geheimnisse zu erlernen, fangen Sie am besten mit einem Geheimnis oder einer Fähigkeit an. Wenn Sie zu überstürzt handeln, wirkt das Gespräch aufgesetzt, Ihnen unterlaufen Fehler oder das Gespräch stockt (»Was muss ich jetzt gleich wieder sagen?«) und Sie verlieren das Vertrauen in diese Techniken. Wenden Sie die Strategien zunächst nicht bei Ihrem Partner, sondern bei anderen an. Als ich über schmeichelnde Worte sprach, habe ich Ihnen bereits den Tipp gegeben, einige Wochen lang Menschen in Ihrer näheren Umgebung Komplimente zu machen: Freunden, Nachbarn, Verkaufspersonal. Auf die gleiche Art und Weise lassen sich auch die anderen Fähigkeiten trainieren, immer eine nach der anderen. Setzen Sie eine Fähigkeit erst bei Ihrem Partner ein, wenn Sie diese sicher beherrschen.

An dieser Stelle möchte ich Ihnen noch einen zweiten Tipp geben, wie Sie sich die sieben Geheimnisse gelingender Kommunikation aneignen können. Die sieben Geheimnisse können Ihr Leben und Ihre Beziehung zwar auf spektakuläre Weise und im positiven Sinn verändern, aber – ich erwähnte es bereits – es erfordert viel Disziplin und Willenskraft, sie zu perfektionieren. Es ist nicht jedem gegeben, diesen Lernpfad ohne die Hilfe oder Unterstützung anderer erfolgreich zu beschreiten. Studien haben ergeben, dass Menschen, die versuchen, neue Fähigkeiten zu erlernen oder schlechte Gewohnheiten (wie das Rauchen, zu wenig Bewegung, ungesundes Essen) abzulegen, zwanzigmal höhere Erfolgschancen haben, wenn sie dies gemeinsam mit anderen tun.

Sie verstehen, was ich sagen möchte: Suchen Sie sich jemanden mit dem gleichen Ziel, und setzen Sie die sieben Geheimnisse gemeinsam in die Tat um. Besprechen Sie die Schwierigkeiten und Probleme, mit denen Sie konfrontiert werden, und teilen Sie Ihre Erfolge. Sorgen Sie dafür, dass die Übungen Ihnen Freude bereiten. Versuchen Sie, ein Spiel daraus zu machen, ein Spiel, bei dem Fehler erlaubt sind und bei dem man über Patzer lachen darf. Vielleicht ist es ein weiterer Anreiz für Sie, wenn ich Ihnen sage, dass Sie von den sieben Fähigkeiten nicht nur in Ihrer Liebesbeziehung profitieren können, sondern auch in Ihren geschäftlichen Verbindungen und in Ihren Beziehungen zu Freunden und Familienangehörigen. Dies werden Sie übrigens sehr schnell feststellen, wenn Sie mit dem Trainieren anfangen. Wenn Sie den Punkt erreicht haben, an dem Sie die sieben Fähigkeiten beherrschen und einzeln anwenden können, dann gehen Sie dazu über, sie zu kombinieren. Üben Sie zunächst wieder mit anderen und wenden Sie sie danach erst bei Ihrem Partner an.

Vier Möglichkeiten

Wenn Sie durchhalten und mit anderen zusammen konsequent trainieren, werden Sie Schritt für Schritt lernen, die Fähigkeiten anzuwenden, wenn Ihr Partner Sie kritisiert. Was dürfen Sie dann erwarten?

Die sieben Geheimnisse dienen, ich sagte es bereits, nicht dazu, die Kritik Ihres Partners anhand bestimmter Techniken elegant abzuwehren oder selbst recht zu behalten. Ebenso wenig dienen sie dazu,

Ihrem Partner immer recht zu geben. In beiden Fällen ziehen Sie den Kürzeren. Es verhält sich wie beim Sport: Immer zu gewinnen ist genauso langweilig wie immer zu verlieren. Ja, auch Gewinnen kann auf die Dauer frustrierend sein. Der niederländische Schriftsteller und Journalist Midas Dekkers hat das schön umschrieben:

> Meine Tante Greet liebte Streit. Darin war sie sehr versiert.
> »Was möchtest du essen«, fragte sie Evert dann, »Spinat?«
> Evert war ihr Mann, mein Onkel, ein durch und durch gütiger Kerl und ein Spinatliebhaber.
> »Lecker«, sagte er denn auch. »Hmmm, Spinat!«
> »Oder möchtest du lieber Endivie?«
> Endivie mochte Onkel Evert genauso gerne. Endivie würde ihm auch schmecken, antwortete er treuherzig. »Aber das haben wir gestern schon gegessen«, warf meine Tante ein. »Da hast du recht«, erinnerte sich Onkel Evert dann. »Na, dann essen wir Spinat. Lecker«, fügte er zur Sicherheit noch hinzu, aber das war sinnlos. »Wenn du lieber Endivie isst, sag es ruhig«, ließ meine Tante nicht locker.
> »Nein, es ist mir egal, wirklich.«
> »Warum hast du dann eben gesagt, dass du Spinat möchtest?«
> »Na ja, einfach so, um Interesse zu zeigen.«
> »Interesse? Wo es dir doch egal ist?«
> »Jawohl.«
> »Es interessiert dich einfach überhaupt nicht, was ich tue. Und ich rackere mich wieder völlig umsonst in der Küche ab.«
> Es war völlig sinnlos, dem zu widersprechen, das wusste Onkel Evert. Seufzend erhob er sich, nahm Tommie, eine Art Zwergpinscher, an die Leine und verließ unter dem Gezeter von Tante Greet sein Haus. (Dekkers, 2009)

Wenn Ihr Partner Sie kritisiert und Sie die sieben Geheimnisse anwenden, kann es darauf hinauslaufen, dass Sie Ihrem Partner recht geben. Sie entschuldigen sich, geloben Besserung oder erledigen sofort, worum er sie gebeten hat: »Gut, ich werde mich in Zukunft mit dir absprechen, wenn ich abends arbeiten muss.«

Eine zweite Möglichkeit besteht darin, dass Ihr Partner die Kritik zurücknimmt. »Jetzt, da ich deine Seite der Geschichte gehört habe, wird mir klar, dass ich mit meiner Kritik zu voreilig war.«

Eine dritte Möglichkeit besteht darin, dass Sie einen Kompromiss schließen. Sie gehen beide einen Schritt aufeinander zu. So tat es auch das Ehepaar, bei dem die Frau ihren Mann kritisierte, weil sie seine Passivität leid war. Letztendlich willigte sie ein, eine Haushaltshilfe einzustellen, und ihr Mann versprach dafür, sich in Zukunft mehr im Haushalt einzubringen (unter anderem an vier Tagen in der Woche zu kochen und einmal die Woche zu bügeln).

Die vierte Möglichkeit ist, dass Sie Ihre Probleme gemeinsam nicht lösen können, obwohl Sie die Geheimnisse gelingender Kommunikation angewandt haben. Wie geht es dann weiter? Die Antwort wird Sie überraschen.

In dauerhaften Beziehungen gibt es immer auch dauerhafte Probleme und Konflikte. Wenn Sie sich für einen festen Partner entscheiden, dann entscheiden Sie sich gleichzeitig auch für feste Probleme. Daraus könnte man nun schließen, dass Sie sämtliche Probleme immer wieder lösen müssen und, anhand der sieben Geheimnisse, auch alle Konflikte aus dem Weg räumen müssen. Dem ist nicht so.

Der US-amerikanische Psychologe und Beziehungsforscher John Gottman (Gottmann & Silver, 1999) hat in einer Studie, die er mit 3.000 Paaren durchgeführt hat, festgestellt, dass die Mehrheit dieser Paare eine Vielzahl von Problemen und Konflikten gar nicht lösten. Für das Zustandekommen einer erfolgreichen Beziehung schien es gar nicht ausschlaggebend zu sein, ob sie ihre Probleme lösten, sondern *wie* sie versuchten, diese zu lösen. Gottman stellte fest, dass glückliche Paare ihre Spannungen und Probleme nicht lösen, indem sie einander verletzen oder lächerlich machen, sondern durch Humor, Respekt und Annäherung. In den sieben Geheimnissen gelingender Kommunikation finden Sie ebenso viele Ansätze, mit Konflikten in Zukunft auch so umzugehen.

Der deutsche Psychologe und Paartherapeut Arnold Retzer (2009) macht in diesem Zusammenhang einen deutlichen Unterschied zwischen einem lösbaren und einem unlösbaren Problem. Unter Letzterem versteht er etwas, das einem nicht gefällt, das sich aber nicht ändern lässt. In einer Beziehung sind das in erster Linie der persönliche Lebensstil einer Person sowie persönliche Normen und Werte. Er macht daher den kreativen Vorschlag, unlösbare Probleme in Zukunft als »Einschränkungen« oder »Restriktionen« zu bezeichnen. Bei Restriktionen geht es ihm zufolge nicht darum, diese aus dem Weg zu räumen, sondern sie zu dulden und damit zu leben.

Meistens erfordert es ein großes Maß an Weisheit, um zwischen Problemen und Restriktionen zu unterscheiden. Oder wie es der US-amerikanische evangelische Theologe und Pfarrer Reinhold Niebuhr (1892–1971) in seinem berühmt gewordenen und in allen Lebensbereichen anwendbaren Gelassenheitsgebet so schön formuliert hat:

> Gott, gib mir die Gelassenheit, Dinge hinzunehmen, die ich nicht ändern kann, den Mut, Dinge zu ändern, die ich ändern kann, und die Weisheit, das eine vom anderen zu unterscheiden.

16

Schatz, ich möchte lieber nicht reden

»Worte auszusprechen ist einfach, aber worin liegt der Nutzen?«
– *Ray Grigg (kanadischer Schriftsteller *1948)*

»Schatz, wir müssen reden.« Die meisten Männer bekommen sofort Magenschmerzen, wenn ihre Partnerin diesen Satz sagt. Wie Sie im zweiten Kapitel erfahren haben, fällt es Männern (und mit Sicherheit auch jeder fünften Frau) schwer, über ihre Beziehung zu sprechen. So lässt sich auch begründen, warum es bei Paaren, die professionelle Hilfe für ihre Beziehungsprobleme in Anspruch nehmen, in der Regel die Frau ist, die die Initiative dazu ergreift. Männer sträuben sich häufig, und wenn sie dann doch mitgehen, tun sie es halbherzig.

Da die sieben Geheimnisse gelingender Kommunikation auch Reden beinhalten, wird es die Hälfte der potenziellen Zielgruppe dieses Buchs gar nicht erst damit versuchen. Vielleicht gehören auch Sie zu dieser Gruppe und haben den zweiten Teil nur flüchtig gelesen oder sogar ganz übersprungen und lesen nun, weil die Überschrift dieses Kapitels Ihre Neugier geweckt hat, nur diese Zeilen. Prima! Wenn Sie nicht so gerne reden, dann lesen Sie weiter. Speziell für Sie beschreibe ich nun drei andere Arten, mit Kritik umzugehen und Beziehungsprobleme in den Griff zu bekommen, bei denen Sie überhaupt nicht oder nur wenig reden müssen. Hoffentlich kann ich Sie für eine davon begeistern. Die erste Art ist vor allen Dingen hilfreich, wenn Sie selbst derjenige sind, der häufig Kritik am anderen äußert.

Nicht jammern, sondern loben

Manche Menschen jammern für ihr Leben gern. Sie jammern über ihren Chef, über ihre Kollegen, über die Arbeit, der sie nachgehen, über Politiker, ihren Partner und ihre Kinder, das Wetter, die gestiegenen Lebenshaltungskosten und so weiter. Kennen Sie so jemanden? Haben Sie vielleicht einen Kollegen, der so ist? Oder ist ein Freund oder eine Freundin, Ihr Vater oder Ihre Mutter, Ihr Bruder oder Ihre Schwester so? Ertappen Sie sich manchmal selbst dabei, dass Sie zu viel jammern? Wenn Sie vor allem über Ihren Partner jammern, dann lesen Sie nun aufmerksam weiter. Es wurden nämlich schon viele Studien durchgeführt zu den negativen Auswirkungen, die Jammern auf Beziehungen haben kann.

Bereits im Jahr 1938 (!) hat eine US-amerikanische Studie gezeigt, dass der wesentliche Unterschied zwischen unglücklichen und glücklichen Paaren in dem Maß begründet liegt, in dem einer von beiden den anderen als streitsüchtig, missmutig und kritisch bezeichnet (zitiert in Bowen, 2009). Eine andere US-amerikanische Studie unter Paaren kam zu dem Ergebnis, dass Negativität und negative Kommunikation in engem Zusammenhang mit der Unzufriedenheit in einer Beziehung stehen.

Eine aktuellere Studie, durchgeführt von David Burns (2008), ist noch präziser und aufschlussreicher. Dieser US-amerikanische Psychologe forschte nach dem Schlüssel für eine liebevolle Beziehung und fand 1.200 Menschen, die sich bereit erklärten, an seiner Studie teilzunehmen. Er fand heraus, dass die Gefühle einer Person nicht mit der Einstellung oder Grundhaltung des Partners zusammenhängen, sondern ausschließlich mit der eigenen Einstellung dieser Person. Die Ergebnisse seiner Studie hat er in diesem einen Satz zusammengefasst: »*Other-blame was by far the most important mind-set.*« Anders ausgedrückt: Personen, deren Gehirn darauf eingestellt ist, den Partner immer für alle Beziehungsprobleme verantwortlich zu machen, waren frustriert, wütend, unglücklich und zutiefst unzufrieden mit ihrer Beziehung. Ihre Beziehung verschlechterte sich danach noch weiter, denn drei Monate später waren sie in der Regel noch unzufriedener. Personen dagegen, die ihren eigenen Anteil an den Problemen wahrnahmen, die die Verantwortung auf sich nahmen, diese Probleme zu lösen, und die die Absicht hatten, ihren Partner glücklich zu machen, hatten nicht nur zum Zeitpunkt der ersten Untersuchung die glücklichsten Beziehungen, ihre positiven Gefühle verstärkten sich im Laufe der Zeit noch weiter.

Man könnte meinen, dass Menschen jammern, weil in ihrer Beziehung etwas gründlich schiefläuft. Das überraschende Ergebnis all dieser Studien ist jedoch, dass es meistens umgekehrt ist: Die Beziehung läuft schlecht, weil einer der beiden Partner oder beide viel jammern. Sie sehen vor allen Dingen die negativen Seiten des anderen und verschlechtern ihre Beziehung dadurch.

Machen Sie die Probe aufs Exempel und rufen Sie sich erneut die Person aus Ihrem Umfeld in Erinnerung, die viel jammert. Ist diese Person glücklich? Liegt es an den Menschen und den Umständen, über die sie sich beklagt, oder liegt es an ihr selbst und an ihrer Einstellung?

Wenn Sie sich selbst dabei ertappt haben, dass Sie häufig dazu neigen, zu jammern, dann ist die folgende Übung gut für Sie geeignet.

Überlegen Sie sich, welches nette Verhalten Sie sich von Ihrem Partner wünschen würden. Anschließend gehen Sie dazu über, Ihrem Partner jedes Mal, wenn er dieses Verhalten zeigt, ausdrücklich Ihre Anerkennung zeigen. »Damit machst du mich sehr glücklich.« Oder: »Vielen Dank, dass du das für mich getan hast, ich weiß das sehr zu schätzen.« »Das hast du gut gemacht. Ich bin stolz auf dich.« Anfangs mag das etwas übertrieben klingen, aber Sie werden feststellen, dass aufrechte Wertschätzung »ankommt« und sich positiv auf die Stimmung in Ihrer Beziehung auswirkt. Probieren Sie diese »Diät der Komplimente« zwei Wochen lang aus. Nehmen Sie sich vor, Ihrem Partner jeden Tag mindestens fünf Komplimente zu machen, und entdecken Sie, welche Auswirkungen das hat.
(Quelle: www.carolinefranssen.nl)

Der Basisgedanke dieser Übung stammt aus der klassischen Verhaltenstherapie: Wenn man Verhaltensweisen ändern möchte, wirken Belohnungen viel effektiver als Strafen. Eines der Geheimnisse langjähriger Beziehungen ist denn auch, dass die Partner einander fortwährend ermutigen, sich gegenseitig Komplimente machen und einander bestätigen (van Wechem, 2010). Viele Männer sind so empfänglich für Komplimente, so die Paartherapeutin und Urheberin der oben beschriebenen Übung, Caroline Franssen, dass sie aufhören sich anzustrengen, wenn ihnen keine Wertschätzung entgegengebracht wird. Ich möchte dem hinzufügen: Frauen brauchen genauso viel Wertschätzung und können ebenso wenig darauf verzichten.

Keine Worte, sondern Taten

Der niederländische Psychologe Alfred Lange (1994), Professor an der Universität von Amsterdam und geistiger Vater der Therapie via Internet, *Interapie,* hat ein effektives Verfahren für Paare entwickelt, die häufig streiten und dem ein Ende setzen möchten. Die Therapie besteht aus einer Anzahl einfacher Schritt und Absprachen:

Zunächst vereinbart das Paar, mit dem Streiten aufzuhören und zunächst auch nicht mehr über Ärgernisse zu sprechen.

Wenn einer von beiden sich über den anderen ärgert, sagt er das nicht, sondern macht sich eine kurze Notiz.

Abends geht jeder für sich die Notizen des Tages durch und prüft, ob ihm die Punkte, über die er sich geärgert hat, immer noch wichtig sind. Wenn nicht, dann streicht er den Punkt von der Liste und lässt die Sache auf sich beruhen.

Wenn ihm ein bestimmter Punkt doch noch wichtig ist, dann muss er dies dem anderen in einem »höflichen« Brief erklären. Er schreibt auf, in welcher Situation er sich geärgert hat, um welches Verhalten des anderen es dabei ging und welche Gefühle dies bei ihm ausgelöst hat. Zu guter Letzt versucht der Partner, einen Wunsch zu formulieren, der zu dem Ärgernis passt.

Der andere verpflichtet sich, den Brief zu lesen und darüber nachzudenken, aber er darf nicht darauf reagieren.

Durch sein Verhalten in den darauffolgenden Tagen kann der andere zeigen, ob er mit der Kritik einverstanden war oder nicht.

Langes Studie hat ergeben, dass Streitereien auf diese Weise stark abnehmen und die Beziehung sich wesentlich verbessert. Das lässt sich damit erklären, dass die Botschaft der Kritik auf diese Weise besser beim anderen ankommt. Er reagiert nicht reflexartig mit einem Gegenangriff oder einer Verteidigung, denn er wird nicht mehr von der Kritik überrumpelt, sondern hat Zeit, in aller Ruhe über die Anschuldigung oder Kritik nachzudenken.

Die Anschuldigungen treffen ihn auch weniger hart, weil eine der Spielregeln lautet, dass die Kritik höflich formuliert werden muss. Der eingebaute Filter – nur diejenigen Kritikpunkte zu Papier zu bringen, über die man sich nach einer kurzen Zeit der Beruhigung und Besinnung immer noch ärgert – sorgt außerdem dafür, dass erheblich weniger gejammert oder gemeckert wird. Denn schon der römische Philosoph Seneca wusste: »Das wirkungsvollste Mittel gegen Zorn ist der Aufschub.« In dem Buch *Mehr Sex, weniger Abwasch* (Szuchman & Anderson, 2012) kommt eine Frau zu Wort, die auf Anraten ihrer Mutter beschloss, in Zukunft nicht mehr sofort aus der Haut zu fahren, sondern eine, wie sie es nannte, 24-Stunden-Regelung einzuführen. Diese Auszeiten erwiesen sich als ungemein wirkungsvoll, denn sowohl die Häufigkeit als auch die Heftigkeit der ehelichen Auseinandersetzungen nahmen nach ein paar Monaten in spektakulärem Maße ab. Was mich auf folgenden Gedanken bringt: Würde man auf dem Sterbebett bereuen, bestimmte Ärgernisse nicht sofort zur Sprache gebracht zu haben?

Nicht reden, sondern Besprechungen abhalten

»Ich gebe nun den zweitwichtigsten Job in meinem Leben auf und werde mich umso mehr um den wichtigsten kümmern: den des Ehemanns und Vaters.« Mit diesen Worten trat Gordon Brown am 11. Mai 2010 als *Prime Minister* von Großbritannien zurück. In den drei Jahren, in denen er die Regierung leitete, wird er bei vielen Besprechungen den Vorsitz gehabt haben, aber ob er in dem seiner Aussage nach wichtigsten Job seines Lebens auch einmal einer Besprechung vorgesessen hat?

Eine dritte Möglichkeit, effektiv mit Kritik umzugehen und Streit zu vermeiden, ist – Sie ahnen es bereits – jede Woche eine Viertelstunde als Paar eine Besprechung miteinander abzuhalten. Jedoch auf eine ungewöhnliche Art und Weise. Den Ablauf einer solchen Besprechung kann ich am besten erläutern, indem ich zunächst etwas über meine eigenen Erfahrungen mit Besprechungen erzähle.

Während meiner Zeit als leitender Therapeut einer großen Einrichtung des staatlichen psychologischen Gesundheitsdienstes in den Niederlanden hatte ich einige Jahre auch das Privileg, wöchentlichen Besprechungen vorzusitzen. Das war die Aufgabe, die ich an meiner Arbeit am wenigsten mochte; es gab sogar Zeiten, in denen ich eine richtige Abneigung dagegen hatte. Wenn die Mitarbeiter unzufrieden waren – und das kam oft vor, denn eine Reorganisation folgte der nächsten –, dann machten sie ihrem Unmut in diesen Besprechungen Luft und es gelang mir nicht immer, damit angemessen umzugehen. Häufig konnte ich auch nicht genau herausfinden, worüber sie sich eigentlich ärgerten.

Ich wollte die Besprechungen angenehmer gestalten, und so setzte ich irgendwann zwei feste Punkte auf die Tagesordnung. Der erste Punkt war »die Klagerunde«, in der jeder folgenden Satz ergänzen durfte: »Ich habe mich diese Woche am meisten darüber geärgert, dass …« Dazu sollte ein jeder auch gleich einen Verbesserungsvorschlag machen. Der zweite feste Tagesordnungspunkt bestand darin, dass jeder die Gelegenheit bekam, folgenden Satz zu ergänzen: »Ich habe mich diese Woche bei der Arbeit am meisten darüber gefreut, dass …«

Nach der Einführung dieser beiden Tagesordnungspunkte verliefen die Besprechungen viel reibungsloser (und die anderen Punkte nahmen ebenfalls viel weniger Zeit in Anspruch). Ich fing sogar an, mich auf unsere Besprechungen zu freuen. Bei der Klagerunde kam alles auf den Tisch, worüber sich die Mitarbeiter ärgerten, und oftmals konnten wir sogleich Maßnahmen zur Verbesserung der Situation erarbeiten. Der zweite Tagesordnungspunkt lenkte unsere Aufmerksamkeit stets wieder auf die Aspekte der Arbeit, deretwegen wir unsere Berufe gewählt hatten und aus denen wir unsere Energie schöpften.

Sie könnten als Paar auch einen festen Zeitpunkt in der Woche vereinbaren, zu dem Sie eine Besprechung abhalten. Diese verläuft anhand der beiden eben genannten Tagesordnungspunkte. Um eine angenehme Atmosphäre zu schaffen, machen Sie Ihrem Partner zunächst ein Kompliment für etwas, mit dem er Ihnen in der vergangenen Woche eine Freude bereitet hat. Zum Beispiel, dass er an den Geburtstag Ihrer Mutter gedacht hat. Danach macht Ihr Partner Ihnen ein Kompliment.

In Bezug auf den zweiten Tagesordnungspunkt vereinbaren Sie, Kritik in Zukunft nicht mehr direkt zu äußern, sondern für die Besprechung aufzuheben. Wenn Sie sich im Laufe der Woche über etwas ärgern, machen Sie sich eine Notiz. Nach sieben Tagen geht jeder für sich seine Notizen durch, und Sie wählen maximal drei Punkte (aber lieber nur einen), die Sie in Ihrer Besprechung anbringen möchten. Während der Besprechung oder der Familiensitzung sagen Sie abwechselnd – wie in der von Professor Lange erdachten Übung –, welches Verhalten des anderen Sie geärgert hat und welche Gefühle es bei Ihnen ausgelöst hat. Außerdem versuchen Sie in jeder Besprechung, einen Wunsch zu formulieren, der an dieses Ärgernis anknüpft. Dieser Wunsch sollte so konkret wie möglich sein: »Ich möchte, dass du in Zukunft am Wochenende kochst«, »Ich möchte, dass du am Wochenende das Badezimmer und die Toilette sauber machst« oder »Ich möchte, dass wir in Zukunft beide zur selben Zeit ins Bett gehen und außerdem eine halbe Stunde früher als jetzt, damit wir öfter miteinander schlafen können«.

Sie können vereinbaren, einander sofort zu sagen, ob ein Wunsch angenommen wird oder nicht. Sie können aber auch vereinbaren, dass Sie einander die Gelegenheit geben, in Ruhe über die Wünsche des anderen nachzudenken und über Ihr Verhalten auszudrücken, ob Sie den Wunsch des anderen umsetzen können und wollen. Um zu verhindern, dass eine solche Besprechung wieder in eine Kabbelei ausartet, können Sie sich außerdem darauf einigen, dass ein Tagesordnungspunkt innerhalb einer Minute »abgehandelt« werden muss. Meistens ist es ohnehin sinnlos, länger über einen Punkt zu reden. Denn auch hier geht es um Worte und nicht um Taten. (Und so wenig ist eine Minute nun auch wieder nicht: Bei Arbeitsbesprechungen von einer Stunde, an denen zehn Personen teilnehmen und es sechs Punkte auf der Tagesordnung gibt, hat jeder im Schnitt lediglich eine Minute Sprechzeit.)

Besprechungen sind zwar auch eine Form von Reden, aber da die hier vorgeschlagene Art der Besprechung recht sachlich, kurz und zielgerichtet ist, werden sich Männer und Frauen, die das »Beziehungsgerede oder -geschwätz« nicht besonders mögen, etwas wohler dabei fühlen.

Wenn Sie aus Ihrem Arbeitsalltag Erfahrung mit geschäftlichen Besprechungen haben, dann wissen Sie, wie wichtig es ist, einen Zeitpunkt zu wählen, der beiden gut passt und den Sie anschließend strikt einhalten. Disziplin ist auch hier der Schlüssel zum Erfolg. Wenn einer von beiden damit anfängt, Besprechungen abzusagen – weil etwas anderes plötzlich wichtiger war als die Beziehung –, dann geht es schnell bergab. Sie können das verhindern, indem Sie die Besprechung mit einer regelmäßigen gemeinsamen Unternehmung verbinden, zum Beispiel dem sonntäglichen Spaziergang. Sie können auch überlegen, eine Spazier-Besprechung abzuhalten. Denn wenn Sie sich bewegen, ver*läuft* ein Gespräch viel einfacher.

VW als Gedächtnisstütze

Ich möchte dieses Buch mit einer kleinen Gedächtnisstütze abschließen, mit der sich die Hauptbotschaft des Buchs zusammenfassen lässt. Sie stammt vom deutschen Psychologen Manfred Prior. In seinem lesenswerten Buch *MiniMax-Interventionen* berichtet er von einer Mitarbeiterin des Opel-Konzerns, die ihn wegen ihrer schlechten Beziehung mit ihrem Partner aufsuchte, der ebenfalls bei Opel in Rüsselsheim beschäftigt war. Sie beklagte sich darüber, dass sie als Paar viel zu viel Zeit damit verbrachten, einander Vorwürfe zu machen. Dieses Muster wollte sie sehr gerne durchbrechen. Prior gab ihr den Ratschlag, sich eine Zeit lang an die VW-Regel zu halten. Er erklärte ihr, dass das V für Vorwurf und das W für Wunsch steht. Die VW-Regel besagte, dass die beiden jeden Vorwurf in einen Wunsch umformulieren sollten.

Gehen Sie in Zukunft auch so vor. Wenn Ihr Partner *Kritik* an Ihnen äußert, dann denken Sie immer daran, dass sich dahinter eine

Erwartung oder eine *Sehnsucht* verbirgt. Denken Sie außerdem daran, dass Sie viele Kritikpunkte vermeiden können, wenn Sie Ihrem Partner Ihre Erwartungen mitteilen und deutlich darlegen. So betrachtet, muss Kritik kein Missklang sein, sondern kann – wenn Sie sich die Strategien aus diesem Buch zunutze machen – der Auftakt für etwas Schönes sein. Sie kann sozusagen dafür sorgen, dass Ihre Beziehung wieder wie geschmiert und ohne Stottern läuft. Als würden Sie beide im neuesten Luxusmodell von Volkswagen reisen. Sie kann, um einen anderen Vergleich heranzuziehen, die Ouvertüre zu einer von Ihnen beiden selbst komponierten, ohrenschmeichelnden Komposition werden. Vorzugsweise ein Duett, in dem Sie mit Ihrem Partner die Sterne vom Himmel singen. So kann Kritik doch noch als romantisches Märchen enden.

Quellennachweis

Jedem Sachbuch liegt immer auch das Gedankengut anderer Autoren zugrunde. Im Literaturverzeichnis sehen Sie, welche Autoren an meinem Buch mitgewirkt haben. Manchen Autoren würde ich jedoch nicht gerecht werden, wenn ich sie lediglich dort erwähnte. Ich möchte mich zuallererst und ganz besonders bei David Burns und seinen Bestsellern *Feeling good. Depressionen überwinden, Selbstachtung gewinnen* (1980), *The feeling good handbook* (1990) und *Feeling good together* (2008) bedanken. Burns ist der geistige Vater der fünf Geheimnisse gelingender Gespräche. Insbesondere »Entwaffnen« und »Stroking« waren für mich überraschende Erkenntnisse. Ich habe mir die Freiheit genommen, zwei weitere Techniken hinzuzufügen: »Fragen nach Erwartungen« und »Eigene Erwartungen äußern«.

Die Geschichte von Patricia und Karel aus dem zweiten Kapitel stammt aus dem Internet (http://www.cybersalt.org/cleanlaugh). Den Rechteinhaber konnte ich jedoch nicht ausfindig machen; dieser möge sich gerne an mich oder meinen Verlag wenden.

Beim Schreiben des fünften Kapitels war mir der im März 2010 in *Psychology Today* veröffentlichte Artikel »The expectations trap« von Hara Estroff Marano eine wertvolle Inspirationsquelle. Im sechsten Kapitel habe ich zahlreiche Anregungen aus dem Buch *Improving your relationship for dummies* von Paula Hall (2010) aufgegriffen.

In den Anmerkungen zu seinem lesenswerten Buch *De vrije wil bestaat niet* (Der freie Willen existiert nicht) (2010), schreibt Victor Lamme, Professor für kognitive Neurowissenschaft: »Daher ist alles [in meinem Buch] gestohlen, plagiiert und kopiert. Jedoch: in meinem Kopf zu einem hoffentlich einzigartigen Werk verschmolzen.« Diese beiden schönen Sätze stehle ich gerne als Rechenschaft für alle Anleihen, die ich für dieses Buch bei anderen gemacht habe und für das, was ich daraus zu machen versucht habe.

Zitat S. 5: Max Frisch, Die Schwierigen oder J'adore ce qui me brûle. © Verlag Nagel & Kimche AG, Zürich, im Carl Hanser Verlag GmbH & Co. KG, München 2010

Zitat S. 14: Fiona Neill, Alles so weit im Griff. Aus dem Englischen übersetzt von Veronika Dünninger. © Bastei Lübbe GmbH & Co. KG, Köln 2008

Zitat S. 20 f.: Lew Tolstoi, Kreutzersonate. Aus dem Russischen übersetzt von Olga Radetzkaja. In: Lew Tolstoi / Sofja Tolstaja, Kreutzersonate / Eine Frage der Schuld. © Manesse Verlag, Zürich, in der Verlagsgruppe Random House GmbH, München 2010

Zitat S. 28: Aaf Brandt Corstius, Kees. © Aaf Brandr Corstius, Amsterdam 2010

Zitat S. 32: Michael Chabon, Mann sein für Anfänger. Aus dem amerikanischen Englisch übersetzt von Andrea Fischer. © Verlag Kiepenheuer & Witsch GmbH & Co. KG, Köln 2011. Übersetzung der zitierten Passage aus der Originalausgabe.

Zitate S. 45, S. 81: Yvonne Kroonenberg, Kan ik hem nog ruilen? © Yvonne Kroonenberg, Amsterdam, 1991

Zitat S. 72: Zlata Brouwer, Jagen of zorgen? © Ontwerphaven, Tilburg, 2008

Zitate S. 77, S. 78 f.:Ashaten Broeke, Het idee M/V. © Maven Publishing, Amsterdam, 2010

Zitat, S. 89: Hans Verstraaten, Hans. ©Libelle, Amsterdam, 2010

Zitat S. 100: Martin Bril, Het leed dat liefde heet. © Erven Martin Bril, 2005

Zitate S. 108, S. 186: Minke Douwesz, Weg. © G.A.Van Oorschot, Amsterdam, 2009

Zitat S. 141 f.: Douglas Kennedy, Aus der Welt. Aus dem amerikanischen Englisch übersetzt von Christiane Burkhardt. © Diana Verlag, München, in der Verlagsgruppe Random House GmbH, München 2010

Zitate S. 156 f., S. 175, S. 180 f.: Elizabeth Gilbert, Das Ja-Wort. Wie ich meinen Frieden mit der Ehe machte. © Berlin Verlag GmbH, Berlin 2010

Zitat S. 158: Stephan Sanders, Waarom bossen echtscheidingsleed kunnen voorkomen. ©Vrij Nederland, Amsterdam, 2010

Zitate S. 159, S. 187 f., S. 190, S. 197: Arjan Visser, De tien geboden. ©Arjan Visser, Amsterdam, 2006

Zitat S. 185: Sarah Kuttner, Mängelexemplar. © S. Fischer Verlag GmbH, Frankfurt am Main 2009

Zitat S. 203: Jean-Claude Kaufmann, Was sich liebt, das nervt sich. © UVK Verlagsgesellschaft mbH, Konstanz 2008

Zitat S. 210: Sonja Lyubomirsky, Glücklich sein. Warum Sie es in der Hand haben, zufrieden zu leben. © Campus Verlag GmbH, Frankfurt/New York 2008

Zitat S. 236: Yoram Yovell, Der Feind in meinem Zimmer und andere Geschichten aus der Psychotherapie. © btb Verlag, München, in der Verlagsgruppe Random House GmbH, München 2004

Zitat S. 265 f.: Linda Reijs, Taakverdeling. ©Mijn Geheim, Gilze, 2008

Zitat S. 300: Midas Dekkers, Alle beesten. © Contact. Amsterdam, 2009

Bei einigen Texten war es trotz gründlicher Recherchen nicht möglich, den Inhaber der Rechte ausfindig zu machen. Honoraransprüche bleiben bestehen.

Literatur

Vorwort

Delfos, Martine (2008): *Verschil mag er zijn.* Amsterdam: Bert Bakker.

Kapitel 1

Beishuizen, Tineke (2010): Anne-Wil. *Libelle, Nr. 10.*

Bergman, Ingmar (1973): *Scener ur ett äktenskap;* hier übersetzt nach der niederländischen Übersetzung (2005): *Scènes uit een huwelijk.* Utrecht: Bruna.

Brandt Corstius, Aaf (2010): Kees. *De Volkskrant, 4. Juni.*

Chabon, Michael (2009): *Manhood for Amateurs: The Pleasures and Regrets of a Husband, Father, and Son.* New York: HarperCollins; hier übersetzt nach der niederländischen Übersetzung (2010): *Handboek man. Mijn leven als echtgenoot, vader of zoon.* Amsterdam: Anthos.

Neill, Fiona (2007): *The Secret Life of a Slummy Mummy.* London: Arrow; hier zitiert nach der deutschen Übersetzung (2008): *Alles so weit im Griff.* Bergisch Gladbach: Bastei Lübbe.

Rammstedt, B. & J. Schupp (2008): Only the congruent survive: Personality similarities in couples. *Personality and Individual Differences*, 45, 6, S. 533–535.

Tannen, Deborah (1986): *Du kannst mich einfach nicht verstehen.* Hamburg: Ernst Kabel Verlag.

Tolstoi, Leo N. (1890): *Die Kreutzersonate.* Neu übersetzt (2010): Zürich: Manesse.

Kapitel 2

Barry, Dave: *The differences between men en women.* http://www.cybersalt.org/cleanlaugh/

Bower, Bruce (1990): New Twist to Marriage and Mortality. *Science News*, 27. Oktober.

Brizendine, Louann (2010): *Das männliche Gehirn.* Hamburg: Hoffmann und Campe Verlag.

Broeke, Asha ten (2010): *Het idee M/V.* Amsterdam: Maven Publishing.

Brouwer, Zlata (2008): Jagen of zorgen? in: S. Hertogs, P. Broers, N. Ros: *DUF 2.* Tilburg: Ontwerphaven.

Connellan, Jennifer, Simon Baron-Cohen, Sally Wheelwright, Anna Batki & Jag Ahluwalia (2001): Sex differences in human neonatal social perception. *Infant behavior and development,* 23, S. 113–118.

Covey, Stephen (2005): *Die 7 Wege zur Effektivität.* Offenbach: Gabal; hier übersetzt nach der niederländischen Übersetzung (1993): *De zeven eigenschappen van effectief leiderschap.* Amsterdam: Contact.

Davies, Stephanie, Jennifer Katz & Joan Jackson (1999): Sexual desire discrepancies: effects on sexual and relationship satisfaction in heterosexual dating couples. *Archives of Sexual Behaviour*, Jg. 28, Nr. 6, S. 533–568.

Delfos, Martine (2008): *Verschil mag er zijn.* Amsterdam: Bert Bakker.

Eliot, Lise (2010): De waarheid over jongens en meisjes. *Psyche en brein*, Nr. 4, S. 6–13.

Guven, Cahit (2010): http://www.deakin.edu.au/news/2010/ 06052010cahit.php.

Harris, Judith (2000): *Ist Erziehung sinnlos?* Reinbek: Rowohlt.

Koelewijn, Rinske (2013): God is een superalfaman. *NRC*, 31. März.

Kroonenberg, Yvonne (1991): *Kan ik hem nog ruilen?* Amsterdam: Contact.

Morris, Desmond (1997): *De andere sekse. Waarin mannen en vrouwen verschillen*. Teleac NOT, Utrecht.

Kapitel 3

Bril, Martin (2005): Twist, in: *Het leed dat liefde heet*. Amsterdam: Prometheus.

Chapman, Gary (1994): *Die fünf Sprachen der Liebe.* Marburg: Francke.

Coetzee, J. M. (2005): *Zeitlupe.* Frankfurt am Main: S. Fischer.

Douwesz, Minke (2009): *Weg.* Amsterdam: G. A. van Oorschot.

Eliot, George (1872): *Middlemarch. A Study of Provincial Life.* Deutsch (1985): *Middlemarch.* Stuttgart: Reclam.

Gerrard, Nicci (2006): *Als er für immer ging.* München: Lübbe.

Verstraaten, H. (2010): Hans. *Libelle,* Nr. 28, S. 43.

Kapitel 4

Ashworth, Trisha & Amy Nobile (2009): *I'd Trade My Husband for a Housekeeper: Loving Your Marriage after the Baby Carriage.* San Francisco: Chronicle Books; hier übersetzt nach der niederländischen Übersetzung (2010): *Als vaders doen wat moeders willen. Houd je relatie leuk na de komst van kinderen*. Haarlem: Becht.

Brizendine, Louann (2007): *Das weibliche Gehirn*. Hamburg: Hoffmann und Campe Verlag.

Claudel, Philippe (2007): *Flore*. Obernburg am Main: Logo Verlag.

Christakis, Nicholas, A. & James H. Fowler (2010): *Connected!: Die Macht sozialer Netzwerke und warum Glück ansteckend ist*. Frankfurt am Main: Fischer Verlag.

Dostojewski, Fjodor M. (1878–1880): *Die Brüder Karamasow* (Übersetzung: Hermann Röhl, 1924). Null Papier Verlag.

Graaf, Ron de, Margreet ten Have & Saskia van Dorsselaer (2010): *De psychische gezondheid van Nederland.* Utrecht: Nemesis-Trimbos.

Graaff, Bart de (1997), in *Nieuwe Revu* (Artikelüberschrift und Nr. unbekannt).

Kennedy, Douglas (2010): *Aus der Welt*. München: Diana Verlag.

Kilroy, Claire (2006): *Tenderwire*. London: Faber and Faber; hier übersetzt nach der niederländischen Übersetzung (2006): *De violiste.* Amsterdam: Anthos.

Loes (2008): Vrouwen, *Libelle*, Nr. 8, S. 24.

Mattila, A. K., Ahola, K., Honkonen, T., Salminen, J. K., Huhtala, H., Joukamaa, M. (2007): Alexithymia and occupational burnout are strongly associated in working population. *Journal of Psychosomatic Research,* 62, S. 657–665.

Kapitel 5

Andersen, Christopher (2009): *Barack and Michelle: A Portrait of an American marriage.* New York: William Morrow.

Ashworth, Trisha & Amy Nobile (2009): *I'd Trade My Husband for a Housekeeper: Loving Your Marriage after the Baby Carriage.* San Francisco:

Chronicle Books; hier übersetzt nach der niederländischen Übersetzung (2010): *Als vaders doen wat moeders willen. Houd je relatie leuk na de komst van kinderen*. Haarlem: Becht.
Cott, Nancy F. (1977): *The Bonds of Womanhood: »Woman's Sphere« in New England, 1780–1835*. New Haven, Connecticut: Yale University Press.
Douwesz, Minke (2009): *Weg*. Amsterdam: G. A. van Oorschot.
Enthoven, Deirdre (2010): Een flinke scheut chemie. *Mind,* Nr. 3, S. 82–85.
Gilbert, Elizabeth (2010): *Das Ja-Wort*. Berlin: Berlin Verlag.
Greef, Renske de (2007): *Lust auf Lust*. München: Goldmann.
Gupta, Usha & Pushpa Singh (1982): An exploratory study of love and liking and type of marriage. *Indian Journal of applied psychology,* 19, S. 92–97.
Hatfield, Elaine & Megan. Forbes (2013): Hartstochtelijke liefde voor altijd? In: L. Bormans (Red.) *The World Book of Love*. Tielt: Lannoo.
Hillenkamp, Sven (2009): *Das Ende der Liebe*. Frankfurt am Main: Klett-Cotta.
Koch, Herman (2010): *De ideale schoonzoon*. Amsterdam: Anthos.
Lawrence, D.H. (1928): *Lady Chatterley's lover.* Cambridge: Cambridge University Press.
Nuber, Ursula (2009): Viel zu viel Gefühl. *Psychologie Heute,* Dezember, S. 20–25.
Pritchett, William Henry (2005): *Love Connection: A Dating Guide for Women*. Bloomington: iUniverse.com.
Romein Meijer, Henk (2001): *Oprechter trouw.* Amsterdam: Augustus.
Sanders, Stephan (2010): Waarom bossen echtscheidingsleed kunnen voorkomen. *Vrij Nederland,* 13. Januar.
Tex, Charles den (2010): *Onmacht*. Breda: De Geus.
Visser, Arjan (2006): *De tien geboden. Gebundelde interviews*. Amsterdam: Augustus.
Wilson, Glenn (1983): *Love and Instinct: An Evolutionary Account of Human Sexuality*. New York: Quill.
Wijnberg, Jeffrey (2010): Romantiek verpest liefde. *De Telegraaf,* 26. April.
Zagt, Ab (2010): Carice wil een kind … en een lieve man als het even kan. *Algemeen Dagblad*, 21. August.

Kapitel 6

Ashworth, Trisha & Amy Nobile (2009): *I'd Trade My Husband for a Housekeeper: Loving Your Marriage after the Baby Carriage.* San Francisco: Chronicle Books; hier übersetzt nach der niederländischen Übersetzung (2010): *Als vaders doen wat moeders willen. Houd je relatie leuk na de komst van kinderen*. Haarlem: Becht.
Baird, Brendan M., Richard E. Lucas & M. Brent Donnellan (2010): Life Satisfaction Across the Lifespan: Findings from Two Nationally Representative Panel Studies. *Social Indicators Research*, 11. Februar.
Bakas, Adjiedj (2010): *Toekomst van de liefde*. Amsterdam: Uitgeverij Scriptum.
Bowen, Will (2009): *Complaint Free Relationships: How to Positively Transform Your Personal, Work, and Love Relationships.* New York: Doubleday.
Cohen, Job (2010): Het grote Willem-Alexander en Maxima interview. *Margriet*, Nr. 6.

Christopher, F. S.& S. Sprecher (2000) Sexuality in marriage, dating and other relationships. A decade review. *Journal of Marriage & the Family*, Nr. 62, S. 999–1017.

Guerrero, L. K., A. G. la Valleuy & L.Farinelli (2008): The experience and expression of anger, guilt, and sadness in marriage: an equity theory explanation. *Journal of Social and Personal relationships,* Nr. 25, S. 699–724.

Hirschausen, Eckart von (2011): *Glück kommt selten allein.* Reinbek: Rowohlt Verlag.

Ickes, William & Elliot Aronson (2003): *Everyday mindreading. Understanding what other people think.* New York: Prometheus Books.

Kashdan, Todd (2009): *Curious? Discover the Missing Ingredient to a Fulfilling Life.* New York: Harper Collins Publishers.

Kaufmann, Jean-Claude (2008): *Was sich liebt, das nervt sich.* Konstanz: UVK.

Koomen, Wim (2012): *Intieme relaties.* Amsterdam: Bert Bakker.

Kouters, Steffie (2010): Als je nergens iets van verwacht, kan het ook niet tegenvallen. *Volkskrant magazine*, 5. Juni, S. 8–12.

Kuttner, Sarah (2009): *Mängelexemplar.* Frankfurt am Main: S. Fischer Verlag GmbH.

Lyubomirsky, Sonja (2008): *Glücklich sein: Warum Sie es in der Hand haben, zufrieden zu leben.* Frankfurt am Main: Campus Verlag.

Retzer, Arnold (2009): *Lob der Vernunftehe.* Frankfurt am Main: Fischer Verlag.

Rubin, Gretchen (2010): *Das Happiness-Projekt.* Bern: Scherz Verlag.

Rubin, Lillian B. (1984): *Vrouwen, mannen en intimiteit.* Muntinga, Amsterdam.

Silk, J. B., Alberts, S. C., Altmann, J. (2003): Social bonds of female baboons enhance infant survival. *Science*, 302, S. 1231–1234.

Simenon, Georges (1967): *Le chat.* Paris: Presses de la cité. Deutsch (1969): *Im Beichtstuhl. Der Umzug. Der Kater.* Köln: Kiepenheuer & Witsch.

Stafford, Laura, Andy J. Merolla & Janessa D. Castle (2006): When long-distance dating partners become geographically close. *Journal of social and personal relationships*, Jg. 23, Nr. 6, S. 901–919.

Taylor, Shelley (2002): *The tending instinct. How nurturing is essential to who we care and how we live.* New York: Times Books.

Tunney, Prof. R. in: http://www.camelotgroup.co.uk/pressreleases/2008/October/HappinessIs.pdf

Veen, Herman van (2010): *Bevor ich es vergesse.* Berlin: Aufbau Verlag.

Viorst, Judith (2003): *Het huwelijk in beweging.* Amsterdam: Anthos.

Visser, Arjan (2006): *De tien geboden.* Amsterdam: Augustus.

Kapitel 7

Estroff Marano, Hara (1992): The Reinvention of Marriage. *Psychology Today*, Januar/Februar. Siehe auch: http://www.apa.org/monitor/may06/conflicts.aspx.

Gottman, J. & N. Silver (2000): *Die sieben Geheimnisse der glücklichen Ehe.* München: Econ Ullstein List Verlag GmbH & Co. KG.

Johnson, Susan M. (2008): *Hold me tight.* New York: Little, Brown and Company. Deutsch (2011): *Halt mich fest.* Paderborn: Junfermann.

Kapitel 8

Yovell, Yoram (2004): *Der Feind in meinem Zimmer.* München: btb Verlag.

Kapitel 10

Gallagher, B. J. (2002): *Everything I need to know I learned from other women.* York Beach: Conari Press; hier übersetzt nach der niederländischen Übersetzung (2006): *Levenswijsheid van vrouwen voor vrouwen.* Aartselaar: Zuid Hollandse Uitgeverij.

Kapitel 11

Garver-Apger, C. E, S. W. Gangestad, R. Thornhill, R. D. Miller & L. L. Olp (2006): Major histocompability complex alleles, sexual responsivity, and unfaithfulness in romantic couples. *Psychological Science*, Nr. 17, S. 830–835.

Reijs, Linda (2008): Taakverdeling. *Mijn Geheim*, Nr. 9, S. 21.

Kapitel 12

Jaap Berend Bakker (1996): *Krachtmeting – Chronologie van een depressie.* Baarn: Ambo.

Kapitel 14

Bezemer, Willeke, Huub Buijssen & Henk Nijman (2002): *Agressie! Werkpakket agressie voor werkers in de verstandelijk gehandicaptenzorg.* Utrecht: Sector Fonds Zorg en Welzijn.

DeLillo, Don (1985): *White Noise.* New York: Viking Press. Deutsch (2006): *Weißes Rauschen.* München: Goldmann.

Johnson, Susan M. (2008): *Hold me tight.* New York: Little, Brown and Company. Deutsch (2011): *Halt mich fest.* Paderborn: Junfermann.

Kapitel 15

Dekkers, Midas (2009): *Alle beesten.* Amsterdam: Contact.

Gottman, J. & N. Silver (2000): *Die sieben Geheimnisse der glücklichen Ehe.* München: Econ Ullstein List Verlag GmbH & Co. KG.

Retzer, Arnold (2009): *Lob der Vernunftehe.* Frankfurt am Main: Fischer Verlag.

Kapitel 16

Bowen, Will (2009): *Complaint Free Relationships: How to Positively Transform Your Personal, Work, and Love Relationships.* New York: Doubleday.

Burns, David (2008): *Feeling good together.* New York: Broadway Books; Deutsch (2010): *Feeling good together.* Paderborn: Junfermann.

Lange, Alfred (1994): *Gedragsverandering in gezinnen.* Groningen: Wolters Noordhoff.

Prior, Manfred (2012): *MiniMax-Interventionen. 15 minimale Interventionen mit maximaler Wirkung. Mit Zeichnungen und Kommentaren von Dieter Tangen.* Heidelberg: Carl-Auer Verlag, 10. Auflage.

Szuchman P. & J. Anderson (2012) *Mehr Sex, weniger Abwasch.* München: Goldmann Verlag.

Wechem, Anouk van (2010): Relatietherapie in je eentje. *Flow,* Nr. 5, S. 32–35.